Lernbereich Arbeitslehre

Wirtschaft 9/10

Herausgegeben von:

Dietmar Krafft
Renate Harter-Meyer
Heinrich Meyer

Erarbeitet von:

Renate Harter-Meyer
Heinrich Meyer

in Zusammenarbeit
mit der Verlagsredaktion

Cornelsen

Inhaltsverzeichnis

Struktur und Entwicklung des Ruhrgebietes

... wie die Wirtschaftsstruktur sich entwickelte.
... Ursachen von Strukturproblemen zu hinterfragen.
... den Einfluß der Förderung von zukunftsträchtigen Technologien sowie der Infrastruktur auf die Bewältigung von Strukturproblemen zu beurteilen.
... die Bedeutung der Struktur und Entwicklung des regionalen Wirtschaftsraumes für die Wirtschaftskraft, Lebensqualität und Berufsperspektiven zu erörtern.
... Probleme der Subventionierung zu hinterfragen.

1. Strukturwandel

Grundlage der Industrialisierung des Ruhrgebiets war vor ca. 150 Jahren der Steinkohlenbergbau. Nach der Übernahme der Erfindung des Kokses aus England entwickelte sich die eisenschaffende und eisenverarbeitende Industrie. Vorher diente Holzkohle zum Schmelzen des Eisens.
Rhein und Unterlauf der Ruhr gewannen als Transportwege Bedeutung.

Das Ruhrgebiet war Deutschlands bedeutendste Region für die Herstellung von Vormaterialien, wichtiger Energielieferant und Waffenschmiede des Deutschen Reiches. Beim Wiederaufbau nach 1945 war Westdeutschland auf den wichtigsten Energieträger Steinkohle angewiesen. Nach 1957, Beginn der „Kohlekrise", wandelte sich die Wirtschaftsstruktur erheblich.

Essen 1913

Essen 1993

Infrastruktur
– Versorgung (z. B. Energie) und Entsorgung
– Verkehrswege (z. B. Straße, Schiene)
– Kommunikationsnetz (z. B. Telekommunikation)
– privates Waren- und Dienstleistungsangebot
– öffentliches Dienstleistungsangebot (z. B. Verwaltung, Kultur-, Bildungs- und Freizeiteinrichtungen)
– Wohnmöglichkeiten

Struktureller Wandel im Ruhrgebiet kommt voran

„Dort, wo einst Fördertürme und rauchende Schlote in den Himmel ragen, bestimmen heute moderne Verwaltungsbauten und Fabrikationshallen, Hochregallager bundesweit tätiger Logistikunternehmen, aluminiumglänzende Konstruktionen zahlreicher Technologie- und Gewerbezentren, die Zweckbauten von Universitäten und Hochschulen, aber auch avantgardistische Theater- und Museumsbauten das Bild der Städte und Landschaft. (...)

Auch innerhalb der einstigen strukturbestimmenden industriellen Bereiche, dem Kohlenbergbau, der Stahlindustrie und der Energiegewinnung, haben sich gewaltige Wandlungen vollzogen. Der Kumpel von einst ist längst abgelöst worden von dem technisch hervorragend ausgebildeten Maschinenführer oder Bergmechaniker, der die Schrämmaschine, den Kohlehobel oder den modernen Kettenförderer bedient. Die Produktivität und damit die Schichtleistung sind gewaltig angestiegen. Nicht anders sieht es in der Stahlindustrie aus: Die früher durchweg übliche schwere körperliche und durch große Hitze gekennzeichnete Arbeit des Stahlwerkers ist in weiten Teilen ersetzt worden von Aufsichts- und Kontrollfunktionen, von einem massierten Einsatz computergesteuerter Produktionsstraßen mit zahllosen Meß- und Regeleinrichtungen."

Hoffmann, Konrad in: Arbeitgeber Heft 9, 1993, S. 340

Das Ruhrgebiet in der Statistik

Sozialversicherungspflichtig Beschäftigte
(Angaben in Prozent)

	1981	1990	1994
Land- und Forstwirtschaft	**0,5**	**0,6**	**0,7**
Warenproduzierender Bereich	**54,8**	**48,3**	**42,9**
Energie, Wasser, Bergbau	10,2	8,5	7,1
Verarbeitendes Gewerbe	36,5	33,1	28,8
Baugewerbe	8,1	6,8	7,1
Dienstleistungsbereich	**44,7**	**51,1**	**56,4**
Handel	14,5	14,5	15,4
Verkehr, Nachrichten	4,9	5,1	5,4
Kredit, Versicherungen	2,5	2,8	3,1
Dienstleistungen a.n.g.	16,3	20,7	24,1
Organisationen ohne Erwerbscharakter	1,5	2,5	3,0
Gebietskörperschaften, Sozialversicherungen	4,9	5,5	5,6
Sozialversicherungspflichtig Beschäftigte absolut in 1000	**1755**	**1695**	**1645**

Stat. Angaben: Kommunalverband Ruhrgebiet, Briefe v. 30.3. u. 3.11.1995

Regionale Wirtschaftsstruktur

Sie ist bestimmt durch
– Betriebe (z. B. Art, Größe, Produktivität, Absatzmärkte, Beschäftigte)
– (wirtschaftsnahe) Infrastruktur
– Lage zu anderen Regionen
– Kaufkraft der Haushalte

	Arbeitslosenquote			
	1980	1985	1990	1995
Nordrhein-Westfalen	4,4	10,7	8,4	10,5
Ruhrgebiet	5,3	14,2	10,8	13,0

Stat. Angaben: Kommunalverband Ruhrgebiet: Zahlenspiegel Ruhrgebiet, a.a.O.; Städte- und Kreisstatistik 1995, Essen 1996

1957 waren von 1000 Einwohnern 205 in der Industrie beschäftigt, Mitte der 90er Jahre nur noch weniger als die Hälfte. Aber auch ein starker Dienstleistungsbereich benötigt eine industrielle Basis, um sich zu entwickeln.
Noch immer ist das Ruhrgebiet von den Montansektoren Kohle und Stahl abhängig, auch wenn der Anteil sank.
1975 waren von allen Industriebeschäftigten 46% im Bereich Kohle und Stahl tätig, 1985 waren es 41% und 1994 sank der Anteil auf 32%.
Was sind nun die Gründe für die für ganz Nordrhein-Westfalen bedeutsamen Umstellungs- und Anpassungsprozesse an der Ruhr?

Aufgaben

1 Sprecht über den Strukturwandel. Auf welche Merkmale der regionalen Wirtschaftsstruktur einschließlich der Infrastruktur wird hingewiesen?

2 Begründet die Entwicklung des Anteils des warenproduzierenden Bereichs und des Dienstleistungsbereichs am Bruttoinlandsprodukt und an den Beschäftigten.

3 Vergleicht wirtschaftliche Daten des Ruhrgebietes mit solchen von Nordrhein-Westfalen.

Zum Bruttoinlandsprodukt s. auch Stichwort *Bruttosozialprodukt*.

Anteil der Wirtschaftsbereiche in % am Bruttoinlandsprodukt

	Warenproduzierender Bereich					Dienstleistungsbereich				
	1957	1971	1980	1990	1992	1957	1971	1980	1990	1992
Nordrhein-Westfalen	63,1	57,9	48,4	42,0	39,6	36,9	42,1	51,6	58,0	59,5
Ruhrgebiet	66,0	58,3	51,3	42,3	39,7	34,0	41,7	48,7	57,7	59,9

Stat. Angaben: KVR: Zahlenspiegel Ruhrgebiet, Essen 1994, S. 70, 87, 90, 91; KVR: Städte- und Kreisstatistik 1995, Essen 1996

2. Ursachen der Strukturprobleme

Investitionsgüter
sind solche Güter, mit denen produziert wird, z.B. Maschinen.

Konsumgüter
dienen der Bedürfnisbefriedigung, z.B. Nahrungsmittel, Haushaltsgeräte.

– Stahl wurde preisgünstiger aus dem Ausland importiert, durch neue Produktionstechniken eingespart bzw. durch andere Werkstoffe ersetzt, z. B. Keramik, Kunststoffe. Das traf umsatzstarke Branchen der Investitionsgüterindustrie. Die Umstellung auf hochwertigen Qualitätsstahl konnte nur einen Teil der Einbußen wettmachen.
– Die Güternachfrage verlagerte sich auf technologisch hochwertige Güter. Die Konsumgüterindustrie des Ruhrgebietes produzierte zu wenig Neuerungen.
– Die Exporte wuchsen weniger als im Bundesgebiet. Das Ausland fragte vor allem nach forschungs- und technologieintensiven Gütern. Im Ruhrgebiet waren solche Wachstumsindustrien gering vertreten.
– Die Aktivitäten im Bereich Forschung und Entwicklung waren um ein Drittel geringer als im sonstigen Bundesgebiet.
– Heimische Produkte konnten, auch wegen der hohen Arbeitskosten, mit ausländischer Konkurrenz nur schwer mithalten.
– Unternehmen des Ruhrgebietes investierten überdurchschnittlich im Ausland und in anderen Teilen Deutschlands. Dadurch wurde auch versucht, an „Know-How" zu kommen. Die staatliche Investitionsförderung war dort z.T. höher.
– Die Unternehmen führten in hohem Maße arbeitsersparende Investitionen durch. Im Dienstleistungsbereich wurden zu wenig neue Arbeitsplätze geschaffen.
– Niedrige Steuereinnahmen und hohe Ausgaben, z. B. für Sozialhilfe, führten zu einer wachsenden Verschuldung der Gemeinden und des Landes. Für Investitionen, z. B. in die Infrastruktur, fehlten meist die Mittel.
– Heimische Kohle läßt sich nicht zu Weltmarktpreisen erzeugen (hohe Lohnkosten, Abbau in großen Tiefen bei wenig mächtigen Flözen), obwohl die Schichtleistung pro Beschäftigten stark zunahm. Deshalb war und ist der Absatz nur mit hohen Subventionen möglich (s. Folgeseite). Vielfach wurde Kohle durch Öl und Gas ersetzt.
– Nach der Energiekrise erfolgten Anstrengungen zur Energieeinsparung. Dadurch sank der Kohleabsatz weiter. Effektivere Nutzung durch neue Kraftwerkstechnologien trugen ebenso dazu bei. Neu entwickelte Techniken der „Kohleveredlung", z. B. Verflüssigung, sind bei heutigen Energiepreisen nicht wettbewerbsfähig.
– Seit Jahren schaffen besonders kleine und mittlere Unternehmen neue Arbeitsplätze. In NRW war die Wirtschaftsförderung zu lange auf Großunternehmen im Bereich Kohle und Stahl ausgerichtet.

Arbeitskosten pro Stunde in der Industrie (einschließlich Lohnnebenkosten) 1994 in DM

Westdeutschland	44
Japan	36
Frankreich	29
USA	28
Ostdeutschland	27
Großbritannien	22
Griechenland	12

Globus-Kartenbild 2734 v. 19.6.1995

Lohnnebenkosten
Arbeitgeberanteile zur Sozialversicherung, anteilige Urlaubs-, Krankheitskosten u.a.m.

Beschäftigte und Schichtleistung im Ruhrbergbau

	Beschäftigte in 1000	t/Beschäftigte/Schicht (Untertage)
1985	126	4,4
1990	101	4,9
1994	78	5,3

Gesamtverband des deutschen Steinkohlebergbaus: Brief v. 27.10.95

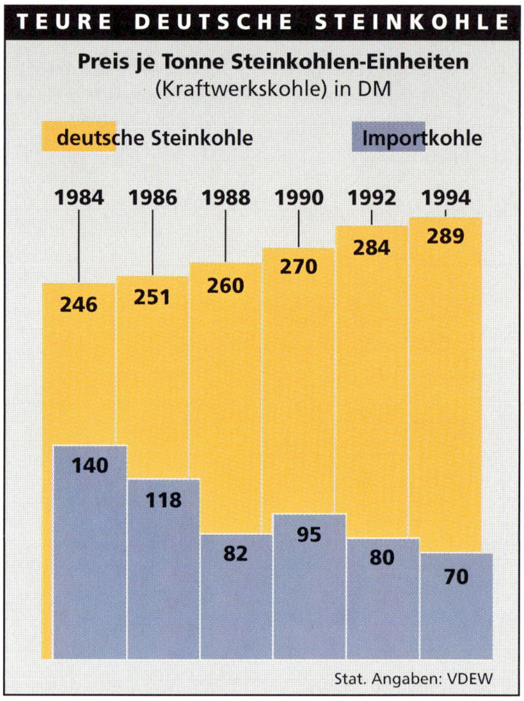

Steinkohlenförderung (in Mio. t)

	1960	1970	1980	1990	1994
Ruhrgebiet	116	91	69	55	40
alte Bundesländer	142	111	94	77	58
Polen	104	140	193	148	133

Rohstahlerzeugung (in Mio. t)

	1960	1970	1980	1990	1994
Ruhrgebiet	24	28	25	20	19
alte Bundesländer	34	45	44	38	38
Europäische Gemeinschaft	72	110	128	137	138

Kommunalverband Ruhrgebiet: Städte und Kreisstatistik 1995, Essen 1996

Aufgaben

1 Nennt bedeutende Wirtschaftsbranchen und sprecht über Probleme einer einseitigen Wirtschaftsstruktur.

2 Erörtert, welche wirtschaftlichen Probleme Strukturprobleme sind. Berücksichtigt die Bedeutung von Kohle, Stahl und Energie.

3 Benennt den Einfluß neuer Technologien auf die Strukturprobleme.

Kaufkraft
von Kohleunternehmen und -beschäftigten im Ruhrgebiet:
10 Mrd. DM

Subventionen und Steuervergünstigungen
Finanzielle Hilfen, um Produktionen
- zu erhalten bzw.
- an neue Bedingungen anzupassen und den Produktivitätsfortschritt bzw. das Wirtschaftswachstum zu fördern.

Zur Problematik von *Subventionen* s. auch Stichwort.

Mit Kohlenhacke in den Kampf
Eine Kohlenhacke als Streitaxt für die deutsche Steinkohle übergaben Bergleute vom Niederrhein am Dienstag SPD-Chef Rudolf Scharping (links) in Bonn. Scharping sagte den Delegierten der IG Bergbau die uneingeschränkte Unterstützung der SPD bei der Diskussion über die künftige Kohlesubventionierung zu.
Buxtehuder Tageblatt v. 22.2.95

3. Subventionierung der Kohle ohne Ende?

Etwa ein Drittel der Energienutzung Deutschlands stützt sich auf heimische Energieträger, fast ausschließlich Kohle. Seit Beginn der Kohlekrise um 1960 wird Kohlepolitik als Energiesicherungspolitik betrieben. Immer ging es dabei auch um Arbeitsplätze und die Kaufkraft der Unternehmen und Beschäftigten in den betroffenen Regionen. So gibt es neben anderen staatlichen Hilfen für die Bereiche Kohle und Stahl (insbes. Kokskohlenbeihilfe, s. Randspalte) seit Mitte der 60er Jahre Kohleverstromungsgesetze. Sie sollen bei langsam zurückgehendem Kohleabbau durch Subventionen den Einsatz heimischer Kohle in Kraftwerken sichern und den Anteil billiger Importkohle gering halten. Bis 1974 wurden diese über öffentliche Haushalte, dann durch eine Ausgleichsabgabe der Stromnutzer (Kohlepfennig) finanziert. Das Bundesverfassungsgericht verbot diese Sondersteuer (zuletzt 7,5% der Stromrechnung).

Schlagzeilen aus „einheit“
(Zeitung der IG Bergbau und Energie)

1.2.1995:
Kokskohlenbeihilfen und Verstromungsfinanzierung in Gefahr. IDBE macht wieder mobil. Notfalls Marsch nach Bonn!

15.2.1995:
Vorbereitungen für Marsch nach Bonn laufen. Bürger zeigen Solidarität mit Protest der Bergleute.

15.3.1995:
Berger warnt Bonn vor Spiel mit dem Feuer. Höchste Alarmstufe für Kohle. Bald Stillegungen unabwendbar!

1.4.1995:
Berger dankt allen Bergbaufreunden für Unterstützung. IGBE im Kampf um Kohle erfolgreich. Marsch nach Bonn nicht mehr nötig.

Oppositionspolitiker in NRW am 22.2.1995:
„Die Stimmen der Menschen im Ruhrgebiet sind wichtig. Was können wir tun, um mit den Kumpeln positiv in die Medien zu kommen?“

Vor den Landtagswahlen 1995 in NRW stritten Bundesregierung (CDU/CSU, FDP) und Landesregierung (SPD), Oppositionsparteien, Verbände und Gewerkschaften um ein Finanzierungskonzept, das auch in Zukunft den Einsatz deutscher Steinkohle ermöglicht.

Ergebnis der Verhandlungen zwischen Bundesregierung und SPD Mitte März '95:

Kokskohlenbeihilfe zur Subventionierung des Einsatzes deutscher Steinkohle in der Stahlindustrie: 1995–1997 je 8,35 Mrd. DM

Kohlesubventionierung für den Einsatz in Kraftwerken 1996: 7,5 Mrd. DM
1997 – 2000: je 7,0 Mrd. DM

Nach den Verhandlungen

Bündnis 90/Die Grünen: *„Die Regierung hat den Einstieg in eine Energiesteuer verpaßt. Das wäre für die Umwelt wichtig.“*

FDP: *„Der wichtigste Punkt ist erreicht – keine neue Steuer. Die Subventionen müssen an anderer Stelle eingespart werden.“*

SPD: *„Die Arbeitsplätze sind weitgehend gesichert.“*

CDU/CSU: *„Wir mußten Nordrhein-Westfalen entgegenkommen. Vertreter unserer Partei aus Ländern ohne Bergbau haben nur mühsam zugestimmt. Ein Teil der Partei trat für eine Energiesteuer ein.“*

Aufgaben

1 Diskutiert Ziele der Subventionierung von Kohle und Stahl. Nehmt Stellung zu politischen und wirtschaftlichen Interessen der Beteiligten.

2 Erörtert folgende Meinung:

Eine Subventionierung in dieser Höhe ist langfristig nicht mehr zu rechtfertigen. Die Steinkohle kann durch preisgünstigere Importkohle und andere Energiequellen ohne Sicherheitsrisiko für die Energieversorgung ersetzt werden. Die Folge wird ein weiterer geordneter Abbau der Förderkapazität im Steinkohlenbergbau sein. Die Kapazitätsverringerung muß mit einer Produktivitätserhöhung und Kostenstabilität im Bergbau einhergehen, z.B. durch eine Konzentrierung der Förderung auf die leistungsfähigsten Schachtanlagen.

Hardes u.a.: Volkswirtschaftslehre, Tübingen 1993, S. 243

3 Im Jahr 2000 sind wieder Landtagswahlen in NRW. Die Kohlesubventionierung soll auslaufen. Versetzt euch in die Situation des Vertreters eines Bergbauunternehmens, eines Gewerkschaftsfunktionärs der IG Bergbau und des Wahlkampfmanagers einer Partei. Formuliert deren Gedanken.

4. Strukturpolitik für das Ruhrgebiet

Land, Bund und EU leisteten mit zahlreichen Hilfsprogrammen und Einsatz umfangreicher öffentlicher Mittel einen Beitrag zur regionalen Wirtschaftsförderung.

Das „Aktionsprogramm Ruhr"

Es sollte einen Beitrag leisten, Lebensbedingungen, Arbeitsplätze und die Produktion attraktiver zu gestalten.
Zwischen 1980 und 1985 wendete Nordrhein-Westfalen 6,9 Mrd. DM dafür auf.

Bekämpfung der Arbeitslosigkeit, Verbesserung der beruflichen Bildung

- Arbeitsbeschaffungsmaßnahmen durch Förderung befristeter Arbeitsplätze
- Bekämpfung der Jugendarbeitslosigkeit, z. B. durch Maßnahmen zur Berufsvorbereitung
- Ausbau der beruflichen Aus- und Weiterbildung, z. B. Berufsbildungszentren
- Schaffung von Ausbildungsplätzen

Förderung zukunftsweisender Technologien und Innovationen

- Forschungsförderung im Stahlbereich
- Leistungssteigerung im Bergbau, Verbesserung der Grubensicherheit
- Beratung mittelständischer Unternehmen
- Gründung von Forschungsinstituten, z. B. für Mikro- und Meßtechnik
- Förderung der Nutzung wissenschaftlicher Erkenntnisse
- Forschung zur humaneren Arbeitsplatzgestaltung

Stadterneuerung, Verbesserung des Wohnumfeldes, Sportförderung

- Projekte zur Stadtsanierung
- Bereitstellung von Gewerbeflächen für Industrie und Gewerbe
- Modernisierung des Wohnungsbestandes
- Neuordnung von Zechengelände für gewerbliche Nutzung
- Förderung von Freizeitanlagen
- Reaktivierung von Brachflächen, z. B. Anlage von Parks, Bebauung
- Sportförderung, z. B. Leistungssportzentren

Umweltschutz für ein modernes Industriegebiet

- Luftreinhaltung, z. B. Sanierung von Anlagen, die umweltbelastend sind, Förderung umweltfreundlicher Technologien
- Gesundes Wohnen, z. B. Lärmbekämpfung
- Landschaftsschutz und Erholung
- Gewässerschutz und Abwasserbeseitigung, z. B. Entschlammung von Seen
- Förderung der Abfallverwertung
- Abwärmenutzung, z. B. eines Heizkraftwerks durch Gartenbaubetriebe

Kulturelles Leben im Ruhrgebiet

z. B. Förderung der Theaterarbeit, kulturellen Weiterbildung, Museen und Ausstellungen, Erhaltung von Baudenkmälern

Ruhrgebiet – energiewirtschaftliches Zentrum

- Subventionen für den Kohleabsatz
- Modernisierung von Kraftwerken, z. B. umweltfreundlicher Kohleeinsatz
- Förderung neuerer Kraftwerkstechnologien, z. B. mit Kohlevergasung
- Kernenergieförderung, z. B. Zuschüsse für Reaktorentwicklung
- Fernwärmeausbau, z. B. Zuschüsse für den Anschluß an Fernwärmenetze

Stärkung der Investitionsfähigkeit von Unternehmen, Ausbau der Verkehrsinfrastruktur

- Förderung kleinerer und mittlerer Unternehmen, z. B. Existenzgründungshilfen
- Umstrukturierung vom Stahlstandorten, z. B. Schaffung von Ersatzarbeitsplätzen
- Ausbau der Verkehrsinfrastruktur, z. B. S-Bahn-Bau, Straßenbau
- Stärkung der Investitionskraft der Gemeinden, z. B. Ausgleich der Finanzkraftunterschiede durch Investitionshilfen

Nach: Presse- und Informationsamt der Landesregierung NRW (Hrsg.); Politik für das Ruhrgebiet. Aktionsprogramm Ruhr. Zwischenbericht, Düsseldorf 1983

Förderung der Freizeitanlage Berger Feld durch das „Aktionsprogramm Ruhr"
Mit der 1984 fertiggestellten Freizeit-, Erholungs- und Sportanlage Berger Feld wird eine (...) Lücke in der Sportstättenversorgung der Stadt Gelsenkirchen geschlossen. (...) Gelsenkirchener Schulen können ihre schwimmsportlichen Aktivitäten in dieser großzügigen, komplexen und multifunktionalen Sportstätte optimal entfalten. (...) Die Anbindung an die Autobahn macht das Sportzentrum (...) leicht erreichbar. (...)

Städtebauliche Förderung
An Landesmitteln sind bewilligt worden: 38 000 000 DM
die Gesamtkosten betragen (...): 49 018 989 DM

Folgende Anlagen werden gefördert:
Eislaufhalle, Schwimmhalle, Vario-Wellenbecken, Tischtennisbereich, Freibadaußenbecken, Schließanlagen, Saunabereich, Technik, Verwaltungsflächen.

Regierungspräsident Münster, Brief vom 20.6.1984

Montanregion
Gebiet, in dem Eisen- und Stahlindustrie oder Bergbau ansässig sind.

Regionales Wirtschaftsförderungsprogramm Nordrhein-Westfalen
Auch im Zeitraum ab 1985 wurde die Umstrukturierung des Ruhrgebietes gefördert, u.a. durch die „Zukunftsinitiativen Montanregionen".
Ziel der ab 1994 durchgeführten Maßnahmen des RWP ist, die Wettbewerbsfähigkeit und das Anpassungsvermögen strukturschwacher Regionen zu stärken, um regionale Unterschiede der Wirtschaftskraft zu verringern, den Strukturwandel zu erleichtern und dabei einseitige Wirtschaftsstrukturen zu überwinden. Fördermaßnahmen dürfen den Strukturwandel nicht aufhalten. Damit verbunden sind Schaffung und Erhalt zukunftssicherer Arbeitsplätze und der Ausbau der wirtschaftsnahen Infrastruktur. Das soll die Einkommens- und Arbeitsplatzsituation mit gleichen Chancen für Männer und Frauen verbessern.

Es wirken zusammen **Maßnahmen** der
- Länder/Bund-Gemeinschaftsaufgabe „Verbesserung der regionalen Wirtschaftsstruktur",
- Länder-EU-Regionalförderung und
- ergänzenden Landesförderung.

Wesentliche Teile des Ruhrgebietes entsprechen den Merkmalen für die Fördergebiete:
- überdurchschnittliche Arbeitslosigkeit, geringe Infrastrukturausstattung
- stark verschlechterte Arbeitsmarktlage
- durch Abzug von Soldaten und Verlust ziviler Arbeitsplätze betroffen.

Gefördert wird der Strukturwandel durch Vergabe von Zuschüssen und zinsverbilligten Krediten insbesondere an kleine und mittlere Unternehmen für Investitionen zur Schaffung neuer und zur Sicherung vorhandener Arbeitsplätze.
Städte und Gemeinden können Zuschüsse für Investitionen zum Ausbau der wirtschaftsnahen Infrastruktur erhalten. Weitere Förderbausteine sind u.a.:
- Beratung, Management, Marketing, Organisation für kleine und mittlere Unternehmen
- Technologieberatung, Infrastruktur, Projektförderung
- Auslandsmärkte (Messen, Beratungen, Kontakte)
- Energie (Rationelle Energienutzung)

Dabei kommt Verbund- und Kooperationsprojekten erhebliche Bedeutung zu.

Die Programme unter EU-Beteiligung beziehen sich insbesondere auf die Umstrukturierung von Eisen- und Stahlstandorten und der Kohlereviere, der Rüstungsindustrie und der von Militärstandorten abhängigen Regionen. Weiterhin geht es um die Förderung grenzüberschreitender wirtschaftlicher Aktivitäten. Im Mittelpunkt stehen die Bereiche Qualifizierung, Flächenrecycling, Technologieförderung und -transfer, Umwelt.

Nach: Ministerium für Wirtschaft, Mittelstand und Technologie NRW, Düsseldorf vom 29.8.94

Aufgaben

Siehe auch Kapitel *Regionale Förderprogramme zur Verbesserung der Wirtschaftsstruktur.*

Zum Ausgleich regionaler Lebensbedingungen in der EU vgl. Stichwort *EU*.

1 Diskutiert die Bedeutung der Freizeitanlage für die regionale Wirtschaftsstruktur.

2 Sprecht über die Ziele des
- Aktionsprogrammes Ruhr,
- Regionalen Wirtschaftsförderungsprogramms für das Ruhrgebiet.

Erörtert den Beitrag der einzelnen Maßnahmen zum Strukturwandel.

3 Aus welchen Gründen fördern EU, Bund und Länder die regionale Wirtschaftsentwicklung?

4 Erörtert folgende Stellungnahmen:

A: „Durch den Ausbau des Berufsbildungszentrums verfügen wir über Fachkräfte für Zukunftsberufe."

B: „Unsere Stadt ist durch Sanierung, Verkehrswege, Umweltschutz für neue Unternehmen attraktiver geworden."

C: „Viele Unternehmen lassen sich Investitionen fördern, die sie sowieso durchgeführt hätten."

D: „Unser Unternehmen hat weniger Probleme, Manager für den Umzug in das Ruhrgebiet zu motivieren."

E: „Es ist ein Skandal! Subventionen für Kohle und Stahl ohne Ende, die alle Bürger bezahlen und nur wenigen nutzen. Auch hier muß Deutschland sich dem Wettbewerb stellen. Wenn überhaupt, sollten nur noch Zukunftstechnologien gefördert werden."

Regionale Förderprogramme zur Verbesserung der Wirtschaftsstruktur

... Probleme der regionalen Wirtschaftsstruktur zu kennzeichnen.

... Ziele und Maßnahmen der Strukturpolitik zu verstehen.

... an Beispielen die Auswirkungen der Maßnahmen zu beurteilen.

1. Gründe und Leitziele regionaler, staatlicher Strukturpolitik

Die Förderung der Wirtschaftsstruktur in Problemgebieten Deutschlands ist eine wichtige Aufgabe der Wirtschaftspolitik. Jährlich beschließt der deutsche Bundestag in einem Rahmenplan *„Verbesserung der regionalen Wirtschaftsstruktur“*, welche Gebiete in welchem Umfang förderungswürdig sind. Seit der Vereinigung Deutschlands zählen dazu die neuen Länder und Berlin-Ost, die den Umstrukturierungsprozeß von einer Plan- in eine Marktwirtschaft zu bewältigen haben.

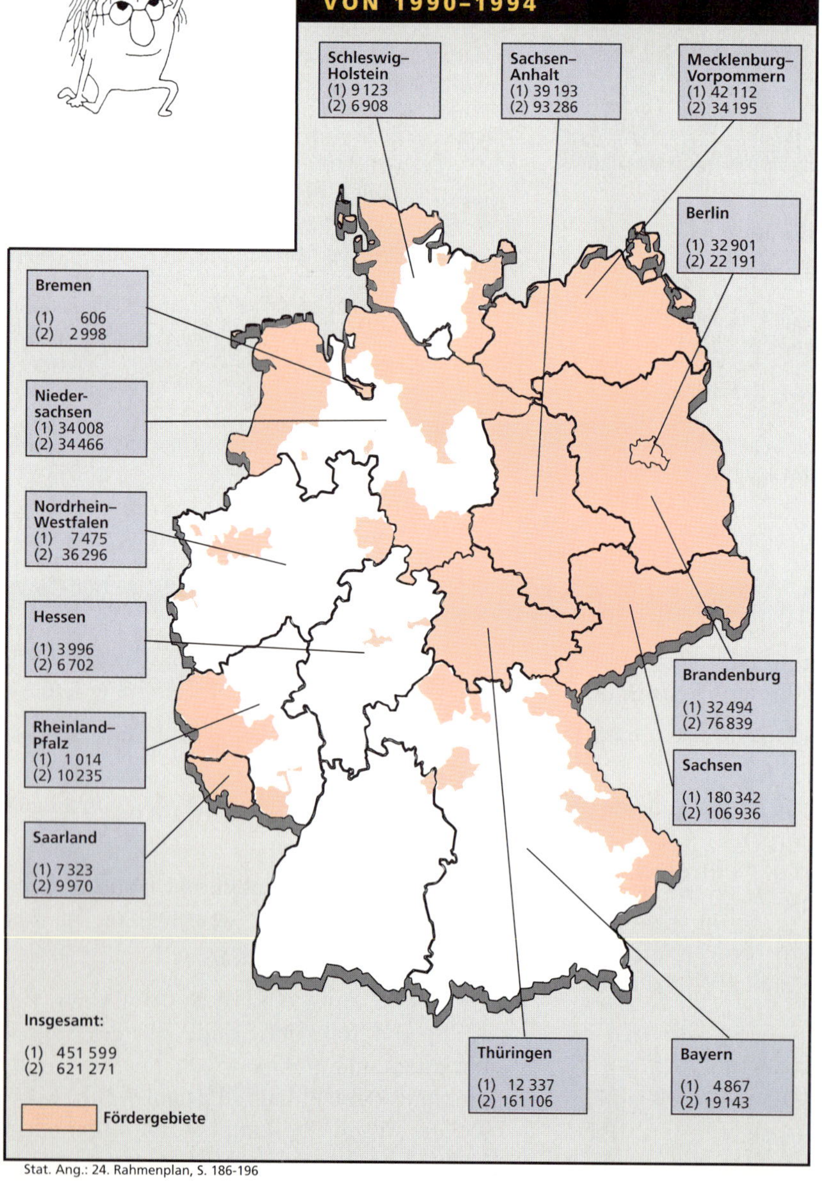

Stat. Ang.: 24. Rahmenplan, S. 186-196

Gefördert werden auch ländliche Gebiete, die wenig gewerbliche und auch keine qualitativ hochwertigen Arbeitsplätze aufweisen.
Auch Gebiete mit einseitiger Industriestruktur, die sich strukturell anpassen müssen, fallen in das Förderprogramm.
Wirtschaftsstruktur und Wirtschaftskraft der Teilräume hängen von objektiven Standortbedingungen ab, beispielsweise von Rohstoffvorkommen, verkehrsgünstiger Lage, Ballungsvor- oder -nachteilen sowie Spezialisierung einzelner Regionen auf bestimmte Wirtschaftszweige.
Regionale Strukturunterschiede sind auch durch unterschiedliche Möglichkeiten, Fähigkeiten und die Bereitschaft von Unternehmern und Arbeitnehmern, auf wirtschaftliche Herausforderungen zu reagieren, bestimmt. Hinzu kommen mangelhafte infrastrukturelle Voraussetzungen.

Strukturpolitik soll Hindernissen entgegenwirken, die regionale Entwicklung und Strukturwandel hemmen. Die Steuerung der **regionalen und sektoralen Wirtschaftsstruktur** erfolgt über den Markt und durch vom Staat vorgegebene Rahmenbedingungen mit **regionalen Förderprogrammen**. Im Vordergrund steht die Unterstützung der Investitionstätigkeit durch direkte **Investitionsanreize**. Dabei erhalten die Unternehmen einmalige Beihilfen und **Verbesserungen der Infrastruktur** werden gezielt gefördert. Im einzelnen werden folgende Ziele gefördert:

- Ausgleich der Standortnachteile, um Anschluß an die allgemeine wirtschaftliche Entwicklung zu erzielen
- Abbau von Entwicklungsunterschieden
- Stärkung des Wachstums
- Schaffung wettbewerbsfähiger Arbeitsplätze.

Dazu werden Regionalbeihilfen zur Umstrukturierung mit der Förderung von Ersatzarbeitsplätzen gewährt, statt Erhaltungssubventionen zu zahlen. Für die alten Bundesländer standen 1995 dafür 700 Mio. DM und für die neuen 10,5 Mrd. DM zur Verfügung. Zusätzlich stehen den neuen Bundesländern aus Mitteln der EU-Regionalförderung von 1994 bis 1999 13,6 Mrd. *ECU* (s. Stichwort) zur Verfügung. Die Zuschüsse betragen je nach Gebiet 10 bis 50 % der Investitionskosten.

Regionales Förderprogramm Sachsens

Der folgende Textauszug aus dem 24. Rahmenplan der Gemeinschaftsaufgabe beschreibt die wirtschaftlichen Kennzeichen dieses Raumes und vorgesehene Fördermaßnahmen.

Kennzeichnung der wirtschaftlichen Situation

Sektorale Wirtschaftsstruktur

(...) das Gewicht des Dienstleistungssektors wächst deutlich, während die Anteile des Agrarsektors und des produzierenden Gewerbes sinken.
Der Dienstleistungsbereich erweitert sich vor allem durch Existenzgründungen im Handel, im Gaststättengewerbe sowie im dienstleistenden Bau und Handwerk. (...)
Der durch die Währungsunion ausgelöste Strukturbruch schlug sich in der Industrie (...) am deutlichsten nieder. Einerseits war in Sachsen im Zeitraum 1990 bis 1993 ein krisenhaft starker Rückgang an industriellen Arbeitsplätzen (hier: Energie- und Wasserwirtschaft, Bergbau, verarbeitendes Gewerbe) von 1 179 551 auf 434 787 (- 63,1%) zu verzeichnen, andererseits eröffnen die nach wie vor vorhandene Branchenvielfalt sowie das Humankapital in den Unternehmen mittelfristig gute Chancen zum Aufbau einer wettbewerbsfähigen Industrie.
Die umfangreichen Investitionen zur Schaffung eines wettbewerbsfähigen Kapitalstocks werden zunehmend produktionswirksam, (...) Seit Frühjahr 1993 zeigt die Produktion eine stabile Aufwärtstendenz (...).
Herausragende Wachstumsraten (...) erzielten die Wirtschaftszweige Gewinnung und Verarbeitung von Steinen und Erden, die Herstellung von Eisen-, Blech- und Metallwaren, der Straßenfahrzeugbau und die chemische Industrie.
Der Maschinenbau ist – trotz drastischer Schrumpfung – der bedeutendste Wirtschaftszweig in Sachsen. Mit mehr als 36 000 Beschäftigten in 342 Betrieben ist er der wichtigste Arbeitgeber der sächsischen Industrie. Danach folgen die Branchen Elektrotechnik, Leichtmetallbau/Schienenfahrzeugbau, das Nahrungs- und Genußmittelgewerbe sowie das Bekleidungs- und Textilgewerbe. (...)
Der Rückgang in der Land- und Forstwirtschaft ist durch die niedrige Produktivität, den Kapitalmangel und auch die Einbindung der ostdeutschen Länder in den europäischen Agrarmarkt verursacht. Die Anpassungsprozesse sind noch in vollem Gange, (...)

Regionale Wirtschaftsstruktur

Die Ballungsgebiete Chemnitz, Dresden, Leipzig und Zwickau konnten ihre günstigen Standortbedingungen aus den Vorjahren – vielfältige Branchenstruktur, eine gute Verkehrsinfrastruktur – nutzen und 1993 ihr Wirtschaftspotential zur Umsatzsteigerung einsetzen. Im Juli 1994 wurden rd. 43% der (...) Produktion (...) erwirtschaftet.
Dagegen sind Gebiete, die stark landwirtschaftlich orientiert bzw. industriell und gewerblich einseitig strukturiert sind, wie z. B. die Grenzregionen zu Polen und Tschechien, der Erzgebirgskamm, die Lausitz und der Südraum Leipzig, durch eine Wirtschafts- und Infrastrukturschwäche geprägt. Hier besteht nach wie vor auf längere Sicht ein großer Anpassungsbedarf. (...)

Zur Förderbedürfigkeit des Aktionsraumes

Während die Anzahl der Erwerbstätigen deutlich gesunken ist (1990: 2,6 Mio.; 1993: 1,9 Mio.), nahm die Zahl der Arbeitslosen stark zu (1991: 241 000; 1994: 323 000, Arbeitslosenquote 1991: 9,1%; 1994: 15,7%).
Im Freistaat Sachsen sind mittel- und langfristig 400 000 bis 450 000 Arbeitsplätze neu zu schaffen. (...)
Das Beschäftigungsdefizit lag 1994 im Landesdurchschnitt bei 35,8%. (...)
Die Zu- oder Abnahme der Beschäftigtenzahl in einer Region wird weitgehend vom Ausmaß der Investitionstätigkeit bestimmt, wobei der Grad der Ausstattung an wirtschaftsnaher Infrastruktur ein wesentlicher Faktor ist. Besonders die verkehrstechnische Anbindung, das Vorhandensein erschlossener Gewerbe- und Industrieflächen sowie Trinkwasserver- und Abwasserentsorgungsanlagen und das Potential an qualifizierten Arbeitskräften sind von großer Bedeutung für die Ansiedlung von Investoren.

Entwicklungsziele, -aktionen und Finanzmittel

Die Entwicklungsaktionen und Finanzmittel dienen der Erhaltung und Schaffung von Arbeitsplätzen mittels intensiver Förderung von Unternehmensinvestitionen der gewerblichen Wirtschaft sowie der Engpaßbeseitigung und Modernisierung in der wirtschaftsnahen Infrastruktur. (...) Im Freistaat Sachsen werden die **Fördermittel für die Bereiche der gewerblichen Wirtschaft**, Industrie, Dienstleistungsgewerbe und Handwerk regional differenziert eingesetzt. (...)
Erste Förderpriorität genießen Investitionen in strukturschwachen Regionen. (...)
Besonders förderungswürdig sind Investitionsvorhaben von hoher volkswirtschaftlicher Bedeutung, Investitionen im High-Tech-Bereich, in Forschungs- und Entwicklungsleistungen sowie Laborleistungen für die gewerbliche Wirtschaft und Investitionen in gewerbliche Kerne.
Investitionen, welche Arbeits- und Ausbildungsplätze für Frauen und Jugendliche schaffen, werden mit hoher Priorität in die Förderung einbezogen (...)
Die Förderung der Vorhaben der wirtschaftsnahen Infrastruktur erfolgt mit dem Ziel der Vorbereitung und Begleitung von Investitionen gewerblicher Unternehmen und der Schaffung wettbewerbsfähiger Dauerarbeitsplätze.
Förderfähig sind infrastrukturelle Maßnahmen dann, wenn sie (...) Voraussetzung für die Ansiedlung, Erweiterung und den Fortbestand von Unternehmen der förderfähigen gewerblichen Wirtschaft sind.
Hierbei wurden folgende Schwerpunkte gesetzt:
- Erschließung von Industrie- und Gewerbeflächen
- Errichtung von Gewerbezentren
- Maßnahmen der Wasserver- und Abwasserentsorgung für die gewerbliche Wirtschaft (...)
- Errichtung oder Ausbau von Verkehrsverbindungen, die der gewerblichen Wirtschaft dienen
- Öffentliche Fremdenverkehrseinrichtungen, die der Verbesserung der Fremdenverkehrsinfrastruktur in der Region dienen (...)

Finanzierungsplan (für 1995–1999 in Mrd. DM)

Geplante Maßnahmen	Zu fördernde Investitionen	Finanzmittel
Förderung der:		
– gewerblichen Wirtschaft	26,0	4,7
– wirtschaftsnahen Infrastruktur	6,3	4,4

Fördererergebnisse (Okt. 1990–Dez. 1994 in Mrd. DM)

Durchgeführte Maßnahmen	Zu fördernde Investitionen	Finanzmittel
Förderung der:		
– gewerblichen Wirtschaft	39,3	6,5
– wirtschaftsnahen Infrastruktur	10,5	6,9

ECU
Währungseinheit der EU, die es bisher aber nur rein rechnerisch gibt.
Ende 1995 entsprach 1 ECU = 1,86 DM

Zur EU-Regionalförderung siehe auch Stichwort *EU*.

Euro
künftiger Name der Europäischen Währungseinheit

Humankapital
bezeichnet qualifizierte Arbeitskräfte.

Regionale Strukturpolitik
bedeutet die Förderung wirtschaftlich zurückgebliebener Gebiete.

Sektorale Strukturpolitik
fördert einzelne Wirtschaftszweige.

24. Rahmenplan der Gemeinschaftsaufgabe „Verbesserung der regionalen Wirtschaftsstruktur“, Deutscher Bundestag. Drucksache 13/1376, Bonn 1995

Wirtschaftszweige:
- Landwirtschaft
- Handel und Verkehr
- Dienstleistungen
- verarbeitendes Gewerbe

- Prüft, ob die Ergebnisse für Schüler anderer Klassen interessant sein könnten. Überlegt auch die Art ihrer Veröffentlichung. Ihr könnt dazu:
  - eine Entscheidungssituation im Spiel simulieren, z.B. ein Hearing (Anhörung) im Gemeinderat: „Eine umstrittene Wirtschaftsförderung wird entschieden“ oder
  - die Ergebnisse des Projekts unter dem Aspekt Berufswahl auswerten: „Klasse ... informiert über Zukunftsberufe in der Region“. – Denkbar wären z.B. auch Wandzeitungen oder eine Broschüre.
- Präsentiert euer Handlungsprodukt.
- Bedankt euch bei dem Betrieb/der Institution.
- Reflektiert den Verlauf eures Vorhabens. Berücksichtigt dabei:
  - Vergleich der Ergebnisse mit den Zielen. Gründe für Abweichungen. Erörtert folgende Aspekte: Vorinformationen über Betrieb/Institution , Realität, Zeit, angewandte Methoden/Techniken, Eignung für Ziele, Vorkenntnisse der Schüler;
  - Bewertung der Zusammenarbeit, Konflikte im Betrieb, mit der Institution, in Gruppen;
  - Analyse bei Konflikten, ob diese auf der Sach- und /oder Beziehungsebene auftraten. Gebt euch Feed-back. Beachtet dazu die Regeln ❾ (s. Folgeseite).

❶ Zur Informationsbeschaffung

Informationsquellen, erschließbare Medien:
- Pläne zur wirtschaftlichen Entwicklung innerhalb der Region (Gründe, Ziele, Maßnahmen)
- Zeitungen, Zeitschriften, Funk, Fernsehen, Kommentare
- Veröffentlichungen von Gewerkschaften, Unternehmen und Arbeitgeberverbänden
- Haushaltspläne der Gemeinde
- Statistische Jahrbücher
- Veröffentlichungen der Landesregierung

Befragt werden könnten:
- vom Strukturwandel betroffene Unternehmen (Arbeitnehmer, Betriebsrat, Unternehmensleitung)
- Kommunalpolitiker
- Bürger auf der Straße und Mitglieder in Bürgerinitiativen
- betroffene Eltern
- Gemeinde, Kreis (Amt für Wirtschaftsförderung)
- Arbeitsamt
- Handwerkskammer, Industrie- und Handelskammer, Verbände, Innungen
- Einzelgewerkschaften, DGB

❷ Kennzeichen der regionalen Wirtschaftsstruktur

- Verkehrswege
- Absatzmärkte
- kulturelle Einrichtungen
- Wohnstruktur
- Freizeiteinrichtungen
- Schulen, Hochschulen
- Ver- und Entsorgungseinrichtungen
- Einkaufsmöglichkeiten
- Steueraufkommen im Vergleich zum Landesdurchschnitt / West-Ost-Vergleich
- wichtige Branchen
- offene Stellen
- Zahl und Anteil der Ein-/Auspendler
- Anzahl und Struktur der Beschäftigten, Arbeitslosen, offenen Stellen und Ausbildungsstellen nach verschiedenen Gesichtspunkten: Frauen und Männer, ausländische Arbeitnehmer, Auszubildende, Qualifikation der Beschäftigten, Problemgruppen am Arbeitsmarkt (Alter, Qualifikation, Behinderung).
- Entwicklung der Wirtschaftsstruktur in den letzten Jahren
- Vergleich der Wirtschaftsstruktur mit Nachbargemeinden

❸ Stillegung/Teilstillegung eines Betriebes und soziale/wirtschaftliche Auswirkungen
- Branche
- Gründe für die Teilstillegung
- berufliche Qualifikation Entlassener
- Bestimmungen des Sozialplans
- Rechte für Arbeitnehmer aus Gesetzen und Tarifverträgen
- gewerkschaftliche Kampfmaßnahmen (Ziele/Art/Ergebnisse)
- Ersatzarbeitsplätze für Entlassene
- Mobilität der Betroffenen
- Soziale/wirtschaftliche Auswirkungen auf Arbeitslose, ihre Familien, Region

❹ Sanierung/Erweiterung/Neuansiedlung eines Betriebes
- Flächennutzungsplan, Gewerbeflächen
- Steuerhebesätze (Grundsteuer, Gewerbesteuer)
- wirtschaftliche Infrastruktur
- Eignung des Standorts für bestimmte Branchen (sich ergänzende Produktionsstruktur, Qualifikation der Arbeitskräfte, Absatz- und Beschaffungsmarkt, Verkehrsanbindung

❼ Spielregeln der Gruppenarbeit
1. Du bist erstens **für dich** und zweitens **für deine Gruppe** verantwortlich.
2. Wenn dich etwas stört, sag es den anderen Gruppenmitgliedern deutlich und verständlich. Hör dir aber auch in Ruhe an, was die anderen dir zu sagen haben.
3. **Versteck dich nicht hinter anderen.** Wenn Du etwas willst, sag deutlich: „Ich will das so, weil ..." Achte auf die Argumente der anderen und bezieh dich in deinen Begründungen darauf.
4. **Wählt euch eine Gruppenleiterin.** Sie ist für Absprachen mit der Lehrerin und mit den anderen Gruppen zuständig. Sie regelt die Gesprächsführung, sie achtet darauf, daß die Arbeitsplanung eingehalten und daß gemeinsame Arbeiten (Protokollschreiben, Berichterstattung im Plenum usw.) gerecht auf alle Gruppenmitglieder verteilt werden.
5. Wenn ihr **Konflikte habt**, versucht, sie selbst zu lösen. Die Lehrerin darf nur dann zu Hilfe gerufen werden, wenn alle anderen Möglichkeiten, den Konflikt beizulegen, erschöpft sind.
6. Sprecht mit der Lehrerin einen **Namen** für eure Gruppe ab!
7. Geht sparsam und pfleglich mit **Arbeitsmaterialien** um.
8. Achtet auf die **Zeit**. Wenn ihr seht, daß ihr vermutlich nicht bis zum abgesprochenen Zeitpunkt fertig werdet, meldet dies der Lehrerin rechtzeitig.
9. Jede Gruppe muß selbst dafür sorgen, daß die **Arbeitsergebnisse festgehalten** werden. Ihr sollt sie nach der Gruppenarbeit in der Klasse vorzeigen, vorführen oder vorlesen. Wenn im Arbeitsauftrag nichts anderes festgelegt worden ist, könnt ihr euch selbst aussuchen, wie ihr die Arbeitsergebnisse festhaltet (z. B. durch ein schriftliches Protokoll, durch eine Wandzeitung, durch Fotos usw.

Meyer, Hilbert: Unterrichtsmethoden. II. Praxisband, 6. Aufl., Frankfurt 1994 S.266,

❺ Staatliche Förderung
- Programme zur Sanierung/Verbesserung der Wirtschaftsstruktur (Ziele, Maßnahmen)
- Art der Fördermaßnahmen
- Probleme der Gemeinden, z.B. Belastung durch Folgekosten, wie Ausbau der wirtschaftsnahen und bürgerbezogenen Infrastruktur

❻ Leistungen des Arbeitsamtes bei Arbeitslosigkeit
- Voraussetzungen für Arbeitslosengeld und -hilfe, Dauer und Höhe der Leistungen
- Möglichkeiten zur Arbeitsvermittlung
- (regionale) Programme zur Bekämpfung der Arbeitslosigkeit, z.B. ABM
- Förderung von Weiterbildungs- und Umschulungsmaßnahmen

❽ Beobachtungspunkte für Gruppenbeziehungen
- Gibt es Gruppenmitglieder, die sich
  - in den Vordergrund schieben und damit andere Beiträge abblocken?
  - am Gruppenprozeß nicht beteiligen und damit den anderen die Verantwortung zuschieben?
- Kann die Gruppe kontroverse Meinungen diskutieren und akzeptieren?
- Gibt es Rivalitäten, die das gemeinsame Lernen blockieren?
- Gibt es Gruppenmitglieder, die
  - nicht akzeptiert oder abgewertet werden bzw.
  - von vornherein als besser und wertvoller angesehen werden?
- Werden Entscheidungen nach demokratischen Spiegelregeln getroffen?
- Wie war das Gesprächsklima?
- Wie hast du dich gefühlt?
- Was könntest du verbessern?

❾ Feed-back Regeln
Beschreibe das Verhalten anderer, aber bewerte es nicht!
Sei konkret, die anderen sollen verstehen, was du meinst!
Formuliere klar und genau!
Behandle im Feed-back andere nur so, wie du selbst behandelt werden möchtest!
Nenne nur Dinge, die zu ändern sind!
Gib auch positive Eindrücke wieder!
Feed-back soll aufbauend sein!
Kritisiere niemanden als Menschen, sondern beziehe dich auf sein Verhalten!

Europäischer Binnenmarkt und Welthandel

… die Bedeutung des Außenhandels zu begründen.

… die Handelsverflechtung am Beispiel der EU-Staaten zu bestimmen.

… wichtige Posten der Zahlungsbilanz zu erfassen.

… die Entwicklung der EU nachzuvollziehen.

… Wirkungen des EU-Binnenmarktes zu beschreiben.

… Welthandelsprobleme der EU zu verstehen.

… daß Lebensbedingungen in der EU unterschiedlich sind.

… die Bedeutung der Strukturpolitik für die Menschen zu bewerten.

Zum Vergleich:
Das Bruttosozialprodukt Deutschlands betrug 1994 3297 Mrd. DM.

1. Bedeutung des Außenhandels

Die Wirtschaft Deutschlands ist stark auf den **Export** (die Ausfuhr) und den **Import** (die Einfuhr) von Waren und Dienstleistungen ausgerichtet.

Außenhandel Deutschlands im Zeitverlauf
(Angaben in Mrd. DM/Ost-Mark)

	Einfuhr		Ausfuhr	
	alte Länder	DDR/neue Länder	alte Länder	DDR/neue Länder
1985	463,8	41,2	537,2	45,7
1989	506,5	41,1	641,0	41,1
1990	550,6	22,9	642,8	38,1
1992	628,0	9,6	657,4	13,8
1994	601,0	10,1	673,1	12,1

Jahresgutachten des Sachverständigenrates 1995/96, S. 445

Außenhandel Deutschlands 1994 nach Warengruppen

	Anteil in % an der Einfuhr	Anteil in % an der Ausfuhr
Grundstoffe und Produktionsgüter[1]	27,7	24,0
darunter: chemische Erzeugnisse	9,3	13,8
Investitionsgüter	39,8	56,2
darunter: Maschinenbauerzeugnisse	5,7	14,7
Straßenfahrzeuge	10,0	17,3
elektrotechnische Erzeugnisse	11,6	12,8
Datenverarbeitungsgeräte[2]	4,2	2,1
Verbrauchsgüter	17,3	11,9
Nahrungs- und Genußmittel[3]	10,9	5,7

[1] Einschl. Bergbau und Energie
[2] Einschl. Büromaschinen
[3] Einschl. landwirtschaftliche Produkte

Monatsbericht der Deutschen Bundesbank 3, 1995, S. 49

Ein großer Anteil des Warenaustausches Deutschlands erfolgt mit den Staaten der Europäischen Union (EU), wie die Randspalte zeigt.

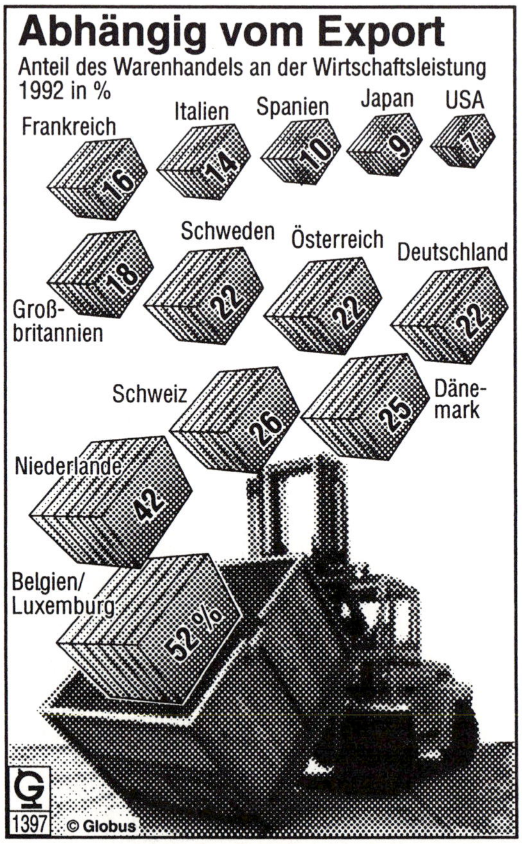

Handel mit den übrigen EU-Ländern
(in % aller Ein- und Ausfuhren 1994*)

Einfuhr		Ausfuhr
60	D	63
71	B/L	78
68	DK	68
63	F	65
66	GR	68
57	GB	60
69	IRL	77
63	I	62
70	NL	79
76	P	80
64	E	73
70	A	68
63	S	62
60	FIN	67

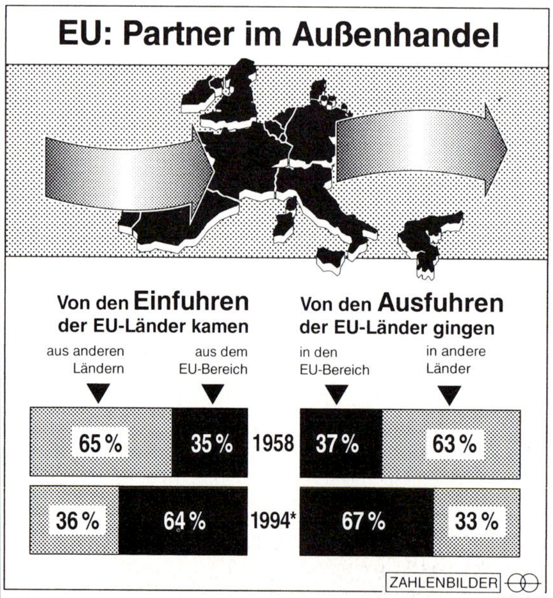

*Stat. Angaben: Eurostat. 1995

Reiseverkehr Deutschlands 1994
(in Mrd. DM)
– Einnahmen aus dem Ausland: 17,2
– Ausgaben im Ausland: 67,2

BMWi: Wirtschaft in Zahlen '95, Bonn 1995, S. 98

Siehe Stichwort *Arbeitskosten international*

Gründe für Deutschlands Austausch von Waren und Dienstleistungen

- Wir sind als energie- und rohstoffarmes Land für die Herstellung vieler Industriegüter auf die Einfuhr angewiesen.
  Beispiele: Erze, Rohöl
- Ein großer Anteil Erwerbstätiger ist beruflich hoch qualifiziert. Er kann komplizierte und hochwertige Güter herstellen. Viele Unternehmen unterhalten große Forschungs- und Entwicklungsabteilungen für neue Verfahren und Produkte. In der internationalen Arbeitsteilung hat Deutschland sich auf die Produktion technisch anspruchsvoller Güter spezialisiert. *Made in Germany* hat in vielen Ländern einen guten Ruf.
  Beispiele: Autos, Medizintechnik
- Zunehmende Bedeutung erlangten die kundenorientierte Planung und schlüsselfertige Lieferung kompletter technischer Anlagen. Hier wird neben der technischen Leistung (der Ware) auch eine Dienstleistung erbracht, z. B. die Entwicklung von Problemlösungen, die direkt auf die Wünsche der Kunden zugeschnitten sind. Auch die Bankdienstleistung für das Finanzierungskonzept kann dazu gehören.
  Beispiele: Chemische Fabrik, Motorenwerk
- Güter, die mit vergleichsweise geringen Qualifikationen des Personals und einfacher Produktionstechnik hergestellt werden, führt Deutschland z.T. aus Ländern ein, deren Erwerbstätige nicht so anspruchsvoll qualifiziert sind und/oder die keine so hohen Arbeitskosten aufweisen.
  Beispiel: preiswerte, einfach zu fertigende Kleidung
- Löhne und Gehälter sind in Deutschland vergleichsweise hoch. Güter, die arbeitsinten-siv, also mit hohem Lohnkostenanteil, hergestellt werden, kommen aus Staaten, in denen die Arbeitnehmer weniger verdienen.
  Beispiele: Ledererzeugnisse, Kleidung
- Auf viele landwirtschaftliche Produkte legen wir unabhängig von der Jahreszeit Wert. Andere gedeihen nur im (sub)tropischen Klima. Deshalb werden sie eingeführt.
  Beispiele: Südfrüchte, Kaffee, Tee
- Deutsche sind „Weltmeister" im Reisen. Sie kaufen im Urlaub Dienstleistungen des Auslands.
- Auf Reisen lernen wir Waren und Lebensart des Auslands schätzen. Ausländische Anbieter werben in Deutschland. Deshalb möchten wir auf Importe nicht verzichten.
  Beispiele: Lebensmittel, Kleidung

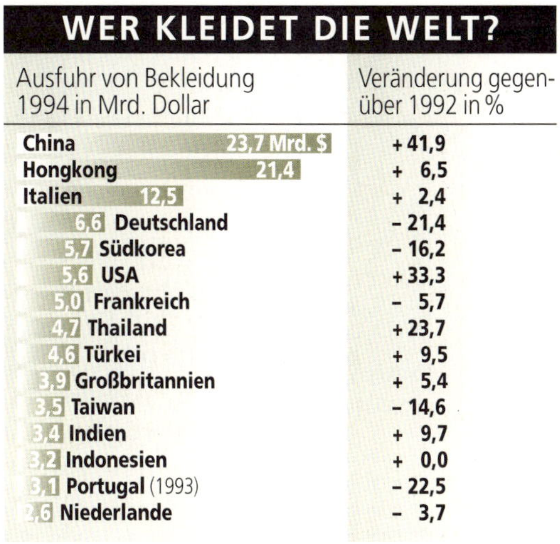

Für Waren und Dienstleistungen, die wir ausführen, erhalten wir meistens ausländische Währung (**Devisen**); die Einfuhr von Waren und Dienstleistungen (auch Urlaubsreisen) bezahlen wir in DM. Von Bedeutung für die Wettbewerbsfähigkeit der am Außenhandcl

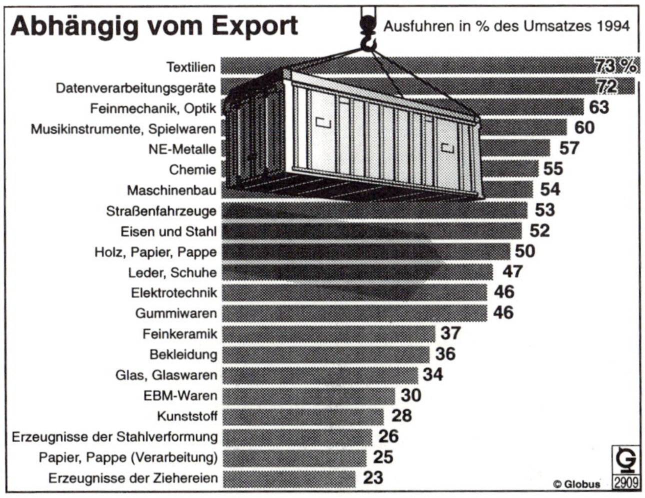

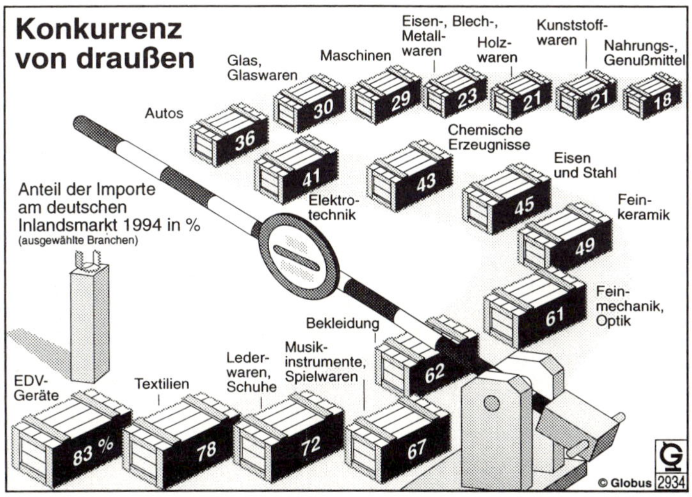

Wechselkurse drücken den Wert der Währungen zueinander aus.

Siehe auch Stichwort *Bruttosozialprodukt, Entwicklung*

beteiligten Unternehmen ist der *Wechselkurs* (s. Stichwort).

Alle Ex- und Importe von Waren werden wertmäßig in der **Handelsbilanz** und von Dienstleistungen in der **Dienstleistungsbilanz** zusammengefaßt.

Wichtig ist **der Saldo der Übertragungen**, in den z. B. Überweisungen ausländischer Arbeitnehmer in ihre Heimatländer und Beiträge Deutschlands an internationale Organisationen, z. B. EU und UNO sowie Entwicklungshilfe und Hilfen für Osteuropa eingehen.

Langfristig ist es wünschenswert, wenn alle in der **Zahlungsbilanz** zusammengefaßten Leistungen des Inlandes und des Auslandes, also alle Güter- und Geldströme, etwa gleich groß sind. Defizite bedeuten nämlich vereinfacht Schulden im Ausland und Überschüsse Schulden des Auslands. Diese können zu wirtschaftlichen Ungleichgewichten führen. Es ist also wünschenswert, daß der Saldo der Leistungsbilanz möglichst gering ist.

So wies Deutschland z.B. 1991, 1992, besonders wegen der Vereinigung und der Hilfen für Osteuropa sowie fehlendem Wachstum bei geringeren Außenhandelsüberschüssen, ein hohes Defizit in der Zahlungsbilanz aus.Der Saldo der Leistungsbilanz war also negativ. In einzelnen Branchen der Industrie, z. B. Autoproduktion, sank die Wettbewerbsfähigkeit.

Jährliche Patentanmeldungen für ausgewählte Zukunftstechnologien zwischen 1987 und 1992

	Biotechnologie	Medizintechnik
Japan	4183	1951
USA	2716	679
Deutschland	799	197
Frankreich	440	118
Großbritannien	206	49

Die Zeit/Globus v. 24. 9. 1993

Zahlungsbilanz (Salden in Mio. DM)

Jahr	1985	1990	1991	1992	1993	1994
Handelsbilanz	+ 73353	+105382	+ 21899	+ 33656	+ 61891	+ 74129
Dienstleistungsbilanz	+ 1482	- 11142	- 16432	- 31257	- 41323	- 50782
Saldo der laufenden Übertragungen	- 31126	- 38834	- 62588	- 55104	- 57487	- 61160
Saldo der Leistungsbilanz	+ 50134	+ 78986	- 31916	- 33727	- 25822	- 33396

BMWi: Wirtschaft in Zahlen '95, Bonn 1995, S. 87

Tücken der Statistik

Zwischen 1984 und 1993 wurden in Japan 3,1 Millionen, in den USA 700.000 und in Deutschland 323.000 Patente angemeldet. Die Zahlen sind keineswegs ein Beleg für unterschiedlichen Forscherfleiß oder -erfolg. Aus ihnen wird zum Beispiel nicht deutlich,

– daß Patent nicht gleich Patent ist. Neben bahnbrechenden Innovationen stehen wirtschaftlich kaum bedeutsame Patente;

– und daß Patentanmeldeverfahren und Patentanmeldeverhalten sich von Land zu Land stark unterscheiden (die einen melden alles, die anderen so wenig wie möglich).

PZ: Wir in Europa Nr. 82, Juni 1995, S. 28

Aufgaben

1 Nennt wichtige Warengruppen der Einfuhr und der Ausfuhr. Sprecht darüber, warum Deutschland Waren importiert und exportiert. Zieht Gründe für den Austausch von Waren und Dienstleistungen heran.

2 Stellt mit Hilfe des Atlas fest, aus welchen Ländern Deutschland wichtige Rohstoffe einführt und wohin es z. B. Autos und chemische Erzeugnisse ausführt.

3 Listet auf, was ihr heute eßt und welche Kleidung ihr tragt. Überprüft, welche Produkte aus dem Ausland kommen.

4 Sprecht über die Entwicklung des Außenhandels der alten und neuen Bundesländer.

5 Sucht nach Gründen für den unterschiedlich hohen Exportanteil der Staaten.

6 Erklärt die Bedeutung der Handelsverflechtung zwischen den EU-Staaten.

7 Nehmt Stellung:

A: „Unsere Bekleidungsherstellung wurde nach Tschechien verlegt. Der Chef sagt, dort kann er für ein Fünftel der Kosten nähen lassen. So etwas darf doch nicht sein. Ich bin jetzt arbeitslos und die arbeiten für einen Hungerlohn" (s. Stichwort *Arbeitskosten, international).*

B: „Ähnliche Werkzeugmaschinen, wie wir sie herstellen, bietet Korea 40 % preisgünstiger an. Wir müssen unsere Leistung bei der Produktqualität und im Service verbessern und die Produktionskosten gleichzeitig erheblich senken. Sonst werden wir nicht wieder wettbewerbsfähig. Was wird das für meinen Arbeitsplatz bedeuten?"

C: „Daimler-Benz will einen neuen Kleinwagen (Swatch-Auto) in Frankreich statt in Deutschland fertigen lassen, weil die Arbeitskosten pro Auto mehr als 500 DM geringer sind. Deshalb dürfen die Löhne nicht steigen, aber die Produktivität."

D: „In bestimmten Zukunftstechnologien hat Deutschland den Anschluß verloren, z. B. bei der Halbleiterproduktion. Hier dominieren Japan und die USA. Wir müssen die Entwicklung innovativer Produkte und Dienstleistungen, z. B. Biotechnologie, Medizintechnik stärker fördern, sonst sinkt unser Wohlstand."

8 Sprecht über die Bedeutung von Patenten für die Innovationsfähigkeit und internationale Wettbewerbsfähigkeit.

9 Was bedeuten die Reisegewohnheiten der Deutschen für die Zahlungsbilanz?

2. Von der Europäischen Gemeinschaft zur Europäischen Union

Europa wird eins

Nach dem 2. Weltkrieg setzten sich bedeutende Staatsmänner für eine politische und wirtschaftliche Einigung Europas ein. Sie sollte Kriege zwischen den Staaten unmöglich machen. Ziel war auch, das Gewicht Europas in der Weltpolitik zusammen mit den USA gegen den Ostblock zu stärken.

Es kam dann 1957 zur Gründung der **Europäischen Wirtschaftsgemeinschaft** (EWG), ab 1967 **Europäische Gemeinschaft** (EG), und zum Beitritt weiterer Staaten bis 1986.

Mit der deutschen Einheit 1990 wurden die Gebiete der DDR einbezogen.

Nicht alle europäischen Staaten traten bei. So wollten oder mußten einzelne aus politischen Gründen neutral bleiben (z. B. Schweden, Österreich) und gründeten die Freihandelsorganisation **EFTA.** Andere gehörten zum Ostblock, der den **Rat für gegenseitige Wirtschaftshilfe** (**RGW**) aufbaute. Nach der Auflösung des Ostblocks und dem Zerfall der Sowjetunion suchten neutrale und osteuropäische Staaten aus wirtschaftlichen und politischen Gründen Anschluß an die EG und traten 1995 bei.

Stufenweise wurde seit der Gründung der EG an der Entwicklung des 1993 weitgehend erreichten Europäischen Binnenmarktes hin zur **Europäischen Union** (EU) im Vertrag von Maastricht gearbeitet. Dafür wurden

- Zölle zwischen den Staaten abgebaut,
- ein gemeinsamer Außenzoll eingeführt,
- Freizügigkeit für Arbeitnehmer und Niederlassungsfreiheit für Unternehmen vereinbart,
- gemeinsame Rechtsvorschriften (Abbau „technischer Schranken") beschlossen,
- die Mitgliedstaaten auf gemeinsame Ziele der Wirtschaftspolitik verpflichtet, insbesondere harmonische Wirtschaftsentwicklung, stetige Wirtschaftsausweitung, größere Preisstabilität,
- ein europäisches Währungssystem mit festen Wechselkursen der nationalen Währungen zum ECU eingeführt.

Die EG vereinbarte mit vielen Staaten Zollabbau und begrenzten Freihandel. Sie förderte Entwicklungsländer.

Seit den Beschlüssen von Maastricht spricht man von der Europäischen **Union** (EU).

Die EU bestreitet ihre Einnahmen vor allem aus einem Anteil an der Umsatzsteuer, den Außenzöllen und einem Anteil am Bruttosozialprodukt der Mitgliedsländer. Deutschland erbrachte 1994 28,6 Mrd. DM höhere Beiträge zum EU-Haushalt als Mittel zurückflossen. Dabei ist zu bedenken, daß mehr als 58 % des EU-Haushalts für den Agrarmarkt verwendet werden und Deutschland Industrienation ist, aber auch, daß nach der Wieder-

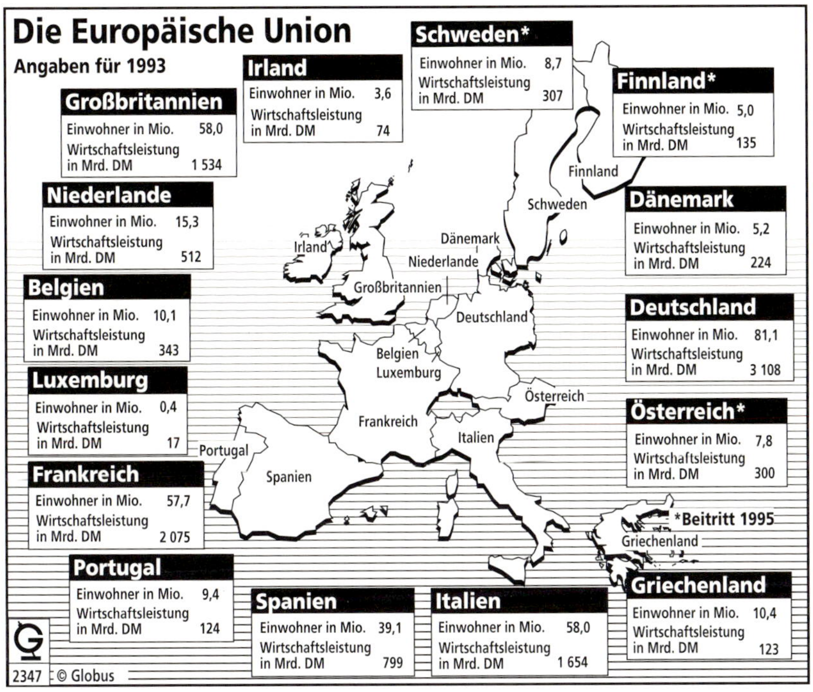

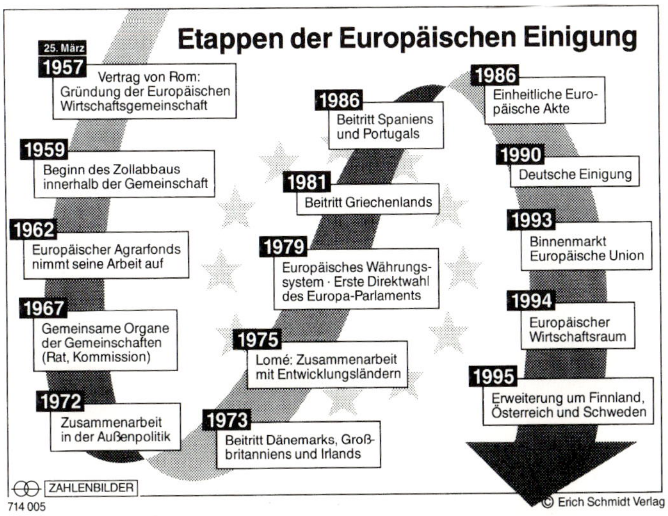

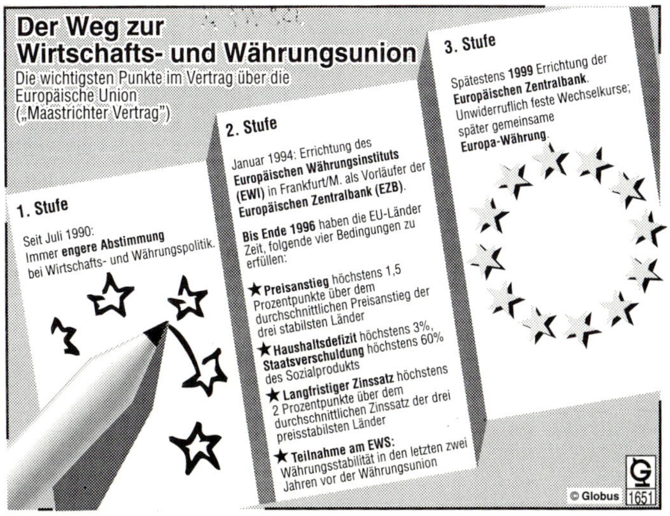

Die wichtigsten Organe der EU:

Kommission:
Bereitet Entscheidungen des Ministerrats und des EP vor und führt sie durch. Bemüht sich um eine Politik im gemeinsamen Interesse der Mitgliedstaaten. Besteht aus von den Mitgliedern nominierten Kommissaren, die für bestimmte Bereiche zuständig sind. Wählen den Präsidenten der EU-Kommission.

Ministerrat:
Konferenz der Fachminister der EU-Staaten, die wichtige Beschlüsse unter Berücksichtigung nationaler Interessen treffen. Viele Entscheidungen müssen einstimmig gefällt werden. Der Ministerrat ist das eigentliche gesetzgebende Organ und verabschiedet Verordnungen und Richtlinien. Teilweise wird eine Entscheidung erst im *Europäischen Rat*, der Konferenz der Regierungschefs, möglich. Dieser legt die politischen und wirtschaftlichen Leitlinien der EU fest.

Europäisches Parlament (EP):
Wird von der Bevölkerung der Mitgliedstaaten direkt gewählt. Es hat begrenzte Mitentscheidungs-, Beteiligungs-, Informations- und Kontrollrechte gegenüber der Kommission und dem Ministerrat.

Europäischer Gerichtshof:
Entscheidet Streitigkeiten über Auslegung und Anwendung des EU-Rechts.

vereinigung Mittel zur Strukturförderung nach Ostdeutschland fließen.Es ergab sich eine sehr starke Ausweitung des Handels, besonders zwischen den EU-Staaten. Viele Unternehmen operieren weltweit. Unternehmenszusammenschlüsse führten zur Konzentration wirtschaftlicher Macht.
Der Wohlstand stieg erheblich – bei großen Unterschieden zwischen den Regionen (s. Stichwort *Wirtschaftsleistung, EU*). Mehrfach kam es zu Krisen, besonders bei der Finanzierung des Agrarmarkts (s. nächsten Abschnitt). Die Entscheidungsprozesse der **EU-Organe** sollen gestrafft und die Rechte des **Parlaments (EP)** gestärkt werden. Wurden bisher alle Einzelheiten geregelt und „harmonisiert“ , so werden jetzt nur noch wichtige Minimalforderungen, z. B. für Sicherheit und Gesundheit, formuliert.
Was in einem EU-Land zugelassen ist, darf in keinem anderen verboten werden.
Es wurde die **Wirtschafts- und Währungsunion** als Vorstufe zu einer politischen Union, einem Staatenbund, beschlossen (s. Schaubild Vorseite). Ein Teil der Staaten strebt einen Bundesstaat an. Das würde eine einheitliche Wirtschaftspolitik bedeuten mit Angleichung der Steuern (s. Folgeseite rechts oben), Vermeidung übermäßiger Staatsverschuldung, Preisstabilität, gemeinsame Zinspolitik, Währungsstabilität. Es ist ungewiß, ob diese Ziele erreichbar sind. Noch immer werden nationale Alleingänge zur Überwindung wirtschaftlicher Probleme gesucht. Die Währungskrise Mitte 1993 führte wieder zur Ablösung der festen Wechselkurse und zur nationalen Währungspolitik. Die für 1999 vorgesehene Währungsunion mit dem Übergang zum „Euro“ ist umstritten, weil unklar ist, welche Mitglieder die wirtschaftlichen Voraussetzungen erfüllen.
Für eine wirkliche Union müßten die Staaten nationale Rechte, besonders im Bereich der Wirtschaftspolitik, stärker auf das Europäische Parlament und die **EU-Kommission** verlagern. Derzeit entscheidet in wichtigen Angelegenheiten der nationalen Interessen verpflichtete Ministerrat bzw. der **Europäische Rat** (s. Randspalte). Oft ist Einstimmigkeit gefordert, wie bei Steuer- und Sozialgesetzen.

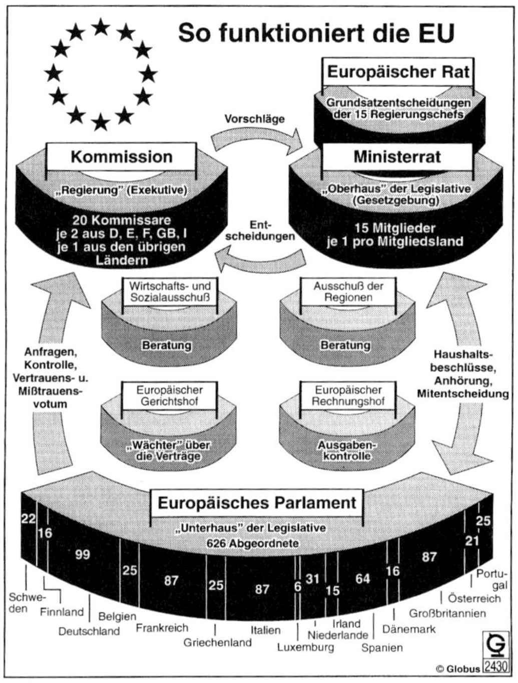

Aufgaben

1 Sprecht über Motive zur Gründung der EWG und verfolgt die Schritte der Europäischen Einigung über die EG zur EU.

2 Erörtert die Bedeutung des Zollabbaus zwischen EU-Staaten, gemeinsamer Außenzölle und Rechtsvorschriften.
Berücksichtigt an folgenden Beispielen Auswirkungen auf Preise, Wettbewerb, Qualität, Produktionsmenge sowie Unternehmen, Arbeitnehmer und Verbraucher.
A: Deutsche Unternehmen verlagern ihre Bekleidungsproduktion nach Portugal und fertigen dort Textilien für den EU-Markt (s. Stichwort *Arbeitskosten, international*).
B: Durch den Wegfall des EG-Binnenzolls von 5 % wurde der französische Bremsbelägehersteller X. in EU-Staaten wettbewerbsfähig.
C: Nach der Vereinheitlichung und gegenseitigen Anerkennung der Sicherheitsvorschriften werden deutsche Hochdruckpumpen EU-weit angeboten.
D: Der Europäische Gerichtshof verbot Deutschland, die Einfuhr von Wurstwaren aus EU-Ländern zu untersagen, die nach deutschem Recht nicht erlaubte Bestandteile, z. B. Soja, enthalten.
E: Die EU erhebt auf Importe von PKW Außenzoll und hat mit Japan die Beschränkung der Einfuhren vereinbart.

3 Begründet das Interesse weiterer Staaten nach Beitritt zur EU.

4 Erörtert die Angleichung nationaler Wirtschaftspolitik für die Entwicklung der EU.

5 Politische Gruppen kleinerer Länder befürchten Verluste an Freiheit und kultureller Identität. Sie beklagen die übermächtige EU-Bürokratie sowie die Macht großer Länder. Sie wünschen einstimmige Beschlüsse des Ministerrats. Nehmt Stellung.

3. Ausgewählte Probleme der EU und des Welthandels

Die EU der 15 in der Welt
Anteile der erweiterten EU an:

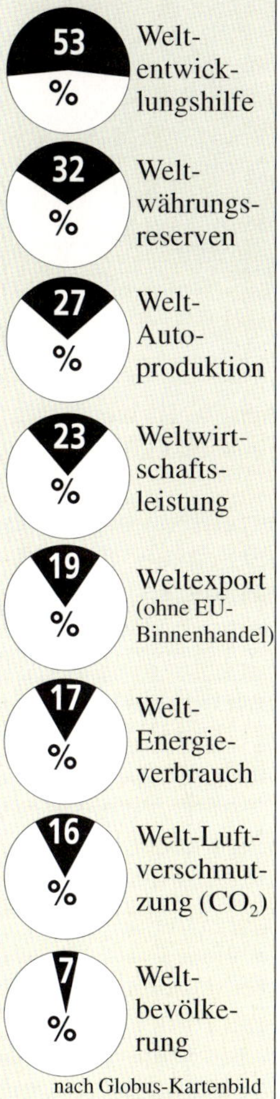

nach Globus-Kartenbild 2386 von 12/94

Die EU schloß **Freihandelsabkommen** mit vielen Staaten, darunter auch mit vielen Entwicklungsländern und leistet diesen Entwicklungshilfe.

Produktionsverlagerung ins Ausland

Mittel- und Osteuropa sind besonders gefragt / Umfrage des DIHT

Bonn, 8. November. In der Industrie wollen 30 Prozent der Unternehmen in den kommenden drei Jahren einen Teil ihrer Produktion ins Ausland verlagern. (...)
Als Grund nennen die Unternehmen vor allem die hohen Lohnkosten, steigende Lohnzusatzkosten und eine weiter zunehmende Belastung mit Abgaben. Hinzu kämen strenge Umweltschutzauflagen sowie überlange Genehmigungsverfahren. Hinzu kommen jedoch auch unternehmensstrategische Zielsetzungen. Dazu gehören die ständige Präsens auf den Absatzmärkten, das Vermeiden von Wechselkursnachteilen und Handelshemmnissen. Bei der Standortwahl für eine Niederlassung im Ausland werden in den kommenden drei Jahren die Staaten Mittel- und Osteuropas den Vorrang haben. (...)

Erst an zweiter Stelle folgen die asiatischen Länder, die in der Vergangenheit bei Produktionsverlagerungen bevorzugt wurden. In die europäischen Nachbarländer ist in den vergangenen Jahren im Zuge der Entwicklung des europäischen Binnenmarktes viel investiert worden. (...) Durch die Investitionen im Ausland dürften in den kommenden drei Jahren rund 250000 Arbeitsplätze im Ausland neu entstehen, rund 40000 mehr als in den vergangenen 3 Jahren. Diese Entwicklung bedeute freilich nicht, daß automatisch im gleichen Umfang Arbeitsplätze im Inland vernichtet würden. (...)

FAZ v. 9.11.93

Die EU im internationalen Vergleich 1993

	EUR-15	USA	J
Bevölkerung in Mio.	369	258	125
Bruttoinlandsprodukt[1]	5909	5417	3617
Privater Konsum[1]	3584	3739	2080
Staatsverbrauch[1]	1152	848	347
Bruttoanlageinvestitionen[1]	1127	873	1099
Ausfuhr[1]	1544	563	341
Einfuhr[1]	1473	619	257

[1] in Mrd ECU. Institut der deutschen Wirtschaft (1995): Internationale Wirtschaftszahlen. Köln, Tab. 74

Steuerharmonisierung in der EG kommt wenig voran.

Die **Mehrwertsteuer** beträgt in den einzelnen Staaten zwischen 15 und 23 %.
Große Unterschiede gibt es bei den **Verbrauchssteuern**. Während z. B. ein bestimmter Wagen in Luxemburg rund 27000 DM kostet, muß der Käufer des gleichen Typs in Griechenland umgerechnet 85000 DM berappen.

AgV (1992): Einkaufen in Europa, Bonn, S. 20

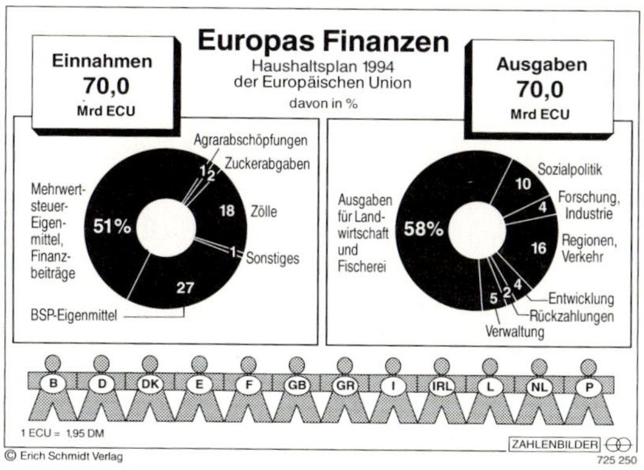

© Erich Schmidt Verlag

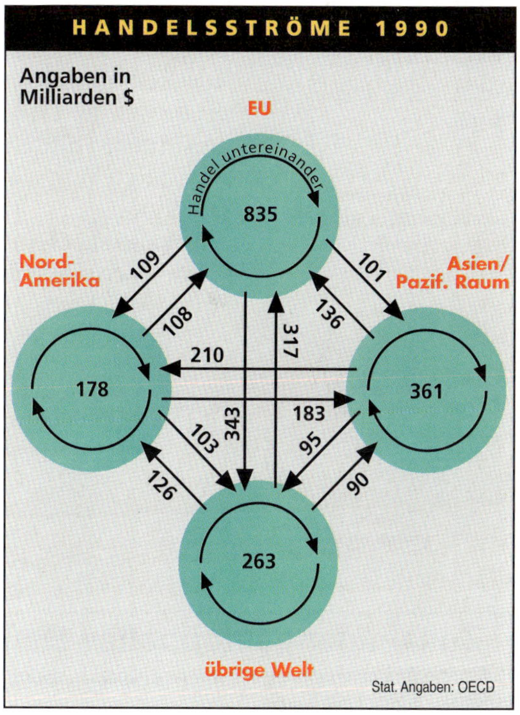

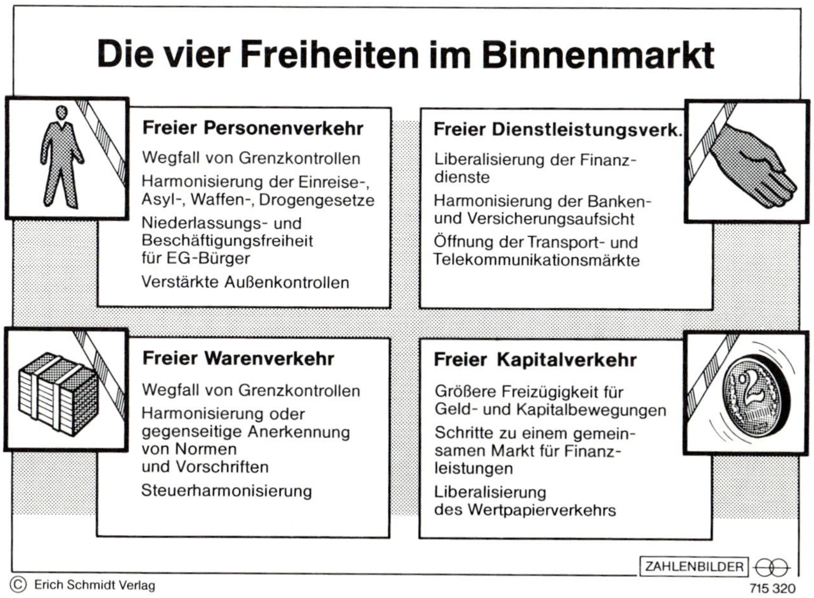

© Erich Schmidt Verlag

Schwierige Richtungswahl

Lagerbestände aus EU-Markt-interventionen
(Ende 1993 in 1000 t)

Getreide	24 205
Rindfleisch	719
Butter	161

EU: Die Lage der Landwirtschaft, Bonn 1994

GATT:
Allgemeines Zoll- und Handelsabkommen mit dem Ziel, Außenhandelsbeschränkungen zu verringern durch Abbau der Zölle, gleiche Zoll- und Handelsvorteile von einem Land gegenüber allen anderen Ländern zu erreichen (Meistbegünstigungsklausel). Ab 1. 1. 1995 ist das GATT-Abkommem vom neuen **WTO**-Abkommen abgelöst worden; WTO (World Trade Organization) = Welthandelsorganisation.

Agrarüberschüsse gehören in die Hungergebiete.

Unsere Märkte müssen für die Entwicklungsländer offen sein, nur dann können sie sich selbst erhalten und notwendige Devisen verdienen.

EU-Agrarmarkt kaum finanzierbar

Die Landwirtschaft der EU ist durch kleinere Familienbetriebe mit sehr großen Einkommensunterschieden geprägt. In dieser Wirtschaftsweise ist sie vielfach am Weltmarkt nicht wettbewerbsfähig, obwohl der Anteil der in der Landwirtschaft Tätigen stark abnahm (Deutschland 1970: 8,6 % und 1992: 3,1 %; Griechenland 1970: 40,8 % und 1992: 22,2 % der Erwerbstätigen).

Die Verbände der Bauern haben ihre Interessen stets mit Nachdruck zur Geltung gebracht, um staatliche Subventionen und Schutz vor preisgünstigeren Importen zu erhalten.

Traditionell sichern **Marktordnungen** den Landwirten der EU **Mindestpreise.** Das geschieht durch **Aufkauf** und **Einlagerung,** wenn bestimmte Preise unterschritten werden. Importe von Staaten außerhalb der EU, die oft billiger sind, werden in der Menge beschränkt und durch Abschöpfungen auf den EU-Mindestpreis gebracht. Exporteure aus der EU erhalten **Ausfuhrerstattungen,** d. h., ihnen wird die Differenz zum Weltmarktpreis vergütet.

Von Zeit zu Zeit wurden mit weiteren Subventionen die Lagerhäuser geräumt, oft als umstrittene Hilfe für Hungergebiete der Welt oder durch Vernichtung.

Das System
- ist sehr teuer (1993: 38 Mrd. ECU) und reizt zur Überschußproduktion, z. B. verdoppelten Frankreich und die Niederlande die Getreideproduktion zwischen 1980 und 1990;

Das ist bedenklich, weil der Anreiz zur Selbstversorgung fehlt. Die EU sollte keine Anreize für Überschußproduktion geben. Diese Milliarden gehören in die Entwicklungshilfe.

- begünstigt Betrügereien (z. B. wenn minderwertiges Getreide als Brotgetreide exportiert wird);
- wirkt wettbewerbsverzerrend gegenüber anderen Agrarexportländern und Entwicklungsländern, bei denen die EU für Industriewaren ungehinderten Marktzugang fordert.

1992 wurde eine **EG-Agrarreform** beschlossen. Diese kam auch unter dem Druck der im **GATT** zusammengeschlossenen Welthandelsländer zustande, die Agrarerzeugnisse exportieren und an die die EG-Länder Industriewaren verkaufen wollen. U. a. gilt:
- Allmählich wird der Garantiepreis für Getreide um ca. 30 % gesenkt.
- Für Ölsaaten und Eiweißprodukte wird er auf das Weltmarktniveau zurückgeführt.
- Bauern erhalten für die Stillegung von Flächen und weniger intensive Bewirtschaftung Subventionen.
- Für Rindfleisch wird der Garantiepreis um 15 % gesenkt, verbunden mit einer Ausgleichszahlung pro Tier.
- Für Milch soll die Quote für Erzeuger um 2 % gesenkt werden.

Umweltschutz ohne Grenzen?

Umweltbelastungen sind in der EU grenzüberschreitend; das gilt für 50 % der Luftbelastungen; 80 % der Gewässer haben mehrere Anliegerstaaten; die Meere nutzen alle.

Ab 1950 erlangte der Umweltschutz zunehmend politische Bedeutung. Es kam zu Umweltschutzabkommen internationaler Organisationen, wie der UN.
Ab 1972 wurden auf EG-Ebene über 140 Richtlinien zum Umweltschutz mit Grenzwerten, z. B. für Auto-Katalysatoren, beschlossen. Diese müssen in nationales Recht umgesetzt werden und gelten dann EG-weit. Ab 1987 ist die EG formal für den Umweltschutz zuständig. Immer gab es unterschiedliche Interessen der Industrie und der Verbraucher, von Ländern und Regionen, Landwirten und Umweltschützern. Die Produzenten versuchten, die Umweltschutzkosten gering zu halten.
Die EU will die Anwendung des EU-Rechts stärker durchsetzen und kontrollieren lassen. Derzeit ist in der Umweltpolitik der EU besonders der Schutz der Ozonschicht umstritten. Die EU-Kommission will den Ausstoß von CO_2 einfrieren, Deutschland will diesen um 25–30 % senken. Länder wie Spanien und Griechenland sind stärker an der Industrialisierung als am Umweltschutz interessiert.

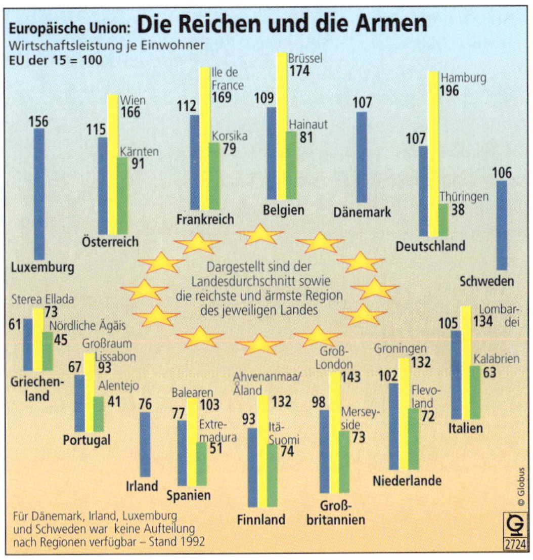

Regional unterschiedliche Lebensbedindungen

Diese zeigen sich nicht nur im **Einkommen**, sondern z. B. auch in der **Arbeitsmarktsituation**, den **Wohnverhältnissen**, dem **Gesundheits-**, **Bildungs-** und **Sozialwesen**.
Der Binnenmarkt begünstigt bereits hoch entwickelte Regionen. Deshalb versucht die Strukturpolitik der EU, den Entwicklungsrückstand bestimmter Regionen zu verringern. Gefördert werden Regionen, in denen das Bruttoinlandsprodukt (siehe Stichwort *Bruttosozialprodukt*) pro Kopf weniger als 75 % des EU-Durchschnitts erreicht.
Ab 1990 wurde Ostdeutschland einbezogen. Portugal erhielt in den letzten Jahren den größten Anteil der Fördermittel.

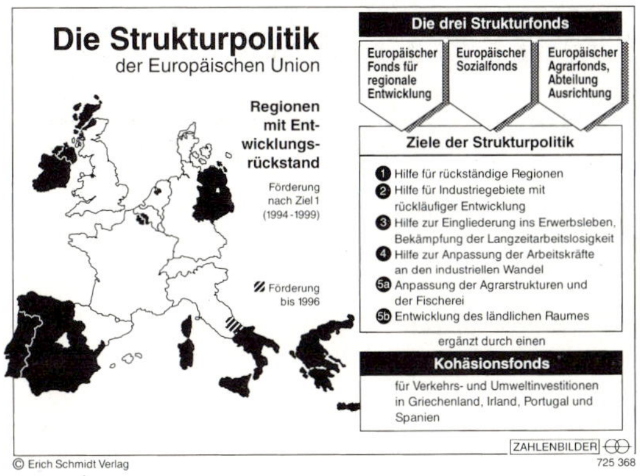

© Erich Schmidt Verlag

Dort werden Arbeitsplätze geschaffen, die Produktion modernisiert und die Infrastruktur verbessert. Besonders bedürftige Regionen profitierten jedoch unterdurchschnittlich, weil Entwicklungspläne fehlten und die Bürokratie schleppend arbeitete.
Es ist fraglich, ob durch die Förderung das Wohlstandsgefälle verringert werden kann.

Arbeitslosigkeit in der EU (Sept. 1995)

Arbeitslose:
17,4 Mio.
Arbeitslosenquote:
10,5 %

F.A.Z. v. 14.11.95

Arbeitslosenquoten

Land	1990	1994
Belgien	7,6	10,1
Dänemark	8,1	9,8
Deutschland[1]	4,8	6,3
Finnland	3,4	17,7
Frankreich	9,0	11,3
Griechenland	7,0	7,7
Großbritannien	7,0	9,0
Irland	14,5	17,5
Italien	10,0	11,9
Luxemburg	1,7	3,4
Niederlande	7,5	9,9
Österreich	3,3	5,5
Portugal	4,6	6,0
Schweden	1,5	8,1
Spanien	16,1	21,9
Kanada	8,1	10,0
USA	5,4	5,8
Japan	2,1	3,0

[1] West, internat. Berechnungsmethode, weicht von deutscher ab

Quelle: OECD, EU

Aufgaben

1 Erörtert die wirtschaftliche Stellung der EU im Welthandel.

2 Diskutiert die Bedeutung der Steuerharmonisierung für die EU.

3 Begründet Probleme der Wechselkurse für den Handel.

4 Untersucht die Auswirkungen einer Abwertung für den Export.

5 Durch nationale Wirtschaftspolitik kommt es z. B. zu unterschiedlichen Preissteigerungen in der EU. Begründet Auswirkungen auf den Wechselkurs. Erörtert Voraussetzungen für einen festen Wechselkurs.

6 Erklärt, wie Marktordnungen in der EU funktionieren.

7 Problematisiert den Anteil der Kosten der Agrarpolitik am Gesamthaushalt der EU.

8 Sprecht über die Bedeutung der Agrarreform und die Maßnahmen.

9 Nehmt Stellung zu den Meinungen über Entwicklungshilfe in den Sprechblasen.

10 Begründet die Interessen der Länder und Gruppen beim Umweltschutz. Sprecht über die Grenzen internationaler Umweltpolitik.

11 Was will die europäische regionale Strukturpolitik erreichen? Vergleicht sie mit den Zielen regionaler staatlicher Strukturpolitik Deutschlands (s. Stichwort).

12 Was bedeutet die EU für euch? Notiert dazu Stichwörter auf Kärtchen und strukturiert diese in der Klasse.

Materialien zum Problemfeld: Struktur und Entwicklung des regionalen Wirtschaftsraumes

M1

Kultur statt Kohle

Neues Leben auf alter Zeche

Die Schuhe hinterlassen Abdrücke auf dem staubigen Fußboden. Heruntergerissene Girlanden erinnern an das letzte Betriebsfest vor vielen Jahren. Die Schließfächer an den Wänden der Weißkaue, der Umkleidehalle der Zeche, sind leer. Noch vor acht Jahren zogen hier die Bergmänner der Dortmunder Zeche „Minister Stein" jeden Morgen ihre Jacken und Hosen auf Haken unter die Decke. Seit Jahren herrscht Stille in der hundert Jahre alten weißgekachelten Halle. Doch vor den Fenstern dröhnen die Zementmaschinen. „Minister Stein" wird langsam wieder lebendig. Mit 53 Mio. DM wollen Investoren aus der verseuchten Industriebrache ein neues Stadtteilzentrum mit Gewerbe, Kultur und Dienstleistungen machen.

„Schacht Nummer 7" sagt Günter van Elst und deutet auf einen runden, mit Unkraut überwucherten Fleck draußen vor der alten Kaue. Gleich daneben: „Schacht 2". Der grauhaarige Rentner war 30 Jahre auf dem Pütt und kennt jede Bodenwelle auf dem ehemaligen Zechengelände im Dortmunder Norden. Rechts standen die Hängebank, die Bergebrechanlage, die Kohlenwäsche, links die Sieberei, das Kesselhaus.

800 historische Fotos

Die Gebäude gibt es nur noch in seiner Erinnerung und auf den 800 historischen Fotos, die der 68jährige über Jahre hinweg gesammelt hat. Die Fördertürme der Schachtanlagen fielen schon Anfang 1988, ein knappes Jahr nach der letzten Schicht, viele andere Gebäude folgten. Was übrig blieb, wurde unter Denkmalschutz gestellt.

Am 31. März 1987 waren die Bergleute zum letzten Mal in „Minister Stein" eingefahren. Bei der Schließung der letzten Dortmunder Zeche verloren 4000 Bergleute ihre Arbeit. 112 Jahre lang war auf „Minister Stein" Kohle gefördert worden, 175 Millionen Tonnen insgesamt. Die Arbeitslosigkeit in Dortmund stieg auf heute 16 Prozent, das sind fünf Prozentpunkte mehr als im übrigen Nordrhein-Westfalen. Vor 25 Jahren hatte es im Ruhrgebiet noch 52 Schachtanlagen mit 186000 Mann Belegschaft gegeben. Heute sind es noch 13 Bergwerke, die Belegschaft ist auf 70 000 geschrumpft.

Soziales Zentrum verloren

Das Zentrum des Dortmunder Stadtteils Eving liegt gleich neben dem ehemaligen Haupttor von „Minister Stein": ein Supermarkt, eine Spielhalle, die Polizeiwache. Mit der Zeche verlor der Stadtteil das soziale Zentrum, den nachbarlichen Kontakt am Arbeitsplatz. Doch die Evinger hatten Glück im Unglück. Zwei Jahre nach Zechenschließung wurde die Internationale Bauausstellung Emscher Park (IBA) ins Leben gerufen, die „Minister Stein" zu einem ihrer Prestigeobjekte erkor. Die IBA, hundertprozentige Tochter des Landes, vergibt Förderempfehlungen, die den Architekten und Investoren den Weg zu Geldern von Land und Europäischer Union ebnen. Dieser Förderpriorität ist es zu verdanken, daß die Hälfte der 30 Hektar großen Industriebrache bereits innerhalb eines Jahres saniert wurde und jetzt als Service- und Gewerbepark ausgewiesen werden kann. Das Gelände wurde gesäubert, Kanalisation gelegt, Straßen gebaut und Baugrundstücke hergerichtet. 28,5 Mio. DM wurden von öffentlicher und privater Hand investiert. Am Montag wurde der Park eingeweiht und den Investoren vorgestellt. Der erste Spatenstich wird im Sommer erwartet.

Unter dem Projektnamen „Neue Evinger Mitte" werden die denkmalgeschützten Gebäude renoviert. Dazu gehören unter anderem die Weiß- und Schwarzkaue und das ehemalige Direktionsgebäude. Sie stehen nördlich des Gewerbeparkes und sollen später mit diesem eine architektonische Einheit bilden. Für 24 Mio. DM entstehen in der „Neuen Evinger Mitte" ein Kulturzentrum, Cafés und Büros. Voraussichtliche Fertigstellung: Ende 1996.

„ Das ist die Lohnhalle", sagt Günter van Elst und zeigt auf ein großes Backsteingebäude, dessen alte Mauern durch jahrzehntelangen Ruß der Zeche schmutzigbraun gefärbt worden sind. „Hier war es alle zehn Tage gerammelt voll." In der großen Halle, wo heute orange Zettel vor Rattengift warnen, standen früher die Bergleute in langen Schlangen vor den Schaltern. „Am Zechentor warteten an diesen Tagen immer die Frauen, damit die Männer ihren Lohn nicht gleich in der Kneipe ließen. Davon gab es vor dem Tor gleich sechs."

Totenhalle als Baudenkmal

Neben der Lohnhalle, den Waschkauen und dem Direktionsgebäude werden die Lampenstube und die Totenhalle als Baudenkmäler erhalten und umgebaut. Von den Fördertürmen existiert nur noch der etwa 70 Meter hohe Hammerkopfturm der Schachtanlage vier. Das Wahrzeichen der Zeche wird Museum; die zerstörte Hängebank, die ehemalige Verkehrsbühne des Förderturms, wird als Glaskonstruktion wieder aufgebaut und zu Büroräumen einer Architektenfirma umgewandelt. Allein die Sanierung des Stahlgerüstes des Hammerkopfturmes wird mindestens 1,9 Mio. DM kosten – inklusive Entsorgung von zwölf Tonnen Taubenmist, der sich in den Jahrzehnten angesammelt hat.

Mit Abfällen ganz anderer Art muß sich Wilhelm Kraak, Leiter der Projektgesellschaft „Minister Stein", auseinandersetzen. „Die Bergleute haben öfter mal einfach den Hahn aufgedreht." Der Sanierer mußte 9000 Kubikmeter schwer belasteten Boden, getränkt mit flüssigem Teer, Öl und anorganischen Giften, auskoffern lassen. Kosten: 12 Mio. DM. Die Erde lagert jetzt in einem hundert Meter langen Betonsarg.

Dorothee Stoewahse in:
Buxtehuder Tageblatt v. 4. 4. 1994

Fotos, Kartenmaterial und eine Gaslampe hat der Rentner Günter van Elst in seinem Archiv. 30 Jahre arbeitete er als Bergmann; jetzt verfolgt er die Sanierung des Zechengeländes mit großem Interesse.

M2

„Ein klarer Fall von Steuerverschwendung“

Mit Milliarden-Spritzen aus der Staatskasse werden ganze Branchen künstlich am Leben gehalten. Nun sollen die Stromverbraucher mit einer Energiesteuer für die Steinkohle zahlen – eine Nagelprobe für die Regierung Kohl.

Hausintern markiert Wirtschaftsminister Günter Rexrodt (FDP) den starken Mann: Eine Energiesteuer zur Subventionierung der Steinkohle, wie die Christdemokraten sie wollen, werde es mit ihm nicht geben. Die 7,5 Milliarden DM, die bisher von den Stromverbrauchern über den Kohlepfennig abkassiert werden, müßten ab nächstem Jahr durch Einsparungen im Haushalt oder notfalls durch höhere Staatsschulden finanziert werden.
Einen Beschluß darüber will Rexrodt noch vor der Landtagswahl im Kohle-Land Nordrhein-Westfalen am 14. Mai erzwingen. Sonst, so drohte er in der vergangenen Woche vor Vertrauten, „lassen wir die Koalition platzen“. Und FDP-Chef und Vizekanzler Klaus Kinkel verkündet: „Die Liberalen werden Widerstand gegen die Kohlepfennig-Ersatzsteuer leisten“. (...)

[Inzwischen wurde eine Einigung erreicht.]

Die Subventionitis grassiert weiter. Von 1980 bis 1993 haben sich die dafür jährlich fälligen Staatsausgaben von 60 Milliarden DM auf über 114 Milliarden nahezu verdoppelt. Für Sachsens Wirtschaftsminister Kajo Schommer (CDU) Grund genug, über die Verschwendung von Steuergeldern „in ganz Deutschland“ nachzudenken, denn große Subventionsgewinner wie Werftindustrie, Luft- und Raumfahrtunternehmen oder der Bergbau sitzen vornehmlich im Westen.
Den dicksten Batzen aus den Staatskassen kassiert der Steinkohlebergbau. „Die Subventionierung der Steinkohle, die keiner will“, so Schommer, „ist ein klarer Fall von Steuervergeudung“. Keiner braucht mehr die Steinkohle, ihr Anteil an der heimischen Energieversorgung sinkt kontinuierlich.
Was aus heimischen Flözen gefördert wird, ist schon lange nicht mehr wettbewerbsfähig (...)

[s. Stichwort *Steinkohle, subventionierte*]

Werden alle Staatshilfen berücksichtigt – direkte und indirekte Subventionen, die Zuschüsse zur knappschaftlichen Rentenversicherung, der Kohlepfennig und die Kokskohlebeihilfe –, dann bekam der Steinkohlebergbau 1992 die gigantische Summe von insgesamt 47,7 Milliarden DM.
Subventionen, heißt es, sind politisch gewollt und sollen vorübergehend Unternehmen bei der Anschubfinanzierung kostenträchtiger Projekte unterstützen oder Investitionsanreize geben, damit bestimmte politische Ziele – beispielsweise im Wohnungsbau – erreicht werden. Oder sie sollen wirtschaftlichen Strukturwandel begünstigen.Doch Kohle aus der Steuerkasse bewirkt häufig das Gegenteil: Sie erstickt das Kostenbewußtsein in Unternehmen, mobilisiert enorme Mitnahmeeffekte und erhält sieche Branchen am Leben.
Die 115000 Kumpel, die im Saarland und an Rhein und Ruhr noch im Bergbau malochen, verdienten 1992 durchschnittlich 89955 DM brutto im Jahr. Da wäre es schon fast ökonomischer, die Bergleute in Dauerurlaub zu schicken und ihnen „ihre“ Subvention gleich aus der Steuerkasse zu bezahlen.
Absurder noch als im Bergbau ist die Subventionitis in der Landwirtschaft. Weil die Marktpreise kaum die Erzeugerkosten für Milch, Fleisch, Getreide oder Gemüse decken, kassieren die Bauern kräftig aus Bonn und Brüssel. Was die Landmänner anspornt, fleißig Überschüsse zu produzieren, die dann teuer gelagert oder am Ende gar vernichtet werden. Doch die Bauern haben das Kunststück fertiggebracht, auch dann zu kassieren, wenn sie nicht mehr, sondern weniger produzieren: Wer seine Felder nicht mehr beackert, streicht Stillegungsprämien ein.
Die „Grüne Front“, die Lobby der Bauern und der Agrarwirtschaft, hat den Politikern in Bonn und Brüssel Hunderte von Zuschüssen, Prämien, Beihilfen, Milchrenten, Ausgleichszahlungen, Steuerbefreiungen, Starthilfen, Zinsverbilligungen, Preisstützungen, Investitionsförderungen und Ausgleichszahlungen abgetrotzt. 31,6 Milliarden DM ließ sich Bonn den deutschen Nährstand 1993 kosten, und Brüssel butterte noch kräftig dazu. Von den mehr als 50 Milliarden DM, die pro Jahr zusammenkommen, landen bei den Kleinbauern nur Peanuts, den Löwenanteil heimsen Großbetriebe und die Agrarwirtschaft ein...

Stern, H. 10, 1995, S. 156, 157

M3

Wer subventioniert was?

Subventionen pro Arbeitsplatz 1994 in DM

Werften	17066
Landwirtschaft, Fischfang	56399
Luft- und Raumfahrzeugbau	57236
Steinkohlenbergbau	106000

Subventionen sind auf wenige Wirtschaftsbereiche konzentriert. Zwei Drittel der Subventionen entfallen auf Landwirtschaft, Kohle, Verkehr und Wohnungen.

Gleichwohl sind in marktwirtschaftlich organisierten Volkswirtschaften die Subventionen umstritten. Denn sie
- verzerren die Produktions- und Preisstruktur,
- lenken Finanzmittel in unproduktive Bereiche,
- belasten die öffentlichen Haushalte und
- beeinträchtigen die gesamtwirtschaftliche Produktivität und damit das Wachstum.

In einer streng marktwirtschaftlich organisierten Volkswirtschaft haben deshalb Subventionen keinen Platz.

Fuest, W. /Lichtblau, K.: Staat und Wirtschaft, in: Institut der deutschen Wirtschaft (Hg.): Thema Wirtschaft, Köln 1993, S.15

Gesamtvolumen der Subventionen von Bund, Ländern und Gemeinden, ERP[1], EG in Milliarden DM

	1990[2]	1991	1993	1995[3]
I. Bund				
Finanzhilfen	14,2	19,7	19,3	19,7
Steuervergünstigungen	15,4	17,6	17,0	16,6
II. Länder, Gemeinden				
Finanzhilfen	16,2	22,4	26,0	31,2
Steuervergünstigungen	18,0	21,3	22,9	22,9
III. ERP-Finanzhilfen	5,6	10,8	9,0	13,6
IV. Marktordnungsausgaben der EG	9,5	10,5	12,7	12,2
Subventionen insgesamt				
Summe I.-IV.	**78,9**	**102,3**	**106,9**	**116.2**
(darunter neue Länder)		(24,7)	(35,8)	(46,9)

[1] ERP (European Recovery Program) = Sondervermögen des Bundes, das u.a. Kreditfonds mit öffentlichen Aufgaben beinhaltet.

[2] 1990 altes Bundesgebiet; ab 1991 Bundesgebiet einschließlich der neuen Länder.
[3] Haushaltssoll

Bundesministerium der Finanzen: 15. Subventionsbericht, Bonn 1995, S.21

Vom Wunschberuf zum Ausbildungsplatz

... euch zu bewerben und vorzustellen.

... euch auf Tests vorzubereiten.

... worauf es bei Tests ankommt.

1. Bewerbung und Vorstellung

Nach der Entscheidung für einen oder mehrere Ausbildungsberufe kann die Auswahl einer Ausbildungsstelle beginnen. Dabei ist Planung wichtig! So könnte die Suche nach einem Ausbildungsplatz erfolgen:

Bewerbungschancen erkunden
- Freunde, Verwandte, Bekannte der Eltern, Lehrer fragen
- bei der Berufsberatung nachfragen
- bei Ausbildungsberatern der Kammern anfragen
- bei Firmen direkt nachfragen, Branchenverzeichnis auswerten
- schulische Bildungsangebote prüfen
- Stellenangebote in Zeitungen auswerten
- Inserat aufgeben
- Angebote in Nachbarorten nutzen

Bewerben
- Kontakt aufnehmen (persönlich, brieflich, telefonisch). Meist werden vollständige Bewerbungsunterlagen (s. u.) gewünscht.
- Bewerbungsunterlagen fehlerfrei gestalten, immer auf die Ausbildungsstelle abstellen. Das heißt, Interessen am Ausbildungsberuf und an der Ausbildungsstelle begründen.

Auswahlverfahren des Betriebes
Am Anfang stehen die Sichtung und Bewertung der Bewerbungsunterlagen. Neben Zeugnisnoten sind z.B. Angaben zu Fehlzeiten und Verspätungen aufschlußreich. Danach wird entschieden, welche Bewerber in das weitere Verfahren einbezogen werden.
In größeren Betrieben sind oft *Einstellungstests* (siehe Folgeseite) üblich.
In einem Teil der Betriebe erfolgt die Durchführung der Tests zusammen mit der Vorstellung.

Vorstellen
Im Vorstellungsgespräch versucht der Betrieb, sich ein Bild von der äußeren Erscheinung zu machen (z.B. gepflegt) und herauszufinden, welche Einstellungen zu Arbeit, Beruf und zur eigenen Person der einzelne hat. Typische Themenbereiche sind: Lebenslauf und Schulbildung, Motive für die Berufswahl, Zukunftspläne, Selbsteinschätzung der Berufsanforderungen, Freizeit, Hobby, Familie, aktuelles Tagesgeschehen. Es ist wichtig, das Vorstellungsgespräch sorgfältig vorzubereiten. Dazu gehört, sich gründlich über den Wunschberuf, die Ausbildung und den Betrieb zu informieren.
Ihr solltet Fragen beantworten, aber auf jeden Fall auch selbst Fragen stellen zur Ausbildung im Betrieb.

Zusage
- Mehrere Zusagen? Bald entscheiden!
- Die anderen Betriebe informieren, damit Mitbewerber zum Zuge kommen können.

Absage
Nicht verzweifeln! Das geht vielen Mitbewerbern ebenso.

Aufgaben

1 Sprecht mit Auszubildenden über Erfahrungen bei Bewerbungen und Vorstellungen.

2 Richtet eine „Börse“ (z.B. Pinnwand) für freie Ausbildungsstellen ein.

3 Übt im Deutschunterricht das Abfassen von Bewerbungsunterlagen.

4 Erprobt eine Vorstellung im Rollenspiel. Personen: Personalchef/-in; Bewerber/-in.

Das gehört zu den Bewerbungsunterlagen:
- Bewerbungsschreiben
- Lebenslauf (evtl. handgeschrieben)
- letztes Zeugnis (Kopie)
- Lichtbild mit Namen und Geb.-Datum
- Deckblatt mit Namen und Vornamen, gewünschter Ausbildungsberuf, Inhaltsverzeichnis

Bewerbungen durchführen:
- Großbetriebe, Handel, Banken
- Öffentlicher Dienst
- Kleinbetriebe (Handwerk, freie Berufe)

In Schulen anmelden:
z.B. – Gymnasium
– Berufsschule

Ausbildungs- und Schulbeginn

August	September	Oktober	November	Dezember	Januar	Februar	März	April	Mai	Juni	Juli	August

Verwirklichung der Entscheidung

2. Betriebliche Einstellungstests

Tests sind von unterschiedlicher Qualität. Vielfach wird in erster Linie **Schulwissen** getestet. Oft werden jedoch
- **Kenntnisse,** z.B. Rechnen, Rechtschreibung und technisches Verständnis,
- **Intelligenz,** z.B. Sprachbeherrschung, logisches Denken und Abstraktionsfähigkeit,
- **Konzentration,** z.B. Leistung, Ausdauer, Belastbarkeit,
- **Persönlichkeit,** z.B. Teamfähigkeit, Anpassungsfähigkeit, Frustrationstoleranz,

getestet. Tests sind meist auf das **Interesse des Betriebes** abgestellt. Sie müssen nicht mit denen des Auszubildenden übereinstimmen.

Kenntnistests beziehen sich meist auf Rechtschreibung und Grundrechenarten, aber auch auf das Lösen von Aufgaben zur Bruch-, Prozent- und Dezimalbruchrechnung. Teilweise läßt man Bewerber einen Aufsatz schreiben, um Ausdrucksgewandtheit zu testen. Oft werden auch Fragen zur Wirtschafts- und Gesellschaftspolitik gestellt, um Allgemeinbildung zu testen. Meist ist auch die Geschwindigkeit, mit der die Aufgaben gelöst werden, wichtig.

Beispiele aus Berufseignungstests von Betrieben

Weitere Testaufgaben stehen in den Materialien zum Problemfeld „Berufswahl und Berufswegplanung".

Mechanisch-technisches Verständnis

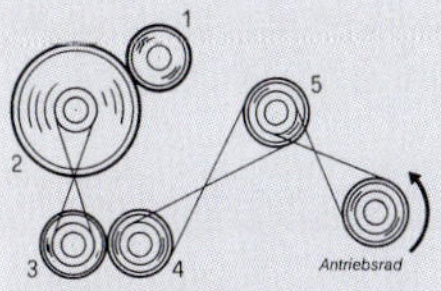

Welche zwei Räder drehen sich in derselben Richtung wie das Antriebsrad?
Antworten:
- 1 und 3
- 3 und 4
- 5 und 3
- 4 und 2
- 4 und 1

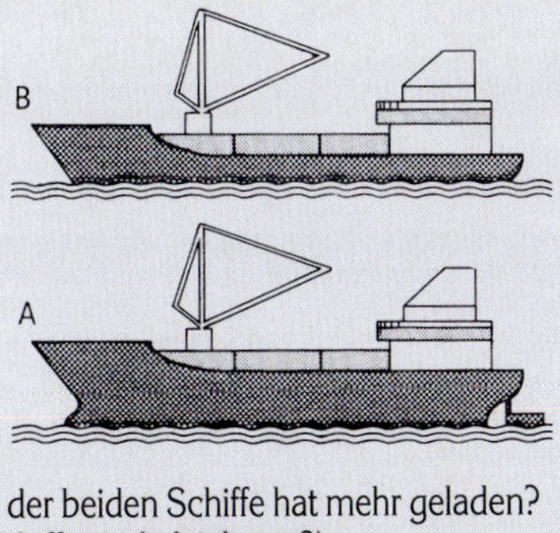

Welches der beiden Schiffe hat mehr geladen?
(Beide Schiffe sind gleich groß)
Besteht kein Unterschied, so markiere „C".

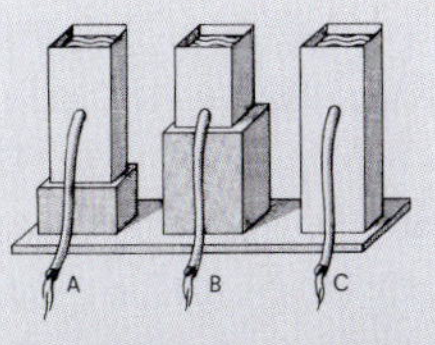

Aus welchem Schlauch wird das Wasser mit dem stärksten Druck herausfließen?
Besteht kein Unterschied, so markiere „D".

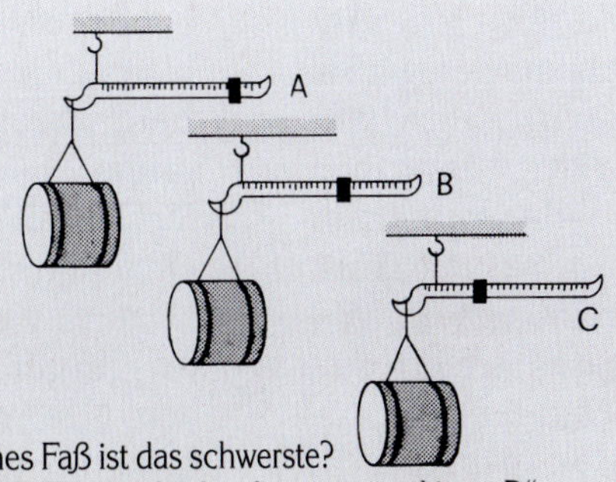

Welches Faß ist das schwerste?
Sind alle Fässer gleich schwer, so markiere „D".

Konzentrationsfähigkeit (zur Erledigung einfacher Routinearbeiten im Büro)

Adressen prüfen

Bitte vergleichen Sie jede Abschrift mit dem entsprechenden Original und zählen Sie die Fehler, die bei der Abschrift gemacht wurden. Jeder Buchstabe und jede Zahl, die nicht mit dem Original übereinstimmen oder ausgelassen sind, zählen als ein Fehler. Unterstreichen Sie die Fehler und schreiben Sie hinter jede Abschrift, wie viele Fehler Sie darin gefunden haben.

Original	Telefon
1. Helga Peine, Hofschultestr. 6, 48155 Münster	2 26 76
2. Claus Rosen, Wenzelgasse 8, 53111 Bonn	34 18 27
3. Rosa Schmude, Poststr. 5, 59320 Ennigerloh	18 47

Abschrift	Telefon
1. Helga Piene, Hoffschultestr. 6, 48155 Münster	2 62 76
2. Klaus Rosen, Wenzelgasse 6, 53111 Bonn	34 18 27
3. Rosa Schmude, Poststr. 5, 59323 Ennigerloh	18 47

Beispiel

Original:
Peter Klages, Eulerstr. 18, 40477 Düsseldorf 18 26 14

Abschrift (2 Fehler):
Peter Klager, Eulerstr. 18, 40477 Düsseldorf 18 36 14

Karteikarten sortieren

Ordnen Sie die Kundennamen Karteikästen zu. In der Abb. sehen Sie ein Karteikastenschema. Schreiben Sie hinter jeden Kundennamen die Nummer desjenigen Karteikastens, in den der Name eingeordnet werden müßte.

1. Michels
2. Rosenberg
3. Luetgen
4. Bschorden
5. Slevgat
6. Paetzold
7. Glimmer
8. Klatten
9. Mylenbach
10. Hanken
11. Ickemar
12. Ackermann

Aa–Al 1	Am–Az 2	Ba–Bi 3	Bj–Br 4	Bs–Bz 5
Ca–Cz 6	Da–Dk 7	Di–Dz 8	Ea–Ek 9	El–Ez 10
Fa–Fr 11	Fs–Fz 12	Ga–Go 13	Gp–Gz 14	Ha–Hj 15
Hk–Hz 16	Ia–Iz 17	Ja–Jz 18	Ka–Ko 19	Kp–Kz 20
La–Le 21	Lf–Lz 22	Ma–Me 23	Mf–Mo 24	Mp–Mz 25
Na–Nk 26	Nl–Nz 27	Oa–Oz 28	Pa–Pp 29	Pr–Pz 30
Qua–Quz 31	Ra–Rz 32	Sa–Si 33	Sj–Ss 34	St–Sz 35
Ta–Ti 36	Tj–Tz 37	U–V 38	Wa–Wz 39	X–Y–Z 40

Im handwerklichen und gewerblichen Bereich sind **Arbeitsproben** üblich, z. B. Drähte biegen, um Handgeschick zu testen oder etwas über die Bereitschaft zu sorgfältigem und genauem Arbeiten zu erfahren.
Vermehrt werden **Gruppengespräche** eingesetzt, z. B. wird ein Problem aus der betrieblichen Praxis für eine Gruppe von Bewerbern zu Diskussion gestellt. Die Auswahlkommission beobachtet, wie sich der einzelne Teilnehmer den anderen gegenüber verhält, wie aktiv er sich beteiligt, wie er sich ausdrückt. Damit sollen erste Einschätzungen des Grades der **Teamfähigkeit** möglich werden.

Was kann ein Berufseignungstest leisten?

– Ein Testergebnis gilt nur für die besonderen Fähigkeiten, die in den Testaufgaben angesprochen sind. Es sagt nichts aus über Charaktereigenschaften, die für ein befriedigendes Leben wichtig sind, z. B. Gesprächsbereitschaft, Hilfsbereitschaft.
– Ein Testergebnis gilt lediglich für eine Leistung zu einem ganz bestimmten Zeitpunkt. Zu einer anderen Zeit kann es bei derselben Person anders aussehen.

– Ein Testergebnis gilt nur für den jeweiligen Entwicklungsstand. Vor allem Kinder und Jugendliche können Kenntnisse und Fertigkeiten (schnell) verändern.
– Ein Testergebnis kann z. B. aufzeigen, welche Fertigkeiten und Fähigkeiten fehlen und verbessert werden können.

Tips zu Eignungstests

1. Wer unter starken Prüfungsängsten leidet, sollte dies dem Testleiter vorher mitteilen.
2. In Testsituationen sollte man gut ausgeschlafen und ohne Aufputschmittel durch Medikamente oder Alkohol gehen.
3 Die Bearbeitungsgeschwindigkeit sollte dem persönlichen Arbeitstempo entsprechen. Ausnahme: Aufgaben, bei denen ausdrücklich ein hohes Tempo gefordert wird.
4. Es ist wichtiger, Aufgaben richtig zu lösen, als alle zu bearbeiten. In den meisten Tests können ohnehin nicht alle Aufgaben gelöst werden.
5. Man sollte sich melden, wenn man eine Instruktion nicht verstanden hat. Während der Testzeit zu fragen, ist sinnlos, da die Zeit dann schon läuft.
6. Es ist sinnvoll, nicht an einer Aufgabe hängenzubleiben, wenn sie nicht gelöst werden kann. Erst am Schluß sollte man auf sie zurückkommen.
7. Bei technischen Pannen (Bleistift bricht ab, Text ist falsch geheftet) sofort dem Testleiter Mitteilung machen, damit die Zeit nachgearbeitet werden kann.
8. Wer bei „multiple choice" Fragen (Aufgaben, bei denen Zutreffendes angekreuzt werden muß) keine richtige Antwort weiß, sollte auf gut Glück ankreuzen. So bleibt immerhin noch eine Chance.

DGB, Kreis Köln, Arbeitskreis Schule Gewerkschaft: Unterrichtshilfe Einstellungstests. Köln 1984, S. 41

Befragt Auszubildende nach ihren Erfahrungen mit Tests.

Aufgaben

1 Löst die Testaufgaben. Berücksichtigt, daß Zeitangaben fehlen. In der Regel sind Aufgaben in einer bestimmten Zeit zu lösen.

2 Beurteilt in Gruppenarbeit:

A: Claudia wird zum Test bei der Firma Groß eingeladen. Sie hat gute Noten in Rechtschreibung und Mathematik. Am Abend vorher ist sie sehr aufgeregt. Sie erbricht das Abendessen und schläft schlecht. Die Eltern sagen: „Nimm dich zusammen!" Claudia gibt sich beim Test große Mühe. Dieser besteht größtenteils aus Rechtschreibung und Mathematik. Wochen später erfährt sie, daß sie schlecht abgeschnitten hat.
Jens, ein unbekümmerter, lustiger Typ, der in Rechtschreibung und Mathematik eine 3 hat, ist als Auszubildender angenommen worden. Claudias Eltern sagen: „Du Versagerin."

B: Klassentreffen nach 20 Jahren. Voller Spannung trifft sich die alte 10b. Das größte Aufsehen erregt Björn. Strahlend kommt er herein. „Hallo Björn, dich kennt man ja nicht wieder. Du, unsere mickrige Ente", begrüßt ihn Beate. „Ja, mir geht's prima. Hab' einen tollen Job als Werkleiter! Ich bekam nach dem 10. Schuljahr den Dreh und bin später Ingenieur geworden." „Kaum zu glauben", denkt Lehrer Schmude. „Im 8. wäre er beinahe sitzengeblieben. Nach dem 10. hat er keine Lehrstelle bekommen und ist deshalb weiter zur Schule gegangen."

Siehe Stichwörter
– *Gruppenarbeit, Spielregeln,*
– *Gruppenbeziehungen, Beobachtungspunkte.*

Berufsausbildung im dualen System

... wie die Berufsausbildung in der Bundesrepublik organisiert ist.

... neue Ausbildungsordnungen am Beispiel zu untersuchen.

Berufsausbildung in der Diskussion

Aufgaben der Lernorte und rechtliche Grundlagen

Die Berufsausbildung erfolgt im **Betrieb** und in der **Berufsschule**. Man spricht deshalb auch vom **dualen System der Berufsausbildung** (duo = zwei). Im 1. Ausbildungsjahr kann die Ausbildung auch im **Berufsgrundbildungsjahr** durch Vollzeitunterricht erfolgen. Der **Berufsschulunterricht** soll einen Umfang von 12 Schulstunden haben. Er findet i. d. R. an 2 Tagen in der Woche statt oder zusammenhängend als Blockunterricht.
Im **Ausbildungsbetrieb** erfolgt die fachpraktische Ausbildung. Viele kleinere Betriebe fassen die Auszubildenden für die Vermittlung bestimmter Ausbildungsinhalte, die bei ihnen nicht vermittelt werden können, in **außer- und überbetrieblichen Ausbildungsstätten** zusammen. In Ostdeutschland übernehmen diese wegen des Mangels an betrieblichen Ausbildungsstellen oft die gesamte praktische Ausbildung.
Die **Berufsschule** hat ihren Schwerpunkt in der Vermittlung und Vertiefung fachtheoretischer Kenntnisse, die in Rahmenlehrplänen vorgeschrieben sind.
Die **Facharbeiter-, Gesellen- oder Gehilfenprüfung** legt der Auszubildende vor einem Prüfungsausschuß der **Industrie- und Handelskammer (IHK)** bzw. **Handwerkskammer** ab, dem Arbeitgeber- und Arbeitnehmerbeauftragte sowie Berufsschullehrer angehören. Den Kammern gehören alle gewerblichen Unternehmen an, die durch Beiträge deren Ausgaben tragen. Die Kammern vertreten die Wirtschaftsbereiche z. B. gegenüber Gemeinden und beraten ihre Mitglieder. Die Kammern beraten und kontrollieren die Berufsausbildung im Betrieb durch Ausbildungsberater.
Der **Berufsausbildungsvertrag**, den der Auszubildende mit dem Ausbildungsbetrieb abschließt, muß der Kammer zur Eintragung in das Verzeichnis der Berufsausbildungsverhältnisse vor Beginn der Ausbildung eingereicht werden. Diese erfolgt nur, wenn die Kammer festgestellt hat, daß die Eintragungen im Vertrag mit den im Berufsausbildungsgesetz festgelegten Regelungen übereinstimmen und der Ausbildungsbetrieb die Anforderungen des Berufsbildungsgesetzes erfüllt. So darf Auszubildende nur einstellen, wer persönlich und fachgeeignet ist und der verantwortliche Ausbilder berufs- und arbeitspädagogische Kenntnisse besitzt. Zugleich muß der Betrieb einen **Ausbildungsplan** einreichen, der die sachliche und zeitliche Gliederung der Berufsausbildung enthält. Diesem liegen bundeseinheitliche Richtlinien, die Ausbildungsordnung mit dem **Ausbildungsrahmenplan** zugrunde.
Für jeden der anerkannten Ausbildungsberufe gibt es eine **Ausbildungsordnung**. Sie legt die Ausbildungsdauer, das Ausbildungsberufsbild, den Ausbildungsrahmenplan und die Prüfungsbedingungen fest.

Ausbildungsordnung

Beispiel: Industriemechaniker/ -mechanikerin in der Fachrichtung Geräte und Feinwerktechnik (1987)

§ 4 Ausbildungsberufsbild

(1) Gegenstand der Berufsausbildung sind mindestens die folgenden Fertigkeiten und Kenntnisse:

1. Berufsbildung,
2. Aufbau und Organisation des Ausbildungsbetriebes,
3. Arbeits- und Tarifrecht, Arbeitsschutz,
4. Arbeitssicherheit, Umweltschutz und rationelle Energieverwendung,
5. Lesen, Anwenden und Erstellen von technischen Unterlagen,
6. Unterscheiden, Zuordnen und Handhaben von Werk- und Hilfsstoffen,
7. Planen und Steuern von Arbeits- und Bewegungsabläufen; Kontrollieren und Beurteilen der Ergebnisse,
8. Warten von Betriebsmitteln,
9. Prüfen, Anreißen und Kennzeichnen,
10. Ausrichten und Spannen von Werkzeugen und Werkstücken,
11. manuelles Spanen,
12. maschinelles Spanen,
13. Trennen, Umformen,
14. Fügen,
15. Aufbauen und Prüfen von Pneumatikschaltungen,
16. Montieren von Bauteilen und Baugruppen,
17. Prüfen und Einstellen von einzelnen Funktionen an Baugruppen durch Messen und Erfassen von Arbeitswegen und Betriebswerten.

(2) Gegenstand der Berufsausbildung in der Fachrichtung Geräte- und Feinwerktechnik sind mindestens die folgenden Fertigkeiten und Kenntnisse:

a) Herstellen von Werkstücken durch maschinelles Spanen,
b) Löten, Schmelzschweißen, Kleben,
c) Aufbauen und Prüfen von Schaltungen der Steuerungstechnik mit elektromechanischen oder elektropneumatischen Bauteilen; Erstellen von Programmen für numerisch gesteuerte Werkzeugmaschinen,
d) Montieren und Demontieren von Geräten und Systemen,
e) Herstellen von Bauteilen und Baugruppen unter Berücksichtigung der Verknüpfung verschiedener Fertigungsverfahren,
f) Prüfen und Einstellen von Funktionen; Inbetriebnehmen von Geräten und Systemen,
g) Feststellen, Eingrenzen und Beheben von Fehlern und Störungen.

2. Ausbildung zum/zur Ver- und Entsorger/in

Zahl der Auszubildenden 1994

1157 im öffentlichen Dienst
452 in Industrie und Handel

BIBB: Berlin 1995

Weitere Umweltschutzberufe
z. B.
- Umweltschutztechniker/-ingenieur
- Schornsteinfeger
- Gärtner

Wasseraufbereitung zu Trinkwasser. Hier werden Mangan und Eisen entzogen

Reinigungsarbeiten an der Kanalisation

Gewinnung von Kompost aus Müll

Reparaturarbeiten an einer Kläranlage

Pilotprojekt zur Verwertung von Altautos

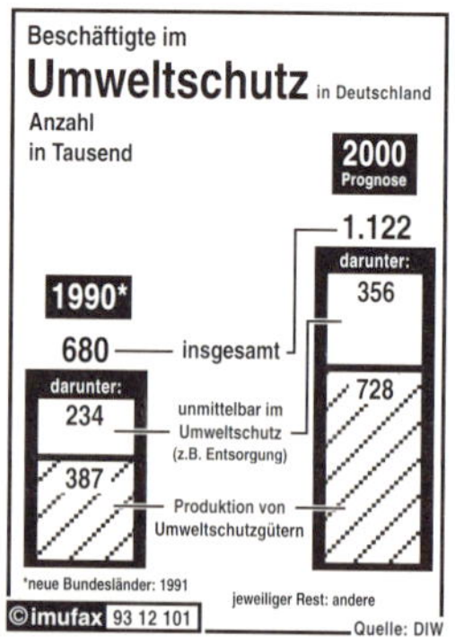

Experten des Bundesinstituts für Berufsbildung (BIBB) prüften, welche Qualifikationen von Bedeutung waren. Es wurden u.a. Betriebe erkundet und Fachleute befragt. Dabei zeigte sich, daß der Umweltschutz für die Ausbildung eine zentrale Rolle spielen mußte. Für Aufgaben der Wasserversorgung, der Abfall- und Abwasserbeseitigung sind viele gemeinsame Ausbildungsinhalte sinnvoll, weil
- gleiche Geräte verwendet werden,
- verwandte handwerklich-technische Fertigkeiten benötigt werden,
- die gleichen naturwissenschaftlichen Grundlagen zu beherrschen sind, z. B. bestimmte chemisch-biologisch-physikalische Vorgänge bei der Deponierung von Klärschlamm und der Kompostierung von Müll.

Es wurde deshalb für alle Bereiche gemeinsam der **Ausbildungsberuf Ver- und Entsorger/in** geschaffen. Er setzt den Hauptschulabschluß voraus. Von den Verbänden der Arbeitgeber, den Gewerkschaften und dem BIBB wurden die Ausbildungsordnung mit dem Berufsbild festgelegt und ein Ausbildungsrahmenplan für die Betriebe sowie ein Rahmenlehrplan für die Ausbildung in der Berufsschule erarbeitet.
Die ersten beiden Ausbildungsjahre sehen für Auszubildende die gleichen Inhalte vor, danach erfolgt eine Spezialisierung.

Die Auszubildenden sollen folgende Arbeiten durchführen können:

in Wasserwerken
- Steuern der Betriebsanlagen
- Überwachen des Leitungsnetzes
- Durchführen von Reparaturen

in Kläranlagen
- Überwachen der Anlagen des Klärwerks (Kanäle, Pumpen)
- Verantworten der Verwendung des Klärschlamms

bei Abfallbeseitigungsanlagen
- Behandlung und Verwertung von Abfällen
- Organisation des Deponiebetriebs

Die Ausbildung im neuen Beruf (seit 1984) soll im Verbund (s. Randspalte) durchgeführt werden. Die Berufschancen sind sehr gut. Auch Industriebetriebe fragen diesen Beruf nach und bilden aus.

Ausbildungsordnung Ver- und Entsorger/in

3. Ausbildungsjahr: Spezialisierung in einer der drei Fachrichtungen

Wasserversorgung	Abwasserbeseitigung	Abfallbeseitigung
z. B. Bedienen von Anlagen	z. B. Behandeln von Schlamm	z. B. Verwerten von Abfall

2. Ausbildungsjahr: Vermittlung von Inhalten aller Fachrichtungen

Wasserversorgung Abwasserbeseitigung Abfallbeseitigung

z. B. Bedienen von Maschinen, Durchführen von Wartungsarbeiten, Durchführung installationstechnischer Arbeiten, Bedienen von Meß- und Regeleinrichtungen

1. Ausbildungsjahr: Breite berufliche Grundbildung

z. B. handwerkliche Grundfertigkeiten für das Bearbeiten von Werkstoffen und das Einsetzen von Werkstücken, Kenntnis naturwissenschaftlicher Grundlagen.

Ausbildungsverbund (Ver- und Entsorger/in)
Ein Teil der Ausbildung erfolgt im Wasserwerk, in der Kläranlage und bei der Abfallbeseitigung.

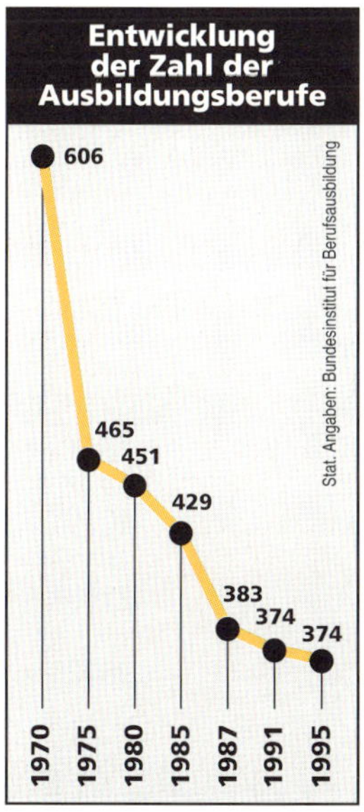

Entsorgungswirtschaft wächst um 18 Prozent
Zunehmende Beschäftigung / Weiter hoher Investitionsbedarf
Die deutsche Entsorgungswirtschaft profitiert von der wachsenden Zahl an Vorgaben aus dem Bonner Umweltministerium. In diesem Jahr wird der Umsatz der knapp 1000 Unternehmen im Bundesverband der Deutschen Entsorgungswirtschaft bis zu 18 Prozent wachsen. Die Beschäftigung werde voraussichtlich um 10 Prozent steigen. 1993 sei der Umsatz um 20% gestiegen. Zur Erreichung der Ziele aus der Verpackungsverordnung seien schon jetzt 7 Mrd. DM in Sortieranlagen, Behälter und Fahrzeuge investiert worden. Um die schärferen Anforderungen bis 1996 erreichen zu können, seien Investitionen von weiteren 5 Mrd. DM notwendig.
Auch die „Technische Anleitung Siedlungsabfall" wird nach den Worten von Billigmann einen Investitionsschub auslösen. In 11 Jahren müßten rund 200 Mrd. DM in neue Verbrennungsanlagen investiert werden. Die Anleitung schreibt vor, daß künftig nur noch erdähnliche Abfälle deponiert werden dürfen. Mit dem Geld seien 80 neue Anlagen zu bauen und die bestehenden Öfen nachzurüsten, sagte Billigmann.
30 Prozent des Hausmülls können nach Angaben von Billigmann in Kompostierungsanlagen behandelt werden. Rund 200 davon seien für eine flächendeckende Versorgung notwendig. Dafür müßten rund 1 Mrd. DM investiert werden. Daneben investiere die Branche „in vorauseilendem Gehorsam" schon jetzt in Anlagen zur Zerlegung von Elektronikschrott und Altautos, auch wenn die entsprechenden Verordnungen aus dem Umweltministerium noch nicht vorlägen, sagte Billigmann.

FAZ v. 23.2.94

Dauernde Neuordnung von Berufen
Die berufliche Ausbildung muß Auszubildende auf dynamische Entwicklungen der Berufe vorbereiten.
Seit 1969 bis 1994 wurden für mehr als 97 % der Auszubildenden (1994: 1,63 Mio.) neue Ausbildungsordnungen in 256 Berufen erarbeitet. Dabei sank die Zahl der Berufe. So nahm z. B. die Zahl der industriellen Metallberufe von 38 auf 17 ab. Damit wurde eine größere Mobilität und Einsatzbreite der Auszubildenden erreicht.
Gleichwohl müssen noch etwa 120 Berufe, in denen zum Teil nur sehr wenige Jugendliche ausgebildet werden, neu geordnet werden. In einer „zweiten Modernisierungswelle" gewinnt die Überarbeitung der Anfang der 70er Jahre neu geordneten Ausbildungsberufe an Bedeutung. 90 befinden sich in der Überarbeitung/Weiterentwicklung.

Nach Berufsbildungsbericht 1995, S. 67

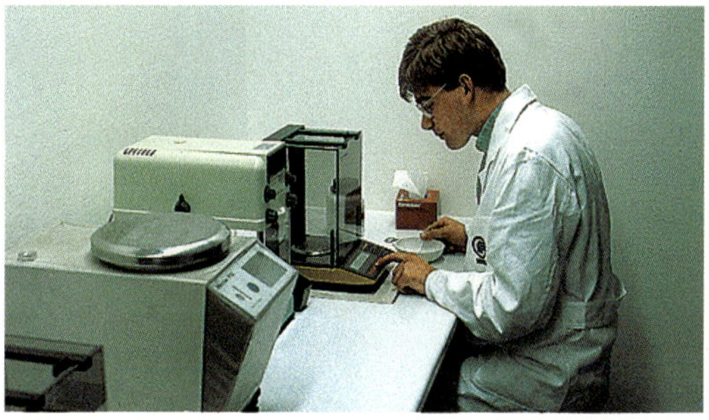

Auszubildender bestimmt an einer Analysewaage Stoffe, die aus dem Wasser gefiltert werden sollen.

Aufgaben

1 Sprecht darüber, was bei der Schaffung des neuen Berufes geregelt werden mußte.

2 Diskutiert Vor- und Nachteile einer breiten gemeinsamen Grundbildung und einer darauf aufbauenden Fachbildung für die drei Fachrichtungen. Berücksichtigt dabei auch die Aspekte: Entwicklung der Anforderungen, berufliche Mobilität.

3 Begründet die Zukunftschancen des neuen Berufs.

4 Informiert euch über Ausbildungsmöglichkeiten in diesem Beruf. Führt dazu ggf. eine Erkundung durch. Diese könnte fächerübergreifend Aspekte der Arbeitslehre (Wirtschaft/Beruf, Hauswirtschaft, Technik), Biologie und/oder Physik/Chemie berücksichtigen.

5 Sucht Beispiele für weitere neue bzw. neu geordnete Berufe. Berücksichtigt Umweltberufe. Nutzt das BIZ.

Berufswahl – Ausbildungs- und Beschäftigungsmöglichkeiten

... Zusammenhänge zwischen Wirtschaftsentwicklung und Ausbildungsmöglichkeiten herzustellen.

... die Bedeutung qualifizierter Ausbildungsstellen zu begründen.

... wie Gewerkschaften und Politiker sich für eine Verbesserung der Ausbildungssituation einsetzen.

Der Bundesbildungsminister nennt es „sehr unbefriedigend", daß 10–14% pro Jahrgang (80 000 bis 100 000 Jugendliche) ohne abgeschlossene Berufsausbildung bleiben (bei Ausländern 39%). Von den 20–30jährigen haben 1,6 Mio. keine Berufsausbildung.

F.A.Z. vom 8.7.1994

Zahl der Ausbildungsstellen geht zurück

Die Wirtschaftskrise der letzten Jahre zwang Unternehmen zu Kostensenkungen und starkem Personalabbau. Obwohl Unternehmensverbände, Gewerkschaften und Politiker immer wieder verdeutlichten, daß **Investitionen in Ausbildung Zukunftsinvestitionen** sind, war diese Entwicklung in vielen Wirtschaftszweigen, besonders der Industrie, auch mit einem Abbau an Ausbildungsplätzen verbunden. Rechnerisch war in **Westdeutschland** 1994 noch ein Überhang an Ausbildungsstellen vorhanden; jedoch schränkte der Rückgang die Berufswahl regional und berufsspezifisch ein, weil gerade attraktive Ausbildungsstellen entfielen. Ein Überhang bestand noch in einzelnen Bereichen (s. Tabelle).

Viele Jugendliche ohne Ausbildungsplatz besuchen weiterführende Schulen, z. B. Berufsfachschulen, was nicht immer zusätzliche Berufsperspektiven eröffnet. Ausländische Bewerber (Anteil 16%) haben mehr Probleme als deutsche, eine Ausbildungsstelle zu erhalten. Jeder 4. war 1993 nicht zu vermitteln.

Besonderer **Mangel** an betrieblichen Ausbildungsstellen herrscht in **Ostdeutschland**. Vielfach wurden Ausbildungsabteilungen aus den Betrieben ausgegliedert und als überbetriebliche Berufsbildungszentren betrieben. Das spart den Betrieben Kosten, die dann der Staat trägt. Die Industrie- und Handelskammern sowie die Handwerkskammern richteten mit staatlicher Hilfe über- bzw. außerbetriebliche Ausbildungsstätten ein. Klein- und Mittelbetriebe stellen aus Kostengründen oft nur eine zusätzliche Ausbildungsstelle bereit, wenn sie eine staatliche Förderung erhalten. Gefördert werden z. B.:

- Betriebe, die über den Eigenbedarf ausbilden (Sachsen: 10 000 DM, Thüringen: 3 500 – 4 000 DM pro Ausbildungsplatz)
- Betriebe, die Konkurslehrlinge aus stillgelegten Betrieben aufnehmen (Sachsen-Anhalt: 3 000 DM pro Ausbildungsplatz).

Ausbildungsstellenmarkt in den neuen Ländern (jeweils am 30.9. des Jahres)

Jahr	Verfügbar* gemeldete Berufsausbildungsstellen			Bewerber (-innen)	Neu abgeschlossene Ausbildungsverträge
	insgesamt	davon in: BüE/GI-O**	davon in: Betrieben		
1990/91	99 686	37 027	62 659	145 693	81 726
1991/92	95 774	20 690	75 084	138 342	95 230
1992/93	97 159	13 200	83 959	145 580	99 122
1993/94	119 015	25 981	91 649	119 144	117 630

* Ohne von den Betrieben gemeldete und wieder stornierte Stellen.
** BüE = Berufsausbildung in einer überbetrieblichen Einrichtung nach § 40c AFG.
GI-O = Gemeinschaftsinitiative Ost des Bundes und der neuen Länder zur Förderung außerbetrieblicher Ausbildungsplätze.

Berufsbildungsbericht 1995

Hier war es nur durch eine große Ausweitung über- und außerbetrieblicher Ausbildungsverhältnisse möglich, den meisten Bewerbern eine Chance zu geben. Hierfür stellten Bund, Länder und Europäischer Sozialfond Mittel zur Verfügung. 1994 wurden 45 000 betriebliche und 26 000 außerbetriebliche Plätze gefördert. Hinzu kam die anhaltende Abwanderung von ostdeutschen Jugendlichen in Ausbildungsverhältnisse nach Westdeutschland.

Mängel gibt es noch bei der Ausstattung der betrieblichen, überbetrieblichen und schulischen Ausbildungsstätten und bei der Qualifikation des Ausbildungspersonals. Die Anforderungen durch die Übernahme der westdeutschen Ausbildungsordnungen sind hoch.

Besonderen Einfluß auf die Ausbildungsmöglichkeiten in Ostdeutschland hat der starke Rückgang der Arbeitsplätze. Das gilt besonders für die industriellen Bereiche.

Hinzu kommt, daß Ausgelernte in technischen Industrieberufen vielfach keinen Arbeitsplatz erhalten. Jugendliche sehen wenig Zukunftschancen in solchen Berufen. Die zusätzlichen Ausbildungschancen in Berufen, die früher in der DDR keine große Rolle spielten, z. B. Dienstleistungsberufe, wie Waren- und Dienstleistungskaufleute, konnten den Rückgang nicht ausgleichen.

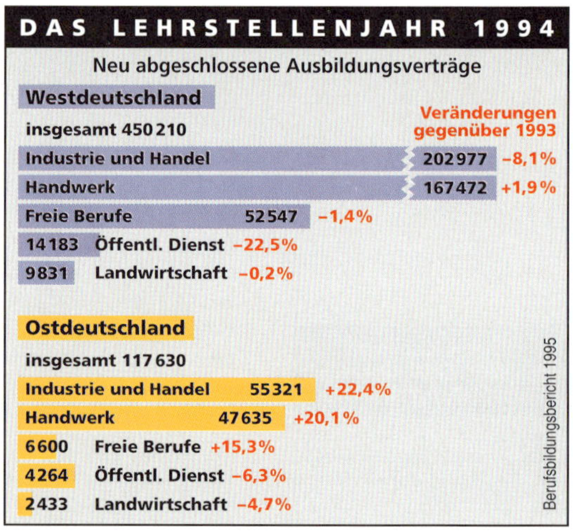

Berufsausbildungsstellen und Bewerber 1994 in den alten Bundesländern

Berufsbereich	gemeldete Stellen	gemeldete Bewerber
Metallberufe	103 718	58 113
Elektriker	33 739	33 122
Ernährungsberufe	38 007	10 799
Bauberufe	62 809	46 473
technische Berufe	10 475	21 082
Waren- und Dienstleistungskaufleute	117 398	98 725
Organisations-, Verwaltungs- und Büroberufe	74 800	92 539

Berufsbildungsbericht 1995

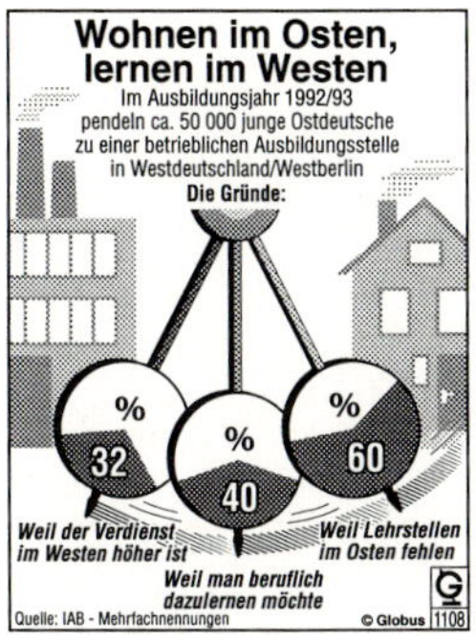

Jeder 10. junge Erwachsene (20–24 J.) trägt sich mit Gedanken, innerhalb eines Jahres seine Berufswünsche in Westdeutschland zu erfüllen.

Auszubildende in den neuen Ländern

Jahr	
1989	344 709
1990	255 539
1991	235 148
1992	278 196
1993	287 567

Berufsbildungsbericht 1995

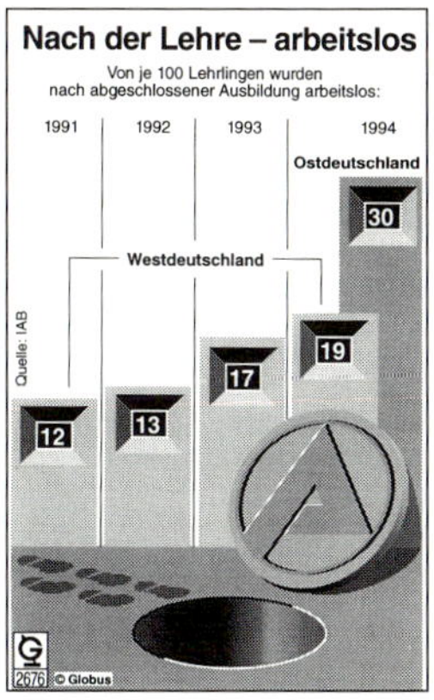

Frauenanteil in über- und außerbetrieblicher Berufsausbildung in Ostdeutschland 1994 ca. 71 %.

Zukunft braucht Jugend

(...) immer mehr Auszubildenden droht die Perspektive: nach der Werkbank auf die Parkbank. IG Metall-Jugendliche wehren sich dagegen (...).

Für die IG Metall-Jugend in Landshut war das Maß voll. Ende Februar rief sie die Azubis zum Aktionstag auf. Grund für den Zoff: Von den 214 Mädchen und Jungen, die gerade mit Erfolg ihre Prüfung hinter sich gebracht hatten, waren nur ganze 37 unbefristet übernommen worden. „Brutal werden hier junge Menschen auf die Müllhalde der Arbeitslosigkeit gekippt", schimpfte IG Metall-Jugendsekretär Thomas Kalkbrenner.
Die Wut beschränkte sich nicht auf Landshut. Ob bei Siemens und Osram in Berlin, bei der Umformtechnik in Erfurt, ob in Stuttgart, Wuppertal oder Wolfsburg, überall im Land versammelten sich Jugendliche in den letzten Monaten zu Protestaktionen. In Emden hängten Jungmetallerinnen und -metaller 100 Puppen auf, Motto: „Laßt uns nicht hängen!"
Im baden-württembergischen Wasseralfingen hielten Azubis eineinhalb Wochen lang Mahnwache vor dem Werktor der Maschinenfabrik Alfing. In Aachen vernichteten Gleichgesinnte demonstrativ ihre Lehrstücke: „Was wir in den dreieinhalb Jahren gelernt haben, ist für den Schrott."

Metall Nr. 7 v. 8. 4. 1994, S. 11, 12

Gewerkschaften erreichen Übernahme

Die Sensibilität für das Problem der Nicht-Übernahme ist in der Belegschaft extrem hoch, berichtet Andreas Flach von der Gesamtjugendvertretung bei SEL/Alcatel. „Obwohl hier jedes Jahr mindestens tausend Leute rausfliegen." Anerkennend vermerkt der Jugendvertreter: „Ohne die Unterstützung der älteren Kolleginnen und Kollegen wäre eine Vereinbarung zur Übernahme nicht möglich gewesen." Die gibt es bei SEL seit Januar; sie besagt, daß Azubis zumindest für sechs Monate übernommen werden müssen.
Auch in anderen Unternehmen gelang es engagierten Betriebsräten, Jugendvertretungen und Azubis, die mit Aktionen auf ihre Lage aufmerksam machten, Regelungen zur Übernahme zu erkämpfen. So schlossen Betriebsräte und Geschäftsleitung von Opel im November letzten Jahres die Betriebsvereinbarung über eine Stufenregelung ab.
Danach wird Auszubildenden, die dieses Jahr ihre Lehre beenden, „grundsätzlich ein unbefristetes Arbeitsverhältnis im gewerblichen Bereich angeboten, das sich schrittweise von einem Teilzeit- zu einem Vollzeit-Arbeitsverhältnis entwickelt." (...)

Metall Nr. 7 v. 8. 4. 1994, S. 12

Arbeitslosigkeit bei Lehrlingen nach der Ausbildung

Im **Osten** (...) erschweren der weitergehende Personalabbau in Treuhandunternehmen und Einmündungsschwierigkeiten von außerbetrieblich ausgebildeten Jugendlichen die Integration der jungen Facharbeiter in den Beruf. Anders als in den alten Bundesländern sind im Osten junge Frauen davon überdurchschnittlich betroffen. (...)

Im **Westen** sind vor allem Jugendliche aus Kleinstbetrieben betroffen, aber auch Auszubildende aus Großunternehmen, die gegenwärtig besonders schwer mit der Wirtschaftskrise zu kämpfen haben oder unter starkem Rationalisierungsdruck stehen. (...)
Bei den kleineren Unternehmen gibt es die meisten Entlassungen von Auszubildenden im Gesundheitswesen (z. B. Arzthelferberufe, rund 25 %) und in der Landwirtschaft. Günstiger sieht es (...) im öffentlichen Dienst und im Kredit- und Versicherungsgewerbe aus, wo nur zwischen fünf und vier Prozent der jungen Fachkräfte nicht übernommen werden.

Die berufsbildende Schule, H. 6, 1994, S. 224

Aufgaben

1 Sprecht darüber, warum Betriebe Ausbildungsplätze verringern oder ausgliedern.

2 Erörtert die Ausbildungssituation. Zieht aktuelle Daten mit heran.

3 Sprecht an Beispielen über die Verdienstmöglichkeiten, Arbeitsbedingungen und Zukunftsaussichten von Berufen mit
- Überhang an Ausbildungsstellen,
- Ausbildungsstellenmangel.

Nutzt Materialien aus dem BIZ.

4 Informiert euch in eurer Region über Ausbildungsmöglichkeiten. Sprecht auch über die Rolle des Staates bei der Sicherung des Ausbildungsstellenangebots.

5 Erörtert Chancen und Probleme, wenn ostdeutsche Jugendliche Ausbildungsstellen in Westdeutschland annehmen.

6 Nehmt Stellung zu den Aktionen der IG Metall-Jugend.

7 Erörtert Gründe für die Situation.

8 Sprecht über Erfolge der Gewerkschaft.

9 Nehmt Stellung:

A. Mit Bestehen der Abschlußprüfung wird noch keine Fachkraft in das Arbeitsleben entlassen. Erst die Praxis bringt die in Stellenanzeigen geforderten Berufserfahrungen. Deshalb ist die Übernahme aller Auszubildenden so wichtig.

B. Wenn alle Auszubildenden übernommen werden, müssen dafür beim Beschäftigungsabbau Familienväter und -mütter entlassen werden. Das ist unsozial.

Berufswandel, Weiterbildung und beruflicher Aufstieg

... den Wandel der Berufsstruktur für eure Berufswahl zu bedenken.

... die Bedeutung des beruflichen Lernens auch nach der Erstausbildung zu begründen.

... Beschäftigungsrisiken als Problem für Männer und Frauen zu betrachten.

Tätigkeiten im Erwerbsleben ändern sich

Die **Leistungsfähigkeit der Produktionsanlagen steigt** ständig. Es werden immer weniger Arbeitskräfte gebraucht, die Güter gewinnen und herstellen.
Im Teilbereich **Maschinen einrichten/warten** kommt es jedoch trotz Anwendung neuer Technologien zu Zuwächsen. Bei den **Bürotätigkeiten** und einfachen Sachbearbeitertätigkeiten wird mit einer erheblichen Abnahme gerechnet. Dabei nehmen einfache Bürotätigkeiten stark ab. Höherwertige Tätigkeiten (z. B. Sachbearbeitung mit Führungsaufgaben) nehmen zu.
Bei den Handelstätigkeiten nehmen anspruchsvolle Aufgaben zu, einfache Hilfstätigkeiten jedoch ab.
Die Zahl der Erwerbstätigkeiten im **Sektor sekundäre Dienstleistungen** nimmt weiterhin zu. Auch hier sind besonders anspruchsvolle Tätigkeiten gefragt.
Der Anteil der Arbeitskräfte mit **höherer Schulbildung und abgeschlossener Berufsausbildung** steigt.
Ungelernte sind immer schwerer im Arbeitsprozeß einsetzbar.

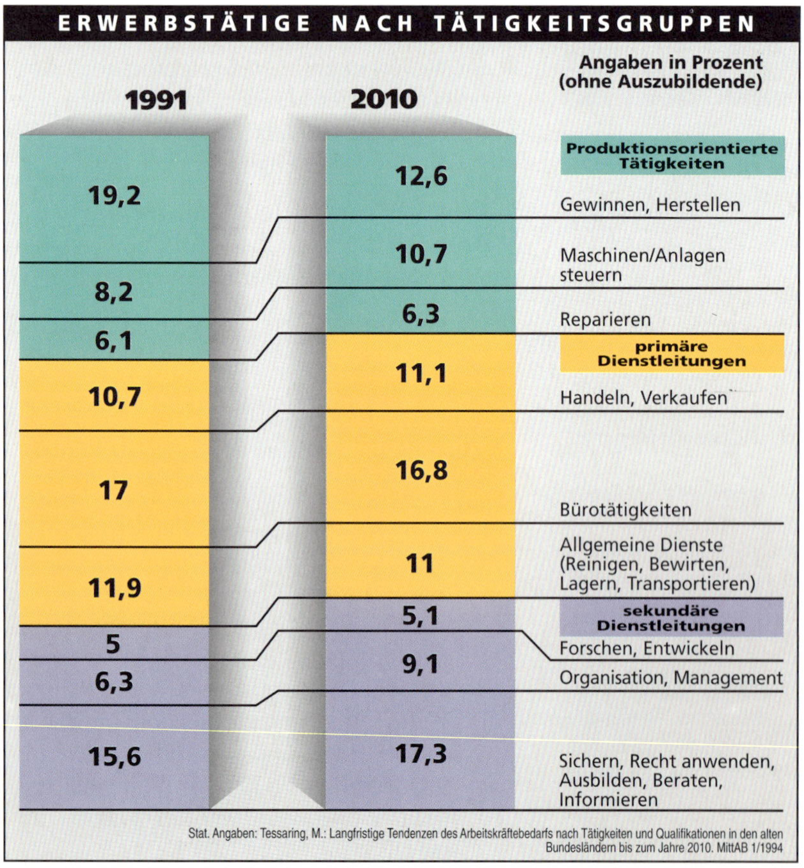

Änderung der Berufsinhalte und der Ausbildung

Ein Vergleich der Berufsbeschreibungen von früher und heute zeigt den **Berufswandel**. So sucht man z. B. in den Berufsbeschreibungen von Anfang der siebziger Jahre beim Tischler vergeblich nach Hinweisen auf die Bearbeitung von Kunststoff oder beim Dreher auf die Bedienung numerisch gesteuerter Werkzeugmaschinen. (Der Beruf Dreher ist heute aufgegangen in dem Ausbildungsberuf Zerspanungsmechaniker, Fachrichtung: Drehtechnik.) Das ist verbunden mit anspruchsvolleren Tätigkeiten, wie selbständigem Planen, Durchführen und Kontrollieren der Arbeit.
Teilweise mit Zeitverzögerung kommt es zu einer Anpassung der Ausbildungsordnungen und Rahmenlehrpläne und einer Änderung der betrieblichen und schulischen Ausbildung. Darin wird auf eine breit angelegte Grundbildung Wert gelegt, so daß die Ausgebildeten bei Bedarf im Beruf weiterlernen oder in verwandte Berufe wechseln können.
Neue Berufe entstehen z. T. aus Tätigkeiten, die bisher von Un- und Angelernten verrichtet wurden, wie z. B. die Beseitigung von Abfall und Abwässern. Durch ständige Zunahme der Umweltprobleme und steigende Anforderungen an die Mitarbeiter wurde es z. B. notwendig, 1984 den Facharbeiterberuf *Ver- und Entsorger* zu schaffen (s. Stichwortverzeichnis). In den letzten Jahrzehnten haben sich vor allem durch die elektronische Datenverarbeitung neue Berufe entwickeln können.

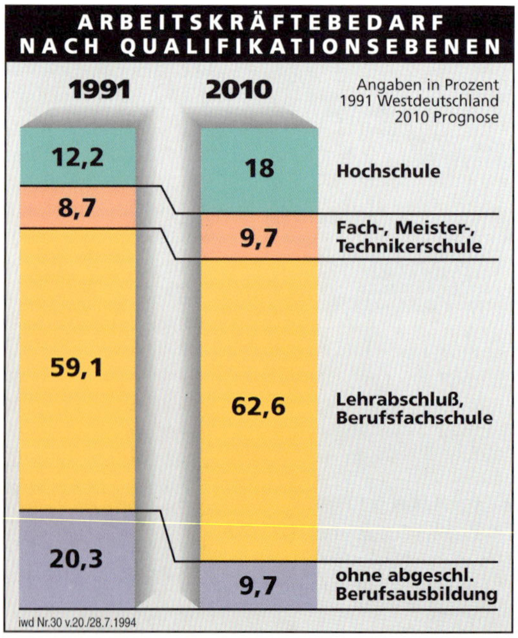

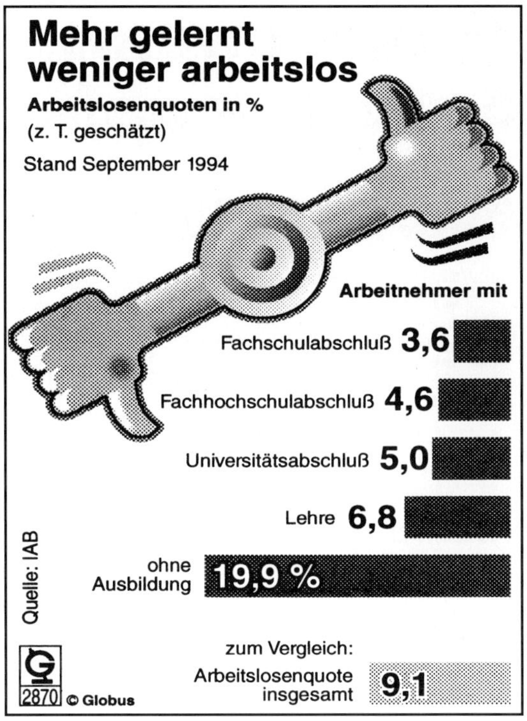

Weiterbildung und beruflicher Aufstieg

Wissen und Können veralten heute schneller als früher. Der wirtschaftliche Strukturwandel stellt die berufliche Weiterbildung vor große Herausforderungen. Viele Arbeitsplätze verändern sich grundlegend, andere werden „wegrationalisiert", neue entstehen, z.T. in neuen Wirtschaftsbereichen.

Berufstätige müssen sich den Herausforderungen des Berufswandels stellen und zur **Weiterbildung**, also **Fortbildung** und **Umschulung** bereit sein. Durch lebenslanges (berufliches) Lernen können sie ihre Qualifikationen entwickeln und sich **Zukunftsberufe** erschließen. In diese wächst man vor allem über **Fortbildung** hinein.

Dafür gibt es z.B. folgende Möglichkeiten:
- Erweiterung und Vertiefung des beruflichen Könnens nach der Ausbildung durch Betriebswechsel (z.B. bei Köchen üblich)
- Lesen von Fachzeitschriften
- Besuch von Fachmessen
- Teilnahme an Weiterbildungsseminaren, im Betrieb und außerhalb.

Siehe auch Materialien zum Problemfeld: Wirtschaftsordnung. Stichwort *Lean Production.*

Fortbildung ist auch Voraussetzung für **beruflichen Aufstieg**. Oft ist damit eine interessantere, abwechslungsreichere, aber auch verantwortungsvollere Tätigkeit zu erreichen. Meist steigt auch der Verdienst.
Das Arbeitsamt fördert die berufliche Fortbildung und Umschulung.
Die **Förderung der Weiterbildung** muß sich besonders auf Aussiedler, ungelernte Arbeitslose, Langzeitarbeitslose, Berufsrückkehrer (z.B. Frauen und Männer nach Unterbrechung der Erwerbsarbeit wegen Kinderbetreuung) und Ausländer konzentrieren.
Oft sind Teilnehmer den Anforderungen der Weiterbildungsmaßnahmen nicht gewachsen, auch, weil sie lernungewohnt sind. Deshalb ist es in allgemeinbildenden Schulen und der Berufsbildung wichtig, **Schlüsselqualifikationen** zu vermitteln, wie
- Denk- und Abstraktionsfähigkeit, Denken in Zusammenhängen,
- Planungs- und Problemlösungsfähigkeit,
- Urteils- und Handlungsfähigkeit,
- Kommunikationsfähigkeit,
- Lern- und Arbeitstechniken,
- gruppenbezogenes Sozialverhalten,
- Arbeitshaltung.

Wer darüber verfügt, kann sich auf neue Anforderungen einstellen und auch an der Entwicklung seines Arbeitsplatzes gestaltend teilhaben. Es muß also an allen Arbeitsplätzen ständig weitergelernt werden. Die Arbeit muß so organisiert sein, daß das möglich ist. Arbeit in Gruppen erweist sich als förderlich.

In vielen Berufen kann die **Meisterprüfung** abgelegt werden. Meister dürfen einen Betrieb leiten, sich selbständig machen und ausbilden. Zur Vorbereitung auf die Prüfung gibt es Seminare, z.B. der Innungen und Kammern. Doch auch für Meister besteht die Notwendigkeit zur Fortbildung.
Allgemein können Berufstätige eine Fachschule besuchen oder auch die (Fach-) Hochschulreife erwerben und sich über ein Studium anspruchsvolle Tätigkeiten erschließen.
Betriebe erbringen langfristig am Markt nur dann gute Leistungen, wenn sie konkurrenzfähig anbieten und sich auf verändernde Kundenwünsche einstellen können. Dafür sind die Fähigkeit und Bereitschaft der Beschäftigten zum selbständigen Handeln von entscheidender Bedeutung.

Aufgaben

1 Erörtert an Beispielen den Wandel des Anteils der Erwerbstätigen in den Tätigkeitsgruppen. Führt dazu Interviews mit Beschäftigten durch. Sprecht auch mit Bekannten darüber, wie sich ihre Berufsanforderungen verändert haben.

2 Begründet die Notwendigkeit der Weiterbildung. Berücksichtigt dabei eure Region.

3 Sprecht über den Zusammenhang zwischen Ausbildung und Arbeitslosigkeit.

4 Erörtert die Bedeutung von Schlüsselqualifikationen.

6 Erkundet für euren Berufswunsch Verdienst-, Ausbildungs-, Aufstiegs- und Weiterbildungsmöglichkeiten.

Materialien zum Problemfeld: Berufswahl und Berufswegplanung

M4

Beispielaufgaben aus Eignungstests

Kenntnisse

Rechnen
Für 2 Textaufgaben haben Sie 7 Minuten Zeit.
1. Die Maße eines Hohlraumes betragen 4 m Länge, 20 cm Breite und 15 cm Höhe. Wieviel Kubikdezimeter hat der Hohlraum?
2. Ein Seil von 90 m Länge ist so zu zerschneiden, daß das eine Stück 2/3 der Länge des anderen beträgt. Wie lang ist das kürzere Stück Seil?

Rechtschreibung
Welche Schreibweise ist jeweils allein richtig?
Für 2 Aufgaben haben Sie 2 Minuten Zeit.
1. a) sie kamen gestern abend
   b) sie kamen gesternabend
   c) sie kamen Gestern abend
   d) sie kamen Gesternabend
   e) sie kamen gestern Abend
2. a) es geschah im Dunkel der nacht
   b) es Geschah im dunkel der Nacht
   c) es geschah im dunkel der Nacht
   d) es geschah im Dunkel der Nacht
   e) es geschaf im Dunkel der Nacht

Intelligenz

Wortbedeutungen
Hier geht es darum, Wörter zu finden, die in der Bedeutung ähnlich, wenn nicht sogar gleich sind.
Beispiel: Fahrzeug
   a) Karre
   b) Feuerzeug
   c) Flugzeug
   d) Zeughaus
   e) Automobil
   f) Roller
Lösung: e
Für 2 **Aufgaben** haben Sie 1 Minute Zeit.
1. absurd
   a) Theater
   b) ungeschickt
   c) absolut
   d) abstrakt
   e) unverständlich
   f) widersinnig
2. Delikt
   a) Delikatesse
   b) Vergehen
   c) Überbleibsel
   d) Beschlagnahme
   e) Gartengerät
   f) Gerichtsverhandlung

Dominosteine
Welcher Dominostein aus der rechten Lösungsgruppe in der folgenden Abbildung paßt in die linke Dominogruppe? Gesucht wird der Stein, der durch seine Punktzahl oben und unten die linke Dominogruppe sinnvoll ergänzt. Dazu ein *Beispiel:*
Lösung: e

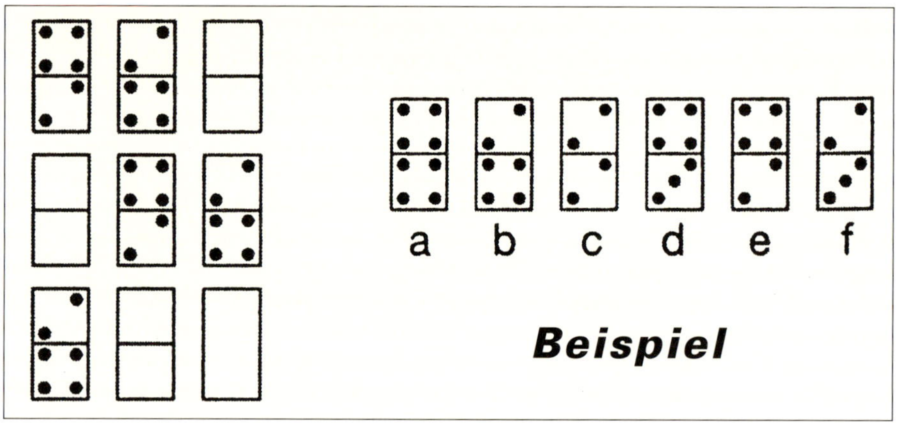

Jede Reihe Dominosteine hat die Kombination 4–2, 2–4 (die Umkehrung) und einen 0–0-Stein. Diese Steinkombination wird lediglich unterschiedlich angeordnet. In der ersten Reihe ist der 0-0-Stein in der letzten Position, in der zweiten Reihe in der ersten, in der dritten Reihe in der mittleren Position. Für die folgenden 2 **Aufgaben** haben Sie 3 Minuten Zeit.

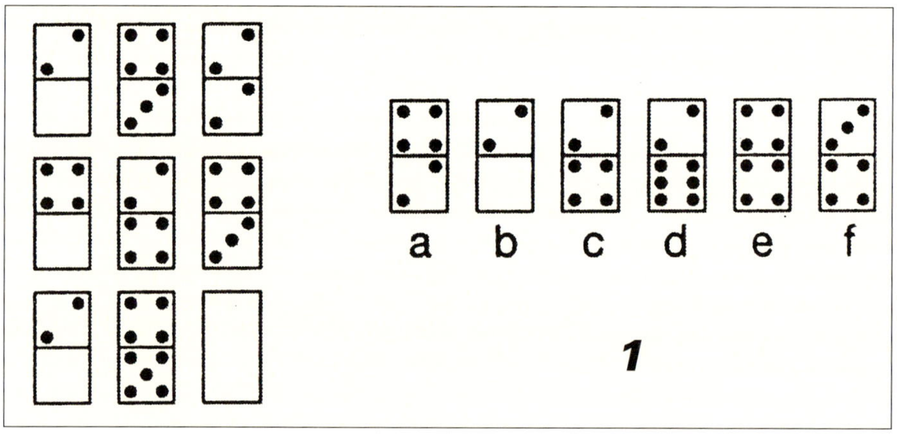

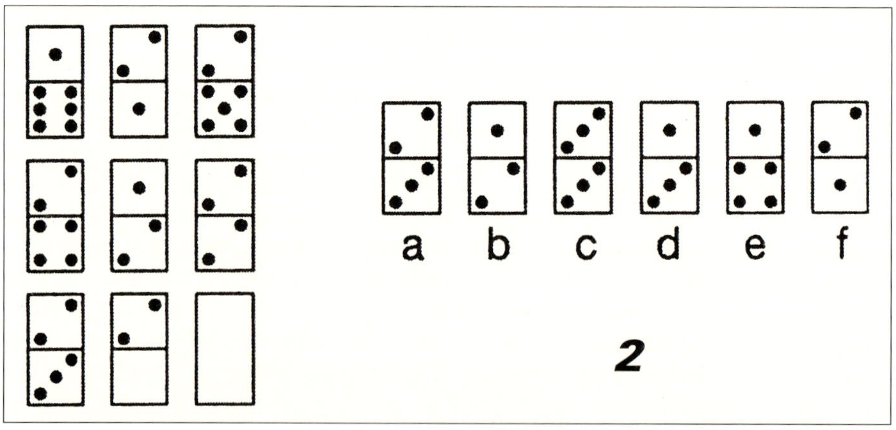

Wortverhältnisse
In den folgenden Sätzen fehlen jeweils das Anfangs- und das Endwort. Ihre Aufgabe ist es, die Sätze mit Hilfe der aufgeführten Lösungsvorschläge so zu ergänzen, daß sie einen ganz speziellen logischen Sinn erhalten.
Beispiel:
… verhält sich zu groß wie Maus zu …

1	Fernsehen	A	häßlich
2	Elefant	B	klein
3	Zeitung	C	voll
4	Tasche	D	langsam

Nur die Wörter „Elefant" und „klein" ergänzen den Satz so, daß er eine Sinn bekommt (meinen jedenfalls die Testautoren, und wir wollen ja hier nicht streiten …).
Die richtige Lösung heißt also 2B.

Für 2 **Aufgaben** haben Sie 2 Minuten Zeit.

1. ... verhält sich zu faul wie tapfer zu ...

1 dumm	A treu
2 fleißig	B feige
3 sorgsam	C schwach
4 fett	D mutig

2. ... verhält sich zu Neujahr wie Nacht zu ...

1 Weihnachtsfest	A Zeit
2 Silvester	B Sterne
3 Jahresende	C Morgen
4 Anfang	D Tag

Sinnvoll ergänzen

Beispiel:
Sie sehen ein Rechteck mit 8 Figuren. Welcher der vorgegebenen 9 Lösungsvorschläge (rechts a-i) paßt als einziger in das freie 9. Feld?
Lösung: b

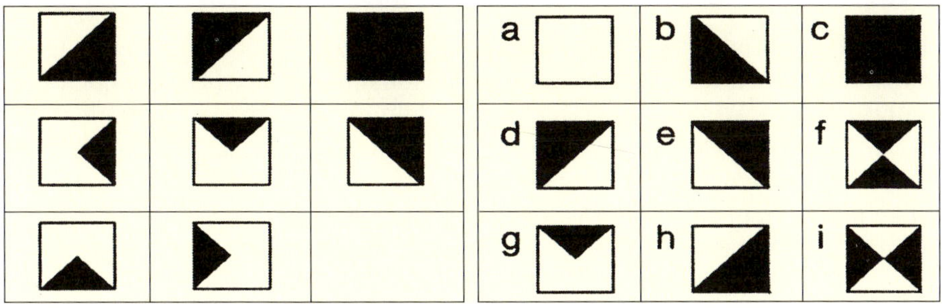

Die schwarze Fläche der ersten Figur addiert mit der schwarzen Fläche der zweiten Figur ergibt, sozusagen als Summe, die dritte Figur. Dieses Prinzip gilt in horizontaler Richtung, vertikal findet eine „Subtraktion der Flächen" statt.
Für 2 Aufgaben haben Sie 2 Minuten Zeit.

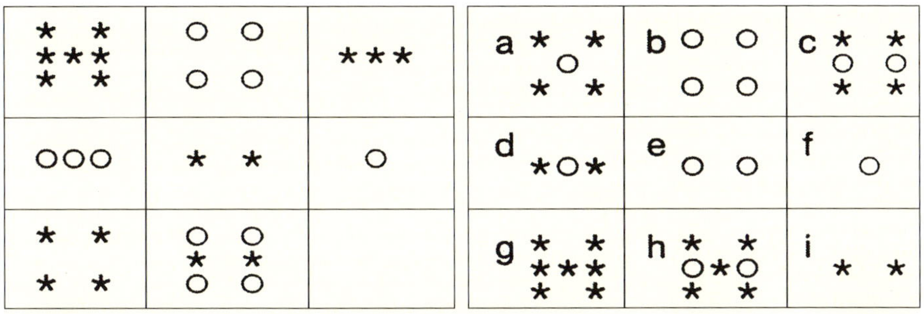

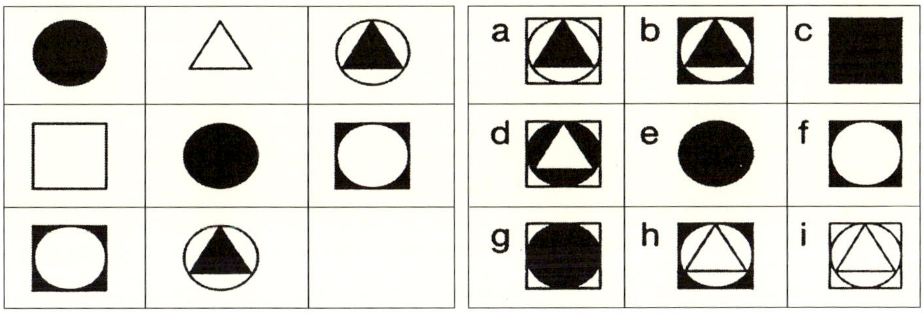

Konzentration

Buchstaben durchstreichen

Alle d's, die zwei Striche haben, müssen durchgestrichen werden. Dabei geht es um folgende d's:

d d d

d's, die mehr oder weniger als zwei Striche haben (oben/unten), dürfen nicht durchgestrichen werden, ebensowenig wie alle b's und q's.
Für die folgenden 5 Zeilen haben Sie 2 Minuten Zeit.

1. d b q d b q d q d q d q b b b
2. d b d b d b d b d b d b d b d
3. b d b d b d b q d q d q d q d
4. q d q b d d d d d d b d d d d
5. d d d b q d d d d d d d d d q

Rechenkonzentration

Bei den folgenden Aufgaben wird die obere Zeile zuerst ausgerechnet. Das Ergebnis darf nicht aufgeschrieben werden, sondern muß „im Kopf behalten" werden. Nun ist die untere Zeile auszurechnen, und auch dieses Ergebnis ist zu merken. Jetzt gilt die folgende Regel: Stets ist die kleinere Zahl von der größeren abzuziehen, und nur dieses Ergebnis ist aufzuschreiben.
Es dürfen keine Nebenrechnungen aufgeschrieben oder sonst irgendwelche Notizen gemacht werden. *Beispiel:*
2+8–7
4+5–2
Lösung: 4
Obere Zeile: Ergebnis 3
Untere Zeile: Ergebnis 7
7–3=4
Nur die 4 darf als Lösung hingeschrieben werden.
Für die folgenden 4 Aufgaben haben Sie 2 Minuten Zeit.

a. 5 – 2 + 9	c. 2 + 8 – 7
4 + 8 + 6	6 – 5 + 9
b. 9 – 5 + 7	d. 8 – 3 + 7
4 + 3 + 6	9 – 5 + 3

Genaues Beobachten

Schauen Sie doch bitte mal diese drei Gesichter genauer an. Zwei sind gleich, das dritte unterscheidet sich von den beiden anderen deutlich in einem Detail (Veränderung, Hinzufügung, Weglassung).
Lösung: b (der Mund!)

Versuchen Sie, in 2 Minuten so viele Aufgaben wie möglich zu lösen.

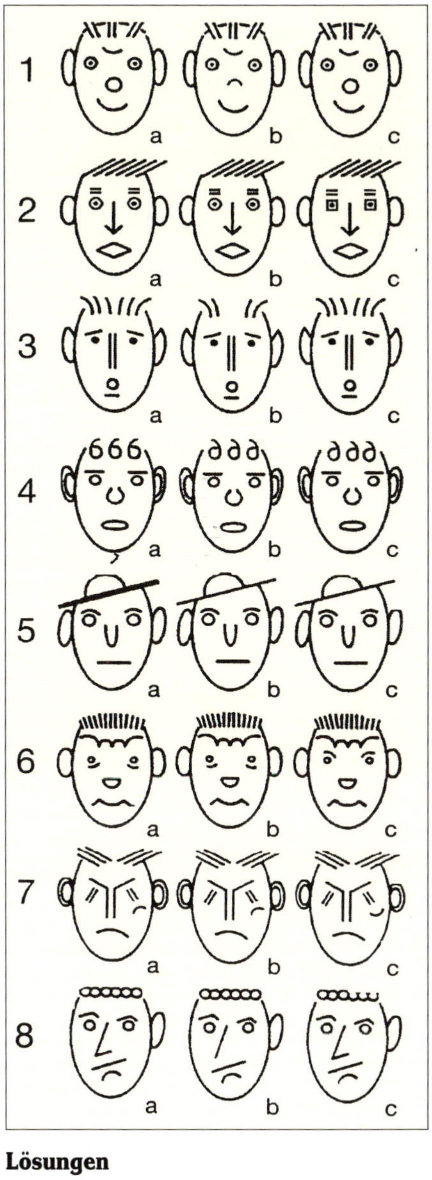

Lösungen

Kenntnisse
Rechnen: 1: 120 qdm / 2: 36
Rechtschreibung: 1a / 2d

Intelligenz
Wortbedeutungen: 1f / 2b
Dominosteine: 1c / 2d
Wortverhältnisse: 1: 2B / 2: 2C
Sinnvoll ergänzen: 1i / 2d
Buchstaben durchstreichen: 1. Zeile: 4 d's / 2:3 / 3:5 / 4:8 / 5:1
Rechen-Konzentration: a:6 / b:2 / c:7 / d:5
Genaues Beobachten: 1b / 2c / 3b / 4a / 5a / 6c / 7c / 8b

Fallstudie: Arbeitsplätze in der industriellen Küchenmöbelproduktion

... wie der Fertigungsablauf in einem Industriebetrieb gestaltet ist.

... welche Anforderungen ausgewählte Arbeitsplätze stellen.

... wie der Betrieb und die Arbeit organisiert sind.

... wie die Qualität gesichert wird.

... wie Arbeitnehmer ihre Arbeit beurteilen.

1. Fertigungsablauf im Unternehmen

Kennzeichen des Unternehmens

Das Küchenmöbelwerk ist Teil eines der größten deutschen Unternehmen im Bereich der Hausgerätetechnik. Weitere Werke stellen u.a. Wasch- und Trockenautomaten, Spülautomaten, Herde, Mikrowellengeräte und Kühlschränke, Bügelmaschinen und Staubsauger her. Weltweit 14500 Mitarbeiter produzierten und vertrieben 1993 Güter für mehr als 3,3 Mrd. DM. Das qualitativ sehr hochwertige, preislich im oberen Bereich angesiedelte Angebot zielt auf anspruchsvolle Kunden. Seit fast 100 Jahren gilt der Leitspruch „immer besser“. Die hergestellten Produkte sollen langlebig, umweltfreundlich und intelligent sein, dabei einfach zu bedienen, perfekt in der Funktion und zukunftssicher. Jeder Mitarbeiter soll durch seine Arbeit und sein Verhalten das Produktimage fördern.

Im seit 1975 produzierenden Küchenmöbelwerk stellen 570 Mitarbeiter hochwertige Einbauküchen her – arbeitstäglich 800 Einheiten (Ober-, Unter-, Hoch- und Aufsatzschränke).

Die Kunden können aus einer breiten Angebotspalette individuell auswählen. Die Küchen sind lieferbar in 67 Frontfarben (Holz-, Kunststoff- und Lackoberfläche) und 23 Oberflächen für Arbeitsplatten mit 100 Griff- und Knopfvarianten.

Die Typenliste enthält ca. 1000 Artikel.

Der Kunde erhält in Zusammenarbeit mit dem Fachhandel Komplettlösungen einschließlich sämtlicher Elektrogeräte sowie Service.

CAD (**C**omputer **A**ided **D**esign) bezeichnet rechnergestützte Konstruktion.

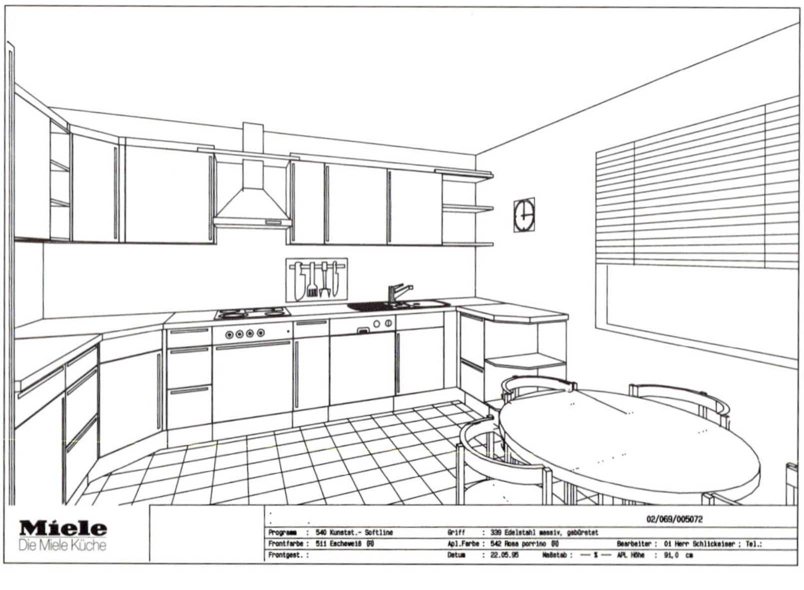

Die Produktion im einzelnen

Ein großer Teil der Produktion erfolgt industriell und teilautomatisiert. Bei der hochwertigen Produktion wünschen die Kunden vermehrt Naturholzfronten und Sonderanfertigungen. Diese erfordern teils Handarbeit.

Grundsätzlich ist jeder Mitarbeiter an seinem Arbeitsplatz für gute Qualität und die Kontrolle seiner Arbeit zuständig.

Wichtige Produktionsschritte werden im folgenden vorgestellt.

Graphische Auftragsbearbeitung

Die Aufträge der Fachhändler enthalten Skizzen mit gewünschten Maßen und bestellten Teilen. Sie werden von einer Küchensachbearbeiterin überprüft und in eine Form gebracht, die eine weitere Bearbeitung durch die Arbeitsvorbereitung ermöglicht. Dazu sind Reinzeichnungen, teilweise unterstützt durch CAD-Rechner, zu erstellen.

Arbeitsvorbereitung

Produziert wird auf Bestellung. Elemente mehrerer Aufträge werden möglichst zu Serien gleicher Produktionsart zusammengefaßt. Standardteile werden auf Lager produziert. Oft ist auch Einzelfertigung, z.B. wegen individueller Raummaße, notwendig.

Ein Auftrag wird zerlegt in zu produzierende Einzelteile; z.B. ist jeder Schrank mit Zeichnung, Beschreibung, Stücklisten, Produktionsdaten und anderen Einzelheiten im Rechner gespeichert. Mit Hilfe der EDV werden durch einen Holztechniker/Ingenieur die Daten für die Maschinenprogramme und den Arbeitsfluß aufbereitet. Diese Technik heißt rechnergestützte Teilfertigung (CAM). Dabei stehen auch Daten z.B. zu den Produktionszeiten für eine Kücheneinheit und den Kapazitäten der Abteilungen zur Verfügung. Einzelne Teile werden zugekauft. So läßt sich die

CAM
(**C**omputer **A**ided **M**anufacturing) bezeichnet rechnergestützte Fertigung.

Zur Gestaltung der **Bildschirmarbeitsplätze** und des Einsatzes von CAD gibt es eine Betriebsvereinbarung zwischen Betriebsrat und Unternehmen.
Zu den Rechten des Betriebsrates s. Kap. Mitbestimmung am Arbeitsplatz und Stichwörter *Betriebsverfassungsgesetz, Mitwirkung und Mitbestimmung.*

Im Betrieb wird der **Beruf des Holzmechanikers**, Fachrichtung Möbel- und Gehäuseindustrie ausgebildet.

Fertigungssteuerung planen und für jeden Auftrag ein Liefertermin bestimmen. Mittels EDV ist der Fluß des Materials zu jedem Zeitpunkt zu verfolgen.

Aufteilsäge

Mit der EDV werden Pläne zur Minimierung des Verschnittes (weniger als 5%) erstellt und die benötigten Formate geschnitten. Ein angelernter Arbeiter stellt die Einzelteile auf Wagen zusammen und fügt eine Stapelbegleitkarte bei.

Maschinenstraße

Die zugeschnittenen Platten werden komplett bearbeitet, z. B. Kanten umleimt und lackiert. An der Anlage arbeitet eine Gruppe von 5 Holzmechanikern. Sie bedienen die Anlage, dazu gehört, sie einzurichten und zu warten. Ihre Bezahlung richtet sich nach dem Anteil der Laufzeit der Maschine, der Leistung des einzelnen und der Gruppe. Dadurch sollen Stillstandzeiten der sehr teuren Anlage verringert werden. Die Wagen mit den fertigen Platten werden einem Lager zugeführt.

Seitenvormontage mit Barcode-Abtastung

Auf dem zu bearbeitenden Teil befindet sich ein Aufkleber mit einer Codierung.

Der angelernte Arbeiter führt im Akkord das Teil am Scanner vorbei. Die Maschine erhält dadurch die Daten für die Bearbeitung, z. B. das Fräsen der Bohrungen für Scharniere, die automatisch angebracht werden.

Korpuspresse mit Programmierplatz

Hier laufen vorgefertigte Lagerteile und auftragsbezogen (in Kommission) gefertigte Teile zusammen. Der Facharbeiter mit einer EDV-Programmierausbildung paßt das Programm der EDV-gesteuerten Anlage dem jeweils zu fertigenden Korpus (z. B. der Größe des Oberschrankes) an. Er führt die Teile (z. B. Seiten, Rückwände) vom Laufwagen zu und überwacht die ansonsten automatisch arbeitende Maschine. Er erhält Akkordlohn.

Handarbeit bei den Frontelementen

Ein Tischler schleift ein Kassettenelement für eine Naturholzfront, ein anderer fügt Kassetten für eine Front zusammen.
Hochqualifizierte Handwerker arbeiten vorproduzierte Teile nach (z. B. Ecken abrunden) oder erstellen auch Teile per Hand. Sie erhalten im Zeitlohn 23,72 DM pro Stunde (Lohngruppe 6).
Geplant ist der Einsatz einer Spezialsäge, die einen Teil der Handarbeit mechanisiert.

Bei Ausfall des Rechners für die EDV-Fertigungssteuerung steht ein weiterer in Reserve.

Herstellen einer Lackoberfläche

Sonderlackierungen bzw. individuell angefertigte Teile werden mit Hand lackiert, fertige Teile dann der Montage zugeführt.

Montage

Bei der Endmontage wird aus fertigen Schrankteilen, vormontierten Türen, Einlegeböden und Spezialausstattung von Fachkräften eine fertige Einheit erstellt. Über EDV wird der Fluß der Teile so gesteuert, daß die richtigen Teile hier zusammenlaufen und die Ausstattung der einzelnen Schränke auftragsgemäß erfolgt. Die Arbeitsgruppe steuert die Geschwindigkeit ihrer Arbeit innerhalb einer von der Bandgeschwindigkeit vorgegebenen Zeit. Hier wird Gruppen-Akkord gezahlt. In Anschluß erfolgt für jede Einheit eine Endkontrolle und ggf. Nacharbeit.

Verpackung/Bereitstellung für Versand

Die fertigen Schränke werden von einer angelernten Arbeiterin verpackt und dem Lager zugeführt. Dort erfolgt eine Zusammenstellung für den Versand entsprechend der Bestellung. Die Lagerkapazität beträgt 3 Tage.

FERTIGUNGSABLAUF

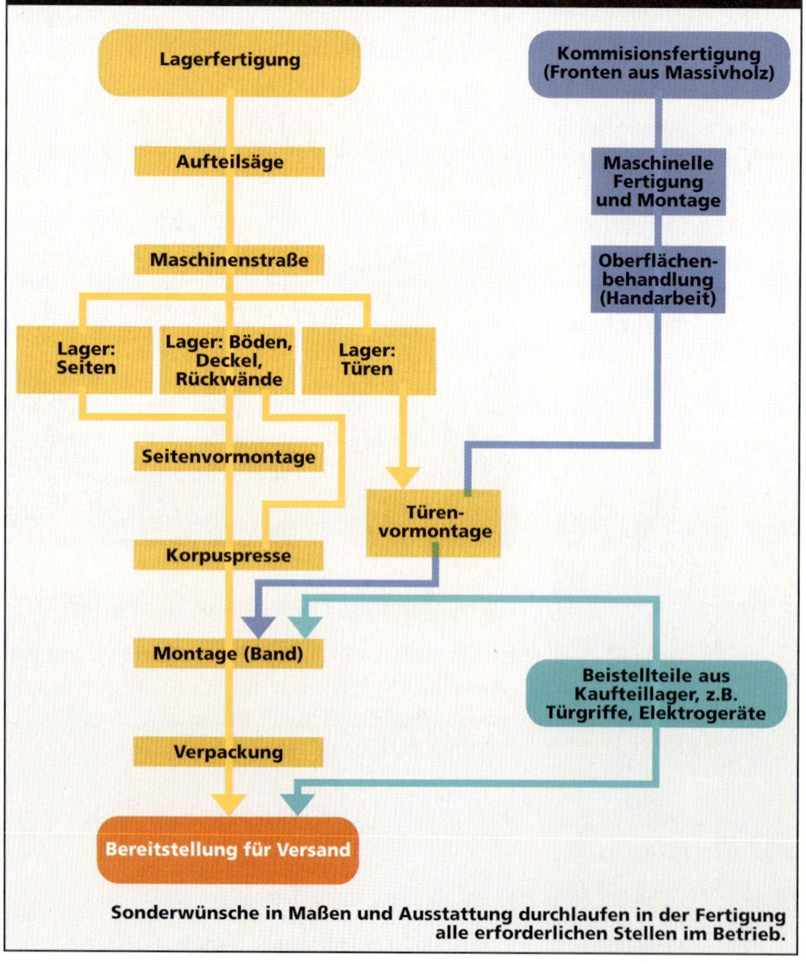

Sonderwünsche in Maßen und Ausstattung durchlaufen in der Fertigung alle erforderlichen Stellen im Betrieb.

Aufgaben

1 Sprecht über das Produktionsprogramm des Unternehmens generell und für den Bereich Küchenmöbel.

2 Verfolgt den Fertigungsablauf.

3 Vergleicht die Arbeit zwischen
– Arbeitesvorbereitung und Aufteilungsautomat
– handwerklicher Arbeit und Endmontage.
Achtet auf Anforderungen, Entscheidungs- und Gestaltungspielräume.

4 Beschreibt die Bedeutung der EDV.

5 Der Betriebsrat hat bei vielen Fragen, z.B. der Gestaltung der Arbeitsplätze und der Entlohnung, Mitbestimmungs- bzw. Mitwirkungsrechte (Informations- und Beratungsrechte). Zieht die Auszüge aus dem Betriebsverfassungsgesetz hinzu.

2. Arbeitnehmer beurteilen ihre Arbeit

Robin, 40 Jahre, Lager
„Ich arbeite im Zeitlohn und bin zufrieden. Ich erhalte 21,73 DM pro Stunde. Das entspricht Lohngruppe 4. Früher war ich an der Presse – Akkordschinderei! Lieber weniger Geld und gesund. Zu Hause klappt es seitdem auch besser. Meine Frau geht jetzt halbtags arbeiten, nachdem die Kinder groß genug sind, – da stimmt die Kasse."

Carsten, 25 Jahre, Korpuspresse
„Ich arbeite seit 2 Jahren im Akkord. Das klappt bestens. Ich erhalte Lohngruppe 5. Ich will Geld machen – alles andere ist Nebensache. Ich schaffe im Schnitt 145 Prozent; das sind 24,20 DM pro Stunde."

Albert, 52 Jahre, Vormontage der Türen
„Ich bin gelernter Tischler. Bis vor sieben Jahren war ich in einer kleinen Fabrik. Die ging in Konkurs. Die Arbeit war prima: vielseitig, interessant und überschaubar. Hier sind immer die gleichen Handgriffe gefragt. Damals machte die Arbeit mehr Spaß."

Sabine, 28 Jahre, Maschinenstraße
„Ich arbeite seit 3 Jahren an der Maschinenstraße. Die Arbeit ist wenig interessant, aber ich habe mich daran gewöhnt. Von Zeit zu Zeit treffen wir uns, um in unserer Gruppe darüber zu diskutieren, wie wir unsere Arbeit gestalten können. Wichtig sind mir die Kontakte mit den Kollegen bei der Arbeit, in den Pausen und beim Betriebssport.
Ich mache auch mit bei der Gewerkschaft. Das ist für uns alle wichtig.
Ich hoffe, daß mein Arbeitsplatz sicher bleibt. Denn in den letzten Jahren wurde kräftig rationalisiert."

Markus, 36 Jahre, Tischler bei der Erstellung von Frontelementen
„Ich arbeite seit 5 Jahren als Tischler in diesem Bereich. Das ist doch was anderes als an der Maschine. Hier bin ich als Handwerker gefragt und kann mein ganzes Fachkönnen einsetzen. Es macht Spaß, anspruchsvolle und abwechslungsreiche Arbeit im Team zu leisten. Ich verdiene recht gut. Im Zeitlohn plus Leistungszulage erhalte ich 24,69 DM pro Stunde, Lohngruppe 7."

Aufgaben

1 Sprecht über die Äußerungen der Arbeitnehmer. Bedenkt, was ihnen bei der Arbeit wichtig ist.

2 Überlegt, was für euch bei einer Erwerbsarbeit besonders bedeutsam ist.

Zeitlohn
Die Höhe des Lohnes richtet sich unabhängig von der Arbeitsmenge nach der Arbeitszeit, z. B. 18,14 DM pro Arbeitsstunde.

Siehe Stichwort *Akkordlohn.*

Ecklohn
Der Lohn der Tarifgruppe 7 ist der Ecklohn. Er bezieht sich auf eine Arbeit, die eine ordnungsgemäße Berufsausbildung (Facharbeit) voraussetzt.
Die anderen Lohngruppen sind durch Zu- bzw. Abschläge zu diesem Lohn gebildet (Lohnschlüssel).

Beispiele:
Lohngruppe 7: 100% ≙ 24,69 DM
Lohngruppe 4: 88% ≙ 21,73 DM
Lohngruppe 9: 118% ≙ 29,13 DM

Im Qualitätssicherungs-Handbuch heißt es:
„Jeder Mitarbeiter hat das Recht und die Pflicht, darauf zu bestehen, daß Umstände, welche die Herstellung qualitativ einwandfreier Produkte verhindern, beseitigt werden."

3. Qualitätssicherung – Aufgabe des gesamten Betriebes

Auf die Bedeutung hoher Qualität der Waren für das Unternehmen und die Kunden sowie auf die Verantwortung des Mitarbeiters zu ihrer Sicherung wurde bereits hingewiesen. Im Küchenmöbelwerk gibt es eine Abteilung dafür, die direkt der Werksleitung unterstellt ist und die sichert, daß überall dem Qualitätsgedanken Rechnung getragen wird.
Beispielhaft wird auf Maßnahmen eingegangen, die dazu beitragen, daß
❶ bei der Produktentwicklung der Qualitätsgedanke im Mittelpunkt steht,
❷ eingekaufte Materialien den Ansprüchen genügen,
❸ Fehler im Fertigungsablauf erst gar nicht entstehen,
❹ entstandene Fehler behoben werden,
❺ die Fähigkeiten der Mitarbeiter zur Verbesserung des Produktionsablaufs und der Qualität konsequent genutzt werden.
Zu ❶: Prüflabors untersuchen bei neu entwickelten Oberflächen, ob die Beschichtung der Beanspruchung bei Gebrauch und Reinigung standhält.
Zu ❷: Zugekaufte Türscharniere werden in Dauertests geprüft, ob sie funktionsfähig sind und viele Jahre hohen Anforderungen standhalten. Lieferanten müssen nachweisen, daß sie eine gleichbleibende Qualität in ausreichender Anzahl zu günstigem Preis pünktlich liefern können.
Zu ❸: Bei der Planung der Produktionsanlagen wird darauf geachtet, daß durch die Technik und die Organisation des Fertigungsablaufs gleichbleibende Qualität gesichert ist.
Zu ❹: Mitarbeiter müssen an ihrem Arbeitsplatz einen Prüfplan einhalten.
Selbstprüfung stellt hohe Anforderungen an die Ausbildung, das Qualitätsbewußtsein sowie die Eigenverantwortung. Erkannte Mängel sollen sofort behoben werden. Spätere Nacharbeit, wenn der Fehler erst in der Endkontrolle entdeckt wird oder gar erst beim Kunden, ist erheblich teurer.
Zu ❺: Mitarbeiter am Arbeitsplatz wissen am besten, was zu verändern ist. Das betriebliche Vorschlagswesen prämiert gute Vorschläge. Es zeigte sich, daß Teams, die ihre Arbeit selbständig organisieren, besonders produktiv und innovativ sind. Es wird geprüft, wo noch Gruppenarbeit eingeführt und Verantwortung nach unten delegiert werden kann.

AUFBAU DER BETRIEBS-ORGANISATION

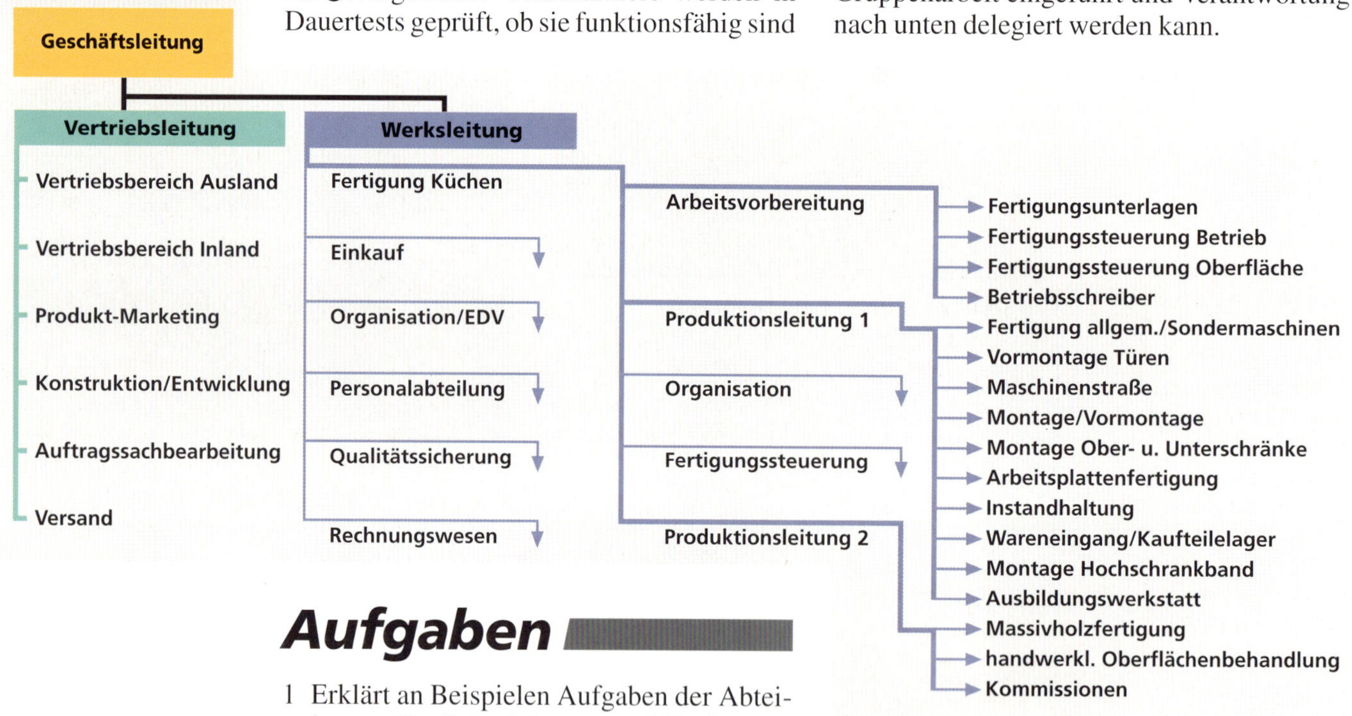

Aufgaben

1 Erklärt an Beispielen Aufgaben der Abteilungen Qualitätssicherung und Fertigung.

Siehe Stichwort *Lean Production.*

2 Begründet, in welchen Abteilungen des Unternehmens die folgenden Entscheidungen getroffen werden:
– Rolf und Walter sind krank, da muß Klaus heute im Lager arbeiten.
– Die neue Produktgruppe hat sich am Markt durchgesetzt. Eine vorsichtige Betriebserweiterung ist sinnvoll.
– Bei der Prüfung der Naturholzfronten treten häufig Paßungenauigkeiten auf. In der Produktion muß etwas geändert werden.

3 Nehmt Stellung:
– „Mitarbeiter in der Produktion müssen alles vorgeschrieben erhalten und lückenlos kontrolliert werden, damit die Qualität stimmt."
– „Mitarbeiter in der Produktion können viel mehr als von ihnen verlangt wird. Sie sind in der Lage, sehr vieles zu entscheiden, was ihnen jetzt von oben vorgeschrieben wird, und sind bereit zu lernen. Das kommt auch der Qualität und damit dem Betrieb zugute."

Arbeitsbewertung und Lohn

… wie problematisch die Bewertung von Arbeitsleistung ist.

… was die verschiedenen Tarifverträge regeln.

… Verfahren der Arbeitsbewertung zu unterscheiden.

… Lohnunterschiede bei Männern und Frauen zu problematisieren.

1. Arbeitsbewertung – was ist gerecht?

Erwerbstätige äußern sich

„Ich fühle mich nach der Arbeit oft erschöpft – der Lärm, die ständige Überwachung der Maschine, immer an einer Stelle sitzen, kaum Kontakt mit den Kollegen und dann die große Verantwortung für die Maschine. Die kostet Millionen …"

„Sich immer geduldig auf neue Kunden und Ihre besonderen Wünsche einstellen, die Sorgen der Leute verstehen, Sachkenntnis auf vielen Gebieten haben, die neuesten Bestimmungen kennen – da raucht mir bei aller Freude am Beruf öfter der Kopf …"

„Die schwere Arbeit macht mir immer mehr zu schaffen. Rücken und Schulter sind so belastet, und dann die Hetze. Mit den Kollegen geht alles klar. Wir sind eine gutes Team. Ja, wenn ich eine gute Ausbildung bekommen hätte …"

„Immer auf dem neuesten Stand der technischen Entwicklung sein, den richtigen Riecher für Aktionen haben, die 8 Mitarbeiter richtig einsetzen , ihre persönlichen Probleme verstehen, mit Lieferanten und anspruchsvollen Kunden klarkommen und sehen, daß die Kasse stimmt – das verlangt viel Energie, Entschlußkraft. Ohne das hohe Einkommen und den Spaß an der Arbeit wäre ich nicht bereit, den großen Arbeitseinsatz zu leisten."

Was manche so meinen …

Mann, 70 Jahre: „Körperlich schwere Arbeit muß hoch bezahlt werden. Ich war beim Bau und bin verbraucht. So würde ich nicht nochmal arbeiten. Die Gesundheit ist das Wichtigste."

Mann, 40 Jahre: „Wer keine vernünftige Ausbildung hat, sollte weniger verdienen. Schließlich verzichtet man während der Ausbildungszeit auf viel Geld. Es fehlen oft auch die nötigen Grundkenntnisse."

Frau, 40 Jahre: „Am Fließband sitzen und immer dasselbe tun – das ist wirklich einfach. Da braucht man keine Ausbildung und muß mit weniger Geld zufrieden sein. Als Bankkauffrau muß ich erheblich mehr leisten."

Frau, 30 Jahre: „Es ist ungerecht, daß eine Krankenschwester so viel weniger als ein Arzt verdient. Die ist mindestens ebenso stark gefordert."

Frau, 25 Jahre: „Die Höhe des Arbeitslohnes sollte von der Familiengröße abhängen. Schließlich kommt es auf den tatsächlichen Bedarf an."

Mann, 25 Jahre: „Für die Höhe des Arbeitslohnes kommt es allein auf die Leistung an. Jeder kann, wenn er nur will, ranklotzen. Die Schwachen und Drückeberger müssen ihre Unfähigkeit eben spüren."

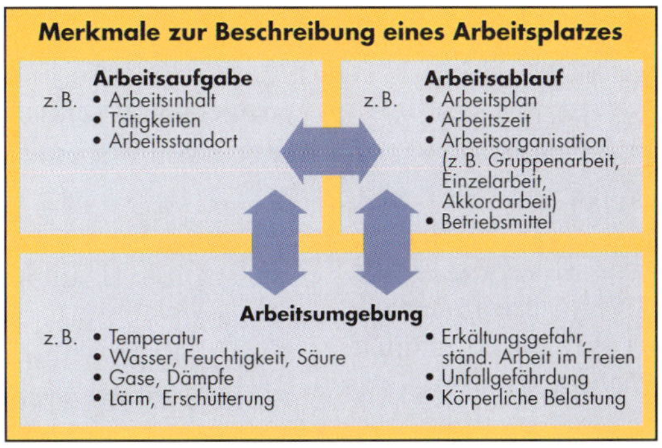

Aufgaben

1 Stellt die Gründe zusammen, die für bzw. gegen eine leistungsgerechte und belastungsgerechte Entlohnung sprechen.

2 Nennt weitere Gründe und sprecht darüber, welche ihr für besonders wichtig haltet.

2. Arbeitsbewertung – eine Sache der Tarifvertragsparteien

Tarifvertragsparteien sind die Gewerkschaften und die Arbeitgeberverbände oder einzelne Unternehmen (Werksvertrag).

Zuschläge
Neben den Lohngruppen gibt es Zuschläge für besonders belastende Umwelteinflüsse, z. B. Staub, Lärm, Hitze.

Die Tarifverträge werden für die Mitglieder der Tarifvertragsparteien geschlossen. Meist wird jedoch beim Ministerium für Arbeit der Antrag gestellt, daß der Tarifvertrag für alle Arbeitnehmerinnen gilt (Allgemeinverbindlichkeitserklärung).

Was Tarifverträge regeln

Die Gewerkschaften kämpfen seit ihrer Gründung dafür, die Arbeitsverhältnisse ihrer Mitglieder durch **tarifvertragliche Regelungen** zu verbessern. Die Arbeitsbewertung ist ein zentraler Teil der Tarifverträge.

Arten von Tarifverträgen, z. B.
- Manteltarifvertrag
- Lohn- und Gehaltstarifvertrag
- Lohn- und Gehaltsrahmenabkommen
- Tarifvertrag über Ausbildungsvergütungen
- Tarifvertrag über Verdienstsicherung
- Urlaubstarifvertrag
- Tarifvertrag über Weiterbildung.

Die grundlegenden Tarifverträge sind die drei zuerst genannten Verträge.

Manteltarifvertrag
regelt die allgemeinen Arbeitsbedingungen, z. B.
- die Dauer der regelmäßigen Arbeitszeit
- Zuschläge für Mehr-, Spät- und Schichtarbeit
- Urlaubsbestimmungen
- Freistellung von der Arbeit.

Der Vertrag wird in der Regel für eine Laufzeit von mehreren Jahren geschlossen.

Lohn- und Gehaltstarifvertrag
regelt die Geldbeträge für die einzelnen Gruppen. Der Vertrag wird meist für eine Laufzeit von 12–18 Monaten geschlossen.

Lohn- und Gehaltsrahmenabkommen
regelt die Lohngruppen und die Verfahren der Arbeitsbewertung.

Verfahren der Arbeitsbewertung

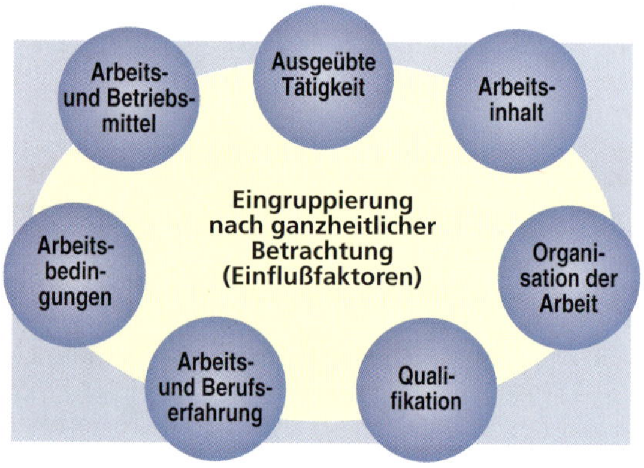

In den Tarifverträgen gibt es die summarische und die analytische Arbeitsbewertung.

Die analytische Arbeitsbewertung
Diese Bewertungsmethode gilt vor allem für gewerbliche Arbeitnehmerinnen in der Metallindustrie. Diese Schritte sind notwendig:
- Bewertungsbegründung
- Ermittlung des Arbeitswertes
- Zuordnung zur Arbeitswert-Lohngruppe.

Die Bewertungsbegründung erfolgt nach **Bewertungsmerkmalen**, die im Tarifvertrag festgelegt sind. Die Ermittlung des **Arbeitswertes** kann nach dem Rangreihenverfahren erfolgen. Jede Arbeitsaufgabe wird für jedes Bewertungsmerkmal auf einen Rangplatz 0 (niedrigste Wertung) und 100 (höchste Wertung) festgelegt (Rangstufenzahl). Anschließend erfolgt eine Gewichtung (Wichtefaktor). Eine Teilung durch 10 ergibt den Teilarbeitswert, der zum Arbeitswert addiert wird. Dem Arbeitswert entspricht ein **Arbeitswertlohn** in dem jeweils gültigen Lohnabkommen.

Beispiel für die Ermittlung des Arbeitswertes

Bewertungsmerkmal	Rangstufenzahl	x	Wichtefaktor	: 10	=	Teilarbeitswert
1. Kenntnisse	35	x	1,0	: 10	=	3,5
2. Geschicklichkeit	30	x	0,8	: 10	=	2,4
4. Verantwortung für die eigene Arbeit	25	x	0,8	: 10	=	2,0
5. Verantwortung für die Arbeit anderer	5	x	0,6	: 10	=	0,3
7. Belastung der Sinne und Nerven	25	x	0,9	: 10	=	2,25
8. Belastung der Muskeln	30	x	0,8	: 10	=	2,4
11. Öl/Fett	20	x	0,2	: 10	=	0,4
13. Nässe, Säure, Lauge	5	x	0,2	: 10	=	0,1
15. Lärm	(Teilarbeitswert nach Lärmtabelle) 79 dB(A)					1,25
20. Hinderliche Schutzkleidung	0	x	0,1	: 10	=	0
			Summe der Teilarbeitswerte =			15,75

Auszug aus: Lang, K. u.a. (1990), Arbeit – Entgeld – Leistung. Köln, S.201

Tarifliche Arbeitswertlöhne und Akkordrichtsätze in DM (Monatsgrundlohntabelle)

Arbeits-wert	Arbeits-wertlohn	Arbeits-wert	Arbeits-wertlohn
0 – 10	1907 DM	über 17 – 18	2166 DM
über 10 – 11	1937 DM	(...)	
über 11 – 12	1968 DM	über 27 – 28	2513 DM
über 12 – 13	1999 DM	(...)	
über 13 – 14	2031 DM	über 37 – 38	2909 DM
über 14 – 15	2062 DM	(...)	
über 15 – 16	2097 DM	über 42 – 43	3114 DM
über 16 – 17	2132 DM	über 43 – 44	3155 DM

Lohnabkommen NRW, metallverarbeitende Industrie, 1990

Die summarische Arbeitsbewertung

Grundlage für die Eingruppierung ist die ausgeübte Tätigkeit und deren tarifvertragliche Einstufung.

Beispiel

Beschreibung von Gehaltsgruppen nach einem Manteltarifvertrag für die Metallindustrie:

– Gruppe Ia

Tätigkeiten einfacher, schematischer, gleichbleibender Art, für die Ablauf und Ausführung festgelegt sind.

– Gruppe III

1. Tätigkeiten schwieriger Art, die nach allgemeinen Anweisungen in beachtlichem Umfang selbständig ausgeführt werden.
2. Meistertätigkeiten, die nach allgemeinen Anweisungen in beachtlichem Umfang selbständig ausgeführt werden und mit Verantwortung für die Arbeitsleistung unterstellter Arbeitnehmer verbunden sind.

– Gruppe VII

Tätigkeiten hochqualifizierter Art, die nach allgemeinen Richtlinien selbständig ausgeführt werden und in eigener Verantwortung Entscheidungen von erheblicher Bedeutung für den Betriebs- oder Geschäftsablauf auch in angrenzenden Arbeitsbereichen einschließen und/oder Grundlagen für derartige Entscheidungen liefern.

Beschreibung der Qualifikationsanforderungen zu Gruppe VII

Verkaufssachbearbeitung

Verkaufssachbearbeitung im Bereich Ersatzteile/Service-/Reparatur-/Montagedienst; Zuarbeiten für Disposition dieser Leistungen; Erstellen von Kalkulationen, insbesondere für Großreparaturen; Computerunterstützung am Arbeitsplatz; Zusammenarbeit mit 1 Sekretärin und 1 Bürokraft.

Einstufung in Gehaltsgruppe VII

Begründung:

Es handelt sich um Tätigkeiten, die Kenntnisse erfordern, wie sie in der Regel durch eine einschlägige, mehr als zweijährige Berufsausbildung mit Abschluß erworben werden. Sie erfordern zusätzlich besonders umfangreiche Fach- und Spezialkenntnisse, wie sie in der Regel durch eine langjährige vielseitige Berufserfahrung und qualifizierte berufliche Weiterbildung erworben werden.

Lang, K.u.a. (1990), Arbeit – Entgelt – Leistung, Köln, S.193

Aufgaben

1 Begründet die Notwendigkeit von Tarifverträgen.

2 Vergleicht die beiden dargestellten Verfahren der Arbeitsbewertung.

3 Beurteilt folgende Meinungen:
A: „Die Lohngruppen sind schwammig formuliert. Was heißt schon ‚schwieriger Art‘ oder ‚einfacher Art‘. Aber nun, das eröffnet Spielräume für Verhandlungen.“
B: „Bei der analytischen Arbeitsbewertung sind mehr Einzelheiten geregelt. Das schützt vor Willkür, engt aber auch ein. Trotzdem: die konkrete Einstufung bleibt schwierig.“

Fallstudie: Konflikt um Lohn und Arbeitszeit in der Metallindustrie

... aus welchen Gründen die Gewerkschaften Arbeitszeitverkürzung und Lohnerhöhung fordern.

... an einem Fall die Argumente der Tarifparteien abzuwägen.

...wie ein Arbeitskampf ablief.

... welche Bedeutung die Gewerkschaften für die Verbesserung von Arbeitnehmerrechten haben.

Entwicklung der Produktivität je Arbeiterstunde

Bergbau und verarbeitendes Gewerbe 1985: 100

1980: 87,5
1988: 107,4
1993: 123,4
1994: 133,1

Institut der deutschen Wirtschaft: Zahlen zur wirtschaftlichen Entwicklung 1995, Köln 1995, S. 61

1. Zur Tarifpolitik der letzten Jahre

Seit 1980 stieg die Zahl der Arbeitslosen stark an (s. Stichwort *Arbeitslosenzahl*). Gründe dafür waren u. a.:
- ein weltweiter Konjunkturrückgang mit geringem Wirtschaftswachstum (s. Stichwort *Konjunkturentwicklung*),
- fortschreitende Rationalisierung und Produktivitätssteigerung (s. Randspalte),
- Vordringen der Mikroelektronik,
- Eintritt geburtenstarker Jahrgänge ins Erwerbsleben.

Die **Reallöhne sanken**. Die tariflich ausgehandelte Steigerung der **Nominallöhne** war geringer als die Erhöhung der Preise, Steuern und Sozialabgaben (s. Stichwort *Kaufkraftentwicklung*).

Seit Mitte der 70er Jahre erhoben die Gewerkschaften verstärkt die Forderung nach einer **Verkürzung der Arbeitszeit**.

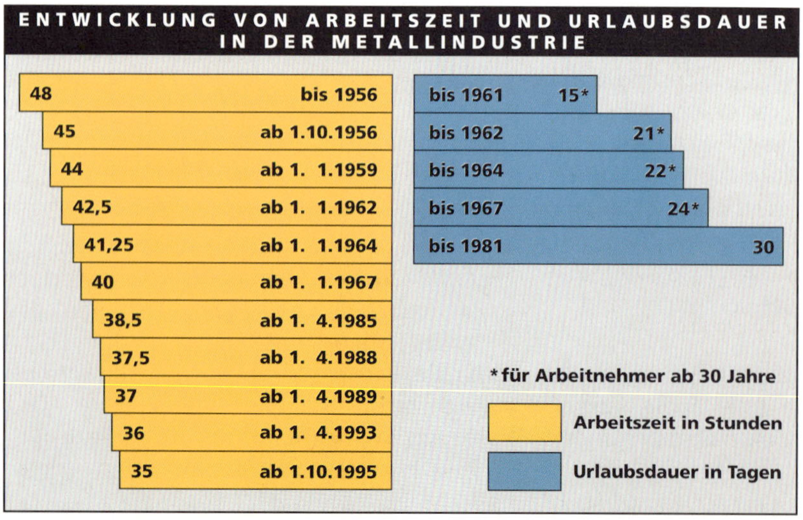

Im Tarifkampf der Eisen- und Stahlindustrie 1978/79 versuchte die Industriegewerkschaft, mittels Streik den Einstieg in die 35-Stunden-Woche durchzusetzen. Sie erreichte dieses Ziel für die Gruppe der Schichtarbeiter.

Zu Beginn der 80er Jahre verschlechterte sich die die Arbeitsmarktlage weiter. 1982 erklärten die IG Metall und andere Gewerkschaften die Verkürzung der Arbeitszeit zum vorrangigen Ziel der Tarifpolitik.

Einige, z. B. die IG Metall, legten sich vorrangig auf die Verkürzung der Wochenarbeitszeit auf 35 Stunden fest, andere auf die Herabsetzung des Rentenalters, wie z. B. die Gewerkschaft Nahrung, Genuß, Gaststätten. Alle forderten auch eine Verlängerung des Urlaubs.

In mehreren Tarifauseinandersetzungen wurde neben Lohnsteigerungen das Ziel **35-Stunden-Woche** stückweise erreicht. 1990 wurde ein Stufenplan bis 1995 (s. Grafik) abgeschlossen. Der Metalltarifvertrag von 1994 zur Beschäftigungssicherung ermöglichte den Unternehmen, die Arbeitszeit zu verkürzen ohne Lohnausgleich, um den Abbau von Arbeitsplätzen zu vermeiden.

Aufgaben

1 Wie haben sich Wochenarbeitszeit und Urlaubsdauer entwickelt?

2 Erörtert, warum Gewerkschaften eine Verkürzung der Arbeitszeit forderten und Arbeitgeber diese entschieden ablehnten.

2. Tarifverhandlungen 1994/95 – Ausgangssituation

Siehe Stichwörter *Lohn- und Gehaltstarifvertrag, Manteltarifvertrag, Lohn- und Gehaltsrahmenabkommen.*

Daten zur Lage in der Metallindustrie

Gewinne (Netto)
1993: 1,6 Mrd. DM
1994: 26,0 Mrd. DM

Kapazitätsauslastung
Dez. ´93: 77,1%
Dez. ´94: 82,9%

Betriebe mit Überstunden
Okt. ´94: 38%.

Lohnstückkosten
3. Quartal ´94:
8,4% niedriger als
3. Quartal ´93

Geplante Investitionen
´95: + 10%

Stat. Angaben: Gesamtmetall, Metall Nr. 8 1995, S. 8

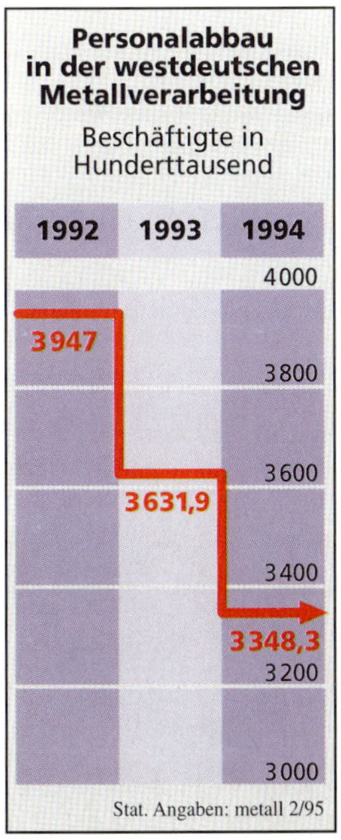

In verschiedenen Tarifbezirken der Metallindustrie wurden im Herbst 1994 auslaufende Tarifverträge fristgemäß gekündigt. Neu zu verhandeln waren zwischen dem Arbeitgeberverband Gesamtmetall und der IG Metall (IGM) Lohn- und Gehaltstarifverträge.
Bevor die IGM ihre Forderungen veröffentlichte, legte Gesamtmetall ein „Fünf-Punkte-Programm" mit eigenen Zielen vor. Dieses wird mit den Argumenten auf der Folgeseite dargestellt.

Forderungen der IG Metall

Sozial gerechtfertigt-wirtschaftlich notwendig
Die Verhandlungen für die Tarifbewegung 1995 haben begonnen. Wir wollen die Einkommen erhöhen und Arbeitsplätze sichern. Darum fordern wir:
- Bis zu sechs Prozent höhere Löhne und Gehälter und deutlich höhere Ausbildungsvergütungen.
- Eine soziale Komponente zugunsten der unteren Lohn- und Gehaltsgruppen.
- Die 35-Stunden-Woche zum 1. Oktober 1995, wie vereinbart.
- Statt Überstunden Neueinstellungen.

Klaus Zwickel, IG-Metall, in: Metall Nr. 25/26 v. 12.12.1994, S. 3

Zur wirtschaftlichen Lage

In den letzten Jahren bis 1994 stieg die Zahl der Arbeitslosen auf mehr als 4 Mio. (s. Stichwort *Arbeitslosenzahl*). Das Wachstum fehlte, der Reallohn sank (s. Stichwörter *Konjunkturentwicklung, Kaufkraftentwicklung*). Die Unternehmen bemühten sich verstärkt um Rationalisierung. Diese Faktoren und ein Strukturwandel (s. Stichwort *Strukturpolitik*) führten zu einem Rückgang der Beschäftigung auch in der Metallverarbeitung (s. Grafik in der Randspalte).
Ab 1994 kam es zu einem konjunkturellen Aufschwung. Die Weltkonjunktur belebte sich, binnenwirtschaftliche Auftriebskräfte wurden wirksam. Im verarbeitenden Gewerbe stieg die Auslastung der Kapazitäten. Ein weiterer Stellenabbau fand nicht mehr statt.
Die Auftragseingänge im verarbeitenden Gewerbe lagen im 4. Quartal 1994 real um 2,7% über dem Vorjahr. Die Produktion stieg um 1,9%.
Wichtige Bereiche der Metallindustrie, wie Maschinenbau, Straßenfahrzeugbau und Elektroindustrie, rechneten mit steigender Produktion.

Argumente der IG Metall

– Die Arbeitnehmer haben durch erhöhte Steuern und Abgaben sowie Preissteigerungen Realeinkommensverluste hinnehmen müssen. Weitere Einschränkungen sind nicht möglich. Preissteigerungen und Produktivitätszuwachs müssen ausgeglichen werden.
– Die Lohnstückkosten sanken 1994 massiv, die Gewinne explodierten jedoch um 80% .
– Gesamtwirtschaftlich wird es 1995 einen Produktivitätsanstieg von 3,5% und Preissteigerungen von 2,5% geben. Das ermöglicht Einkommensverbesserungen bis zu 6%.
– Die Konjunktur wird bislang fast ausschließlich vom Export getragen. Es fehlt die Nachfrage im Inland. Dazu ist mehr private Kaufkraft durch deutlich steigende Löhne und Gehälter notwendig.
– Eine soziale Komponente ist für untere Lohn- und Gehaltsgruppen notwendig, weil Reallohnverluste diese besonders treffen.
– Die schon 1990 vereinbarte 35-Stunden-Woche bei vollem Lohnausgleich muß kommen, um ca. 50 000 Arbeitsplätze zu sichern oder zu schaffen. Vertragsbruch der Arbeitgeber werden wir nicht hinnehmen.
– Statt Überstunden zu fahren, sind Arbeitslose einzustellen. Alles andere ist unsozial.

Zur Forderung von Gesamtmetall stellen wir fest:
Die neue tarifpolitische Zauberformel der Metallarbeitgeber heißt „Kompensation": Die Verbesserung eines Tarifvertrages soll durch Verschlechterung oder Wegfall eines anderen Tarifvertrages bezahlt werden, nach dem Motto: „Arbeitnehmer, bezahlt eure Lohnerhöhung aus eigener Tasche!" Das wird es mit der IG Metall nicht geben! Lohnerhöhungen sind selbst „Ausgleich", das heißt Kompensation, für die ständig steigende Arbeitsleistung sowie höhere Preise, die die Unternehmer verlangen. Gerade jetzt explodiert die Produktivität, Gewinne schnellen in die Höhe – aber Arbeitnehmer sollen Lohnerhöhungen selbst bezahlen! Das kommt nicht in Frage.

IG Metall, Frankfurt 1995

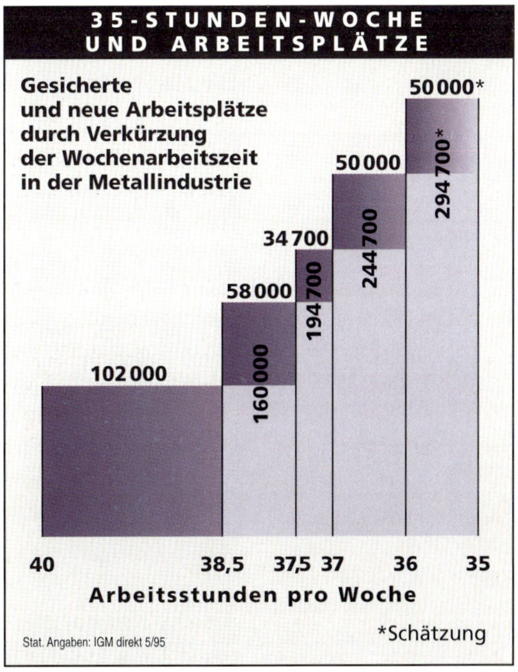

Forderungen und Argumente des Arbeitgeberverbandes Gesamtmetall

Hier unser Fünf-Punkte-Programm unter dem Titel: ***„Eine Runde für den Arbeitsplatz“***

1. Beschäftigungssicherungsvertrag über 1995 hinaus verlängern:
Zur Sicherung der Beschäftigung gehört 1995, daß Geschäftsleitung und Betriebsrat im Bedarfsfall befristete kostengünstige Arbeitszeitverkürzung und eine Verteilung der Jahresarbeitszeit über 12 Monate nutzen können. Ergänzende beschäftigungsfördernde Regelungen sind notwendig.

2. Kostenentlastung verlängern:
Eine weitere Senkung der Lohnstückkosten ist für die Beschäftigung notwendig. Kostenentlastung muß nicht Lohnerhöhungspause bedeuten. Kostenentlastung ist durch produktivitätsverbessernde arbeitsorganisatorische Maßnahmen erreichbar oder durch Kompensation bei anderen tariflichen Belastungen, z. B. Aussetzung tariflicher Besitzstände.

3. Arbeitszeitverkürzung in die Zielsetzung Kostenentlastung einbeziehen:
Arbeitszeitverkürzung ist nur dann beschäftigungspolitisch hilfreich, wenn sie betriebsindividuell zu gestalten ist und kostensenkend wirkt. Generelle und zwangsweise Arbeitszeitverkürzung mit Lohnausgleich sind ein Irrweg. Deshalb muß über die 35-Stunden-Woche zum 1. 10. 95 neu verhandelt werden. Falls die IG Metall auf Realisierung besteht, fordern wir kompensatorische Kostenentlastung ohne Lohnausgleich und verbesserte Flexibilisierung der Arbeitszeit sowie verminderte Kosten bei Mehrarbeit.

4. Langzeitarbeitslosen Chance geben:
Die Tarifvertragsparteien sollten gemeinsam für ein besseres Zusammenwirken von Tarif- und Arbeitsmarktpolitik eintreten. Dazu sind Einstiegstarife, verbunden mit Einarbeitungszuschüssen der Bundesanstalt für Arbeit, notwendig.

5. Tarifpolitische Entlastung für Mittelstandsbetriebe:
Befristete Abweichungen von tariflichen Bedingungen (z. B. Öffnungsklausel) sollen für diese möglich sein. Diese könnten mit beschäftigungsfördernden Maßnahmen kombiniert werden, z. B. freiwilliger Tausch von tariflichen Sonderzahlungen gegen befristete Beschäftigungsgarantien oder das Durchhalten der Beschäftigung im Gegenzug zu kostengünstiger Mehrarbeit. Das fördert die Existenzerhaltung lohnkostenintensiver Mittelbetriebe und Neueinstellungen.

Die Zukunft des bewährten Tarifvertragssystems steht auf dem Spiel. Es muß das Ziel beider Tarifparteien sein, daß die Anwendung des Flächentarifvertrags möglich bleibt.

Zur Gruppenarbeit
s. Stichwörter
- *Gruppenarbeit, Spielregeln*
- *Gruppenbeziehungen, Beachtungspunkte*
- *Feed-back, Regeln*

Zu der Forderung der IGM stellen wir fest:

– Die Lohnforderung ist eine gefährliche Bedrohung für Aufschwung und Arbeitsplätze. Die Wettbewerbsfähigkeit würde sich verschlechtern und die Beschäftigungserfolge der Tarifpolitik 1994 zunichte machen.
– Über Lohnsteigerungen die Nachfrage anzukurbeln und so Aufschwung und Beschäftigungszuwachs zu sichern, kann sich nicht erfüllen. Der Absatz hängt zu 55% vom Export und 20 % von inländischen Investitionen ab.

Aufgaben

Arbeitsschritte zur Fallbearbeitung:

1 Bildet arbeitsgleiche Gruppen, die die Rolle von
- Gewerkschaft oder
- Arbeitgebervertretung einnehmen.

Erarbeitet jeweils eine Position für ein aus der Sichtweise der Organisation wünschbares Ergebnis.
Zieht dazu die im Schülerbuch enthaltenen Informationen heran.
Besorgt evtl. weitere Informationen bei IGM und Gesamtmetall.
Bezieht jeweils Informationen zur Gegenseite ein.
Berücksichtigt folgende Aspekte:
- Verhandlungsposition bei der wirtschaftlichen Lage
- Ausgangsforderungen der Tarifparteien
- Argumente zur Bewertung vereinbarter Arbeitszeitverkürzung zum 1.10.95
- Argumente zur Beschäftigungsförderung
- Zusammenhang von internationaler Wettbewerbsfähigkeit, Lohnkosten und Beschäftigung.

Bereitet euer Ergebnis anschaulich auf.
Sprecht über den Prozeß der Gruppenarbeit.

2 Führt die Präsentation durch:
Vergleicht die Ergebnisse zwischen
- den Gruppen der Arbeitgeber
- den Gruppen der Gewerkschaft
- Arbeitgeber- und Gewerkschaftsgruppen.

Bewertet die unterschiedlichen Ergebnisse und deren Vorstellung. Berücksichtigt folgende Aspekte:
- Annahmen über Verhandlungsmacht
- Bewertung der Argumente
- Übersichtlichkeit der Darstellung
- Verständlichkeit der Erklärung.

3 Versucht, im Klassengespräch eine gemeinsame Position zu finden.

4 Verarbeitet für einen Vergleich eurer Ergebnisse mit der Realität folgende Informationen zu Verlauf und Ergebnis der Tarifauseinandersetzung in der Wirklichkeit.

3. Verlauf der Tarifauseinandersetzung

Streikkasse der IGM prallvoll: 900 Mio. DM!

Buxtehuder Tagesblatt v. 22. 2. 95

Die **Verhandlungen** zwischen Gesamtmetall und IGM begannen Anfang Dezember 1994. Die IGM wollte im Tarifgebiet Bayern zuerst zu einem Abschluß kommen, der dann auf andere Bezirke übertragen werden sollte. In den ersten Gesprächen wurden Argumente, insbes. zur wirtschaftlichen Lage, ausgetauscht. Beide Seiten hofften Ansatzpunkte für eine Lösung zu gewinnen. Gesprochen wurde u.a. über die Verlängerung des Beschäftigungssicherungsvertrages, tarifliche Abstriche bei Sonderzahlungen und Überstunden, die Verschiebung der 35-Stunden-Woche, Möglichkeiten der weiteren Flexibilisierung im Arbeitszeitbereich, Möglichkeiten für mittelständische Firmen, tarifliche Mindestnormen zu unterschreiten, Einstiegstarife für Arbeitslose und die Einbeziehung des Samstags als Verfügungstag. Es kam in den Verhandlungsrunden zu keinen neuen Angeboten. Am 28.1.95 lief die **Friedenspflicht** aus. Durch **Warnstreiks** untermauerte die IGM ihre Kampfbereitschaft. Sie stellte Gesamtmetall ein Ultimatum, bis zum 14.2.95 ein konkretes, verhandlungsfähiges Angebot vorzulegen. Als das nicht erfolgte, erklärten die Gremien der IGM die Verhandlungen für gescheitert und leiteten die **Urabstimmung** ein. In Bayern stimmten 88,4% für einen **Streik**. Dieser begann am 24.2.95 in 21 ausgewählten bayrischen Metallbetrieben. Nach wenigen Tagen wurde der Streik auf 33 Betriebe ausgeweitet. **Kundgebungen** und **Warnstreiks** auch in anderen Tarifbezirken sollten die Position der IGM stärken. Die Arbeitgeber schalteten für Millionenbeträge Anzeigen in Zeitungen mit ihren Positionen. Die Gewerkschaften warteten auf ein Angebot. Sie signalisierten grundsätzliche Gesprächsbereitschaft.

Am 2.3.95 beschloß Gesamtmetall die **Abwehraussperrung**, allerdings erst nach dem 8.3.95 und betonte die Bereitschaft zur Wiederaufnahme von Verhandlungen. Eine weitere Verhandlungsrunde wurde für den 6.3.95 angesetzt. Die IGM setzte die Streiks aus.

In 17stündigen Verhandlungen wurde am 7.3.95 eine **Einigung** erreicht (s. links unten).

Friedenspflicht
Zeitpunkt in Tarifverträgen, bis zu dem nicht gestreikt oder ausgesperrt werden darf.

**■ Am 22. Februar fällt die Entscheidung über einen Streik.
Ab dann heißt es: Kämpfen, aber nicht nur in Bayern, sondern überall. Gegen den Angriff auf unsere Tarifverträge, für die Teilhabe am Aufschwung und für sichere Beschäftigung.**

Harte Kritik an den Funktionären von Gesamtmetall – mit ihrem Konfrontationskurs stiften sie Unruhe in den eigenen Reihen (...)

Erst die Ankündigung des Schlimmsten ermöglichte den Arbeitgebern, ihre sture Haltung abzulegen und der IG Metall endlich das anzubieten, wofür diese seit einer Woche in Bayern streikte: Lohnverhandlungen ohne Vorbedingungen (...)

Fast drei Dutzend Verhandlungen und eine Streikwoche lang weigerten sich die Arbeitgeber, die Sechs-Prozent-Forderung der IG Metall mit einem Gegenangebot zu kontern. Statt dessen wollten die Tarifstrategen in der Kölner Zentrale von Gesamtmetall der Gewerkschaft vorab die Zusage abtrotzen, die später vereinbarten Lohnerhöhungen durch Zugeständnisse an anderer Stelle auszugleichen – nicht bedenkend, daß die von Mitgliederschwund gezeichnete IG Metall schwerlich zurückweichen konnte.

Autohersteller, Maschinenbauer und Werkzeugbauer ersticken fast in Aufträgen. Die Firmen arbeiten dank modernisierter Abläufe produktiver denn je. (...)

Hätten sich die Arbeitgeber nicht so stur gestellt, wäre über vieles zu reden gewesen, sagen die Tarifpolitiker der IG Metall – über weitere Arbeitszeitflexibilisierung, über Entlastung bei der Vermögensbildung, auch über den Kostenausgleich für die 35-Stunden-Woche, die am 1. Oktober vertragsgemäß in Kraft tritt. Bei geschickter Verhandlung hätte die Basis womöglich einer Verschiebung zugestimmt.

Der Spiegel Nr. 10/1995, S. 121, 122

streik nachrichten

8. März 1995 — **für die bayerische Metallindustrie**

- **Rückwirkend ab 1. 1. 1995 bis einschließlich April eine Monatspauschale von je 152,50 DM. 4 x 152,50 DM = 610,– DM**
- **Ab 1. 5. 1995 Erhöhung der tariflichen Monatslöhne und -gehälter um 3,4%**
- **Ab 1. 11. 1995 Erhöhung der tariflichen Monatslöhne und -gehälter um weitere – bis Ende 1996. 3,6%**

Die 35-Stunden-Woche tritt wie vereinbart am 1. Oktober 1995 in Kraft. Der Lohnausgleich ist in diesen Tariferhöhungen enthalten.

Voller Erfolg

Die IGM führte über das Ergebnis eine Urabstimmung durch. 92 % stimmten für die Vereinbarung. Bei den Arbeitgebern stimmten nur 60% dem Tarifabschluß zu. Später wurde das Ergebnis in den anderen Tarifbezirken übernommen.

Stellungnahmen zum Ergebnis

Verband der Bayerischen Metall- und Elektro-Industrie (VBM)
Der gefundene Kompromiß enthält leider keine beschäftigungssichernden Maßnahmen. Es ist in dieser Tarifrunde nicht möglich gewesen, mit der IG Metall eine „Runde für den Arbeitsplatz" zu vereinbaren. Es besteht die Gefahr, daß viele Firmen die (...) Tarifvereinbarung nur mit neuerlichen Rationalisierungen und der Einsparung von Arbeitsplätzen umsetzen könnten.

Der VBM-Vorsitzende (...) bewertet es zwar positiv, daß durch den Abschluß eine weitere Eskalierung des Arbeitskampfes vermieden werden konnte, sieht aber gleichzeitig die Gefahr, daß durch die neue Kostenbelastung die Position der Metall- und Elektroindustrie im internationalen Wettbewerb weiter erschwert wird.

ibw-Nachrichten v. 7.3.1995

Industriegewerkschaft Metall (IGM)
(...) Der Lohnausgleich für die 35-Stunden-Woche ab 1. Oktober ist voll enthalten – so daß sich das Gesamtvolumen der Tariferhöhung auf gute 4% berechnet. Ein Ergebnis, das ohne unseren Arbeitskampf nicht erzielt worden wäre. Damit haben Bayerns Metallerinnen und Metaller (...) bundesweit Maßstäbe gesetzt. Wir haben verhindert, daß der Aufschwung einseitig den Unternehmerkassen zugute kommt.

Ergebnis: Maßarbeit. Nicht eine einzige Kompensationsforderung (...) konnten die Arbeitgeber durchsetzen. Im Gegenteil. Die IG Metall setzte sich voll durch.
Eine Maßregelungsklausel verhindert, daß – wie 1954 geschehen – die aktiv am Streik Beteiligten nachträglich abgestraft werden können.
Und wo bleibt der Pferdefuß? Wenn überhaupt (...): die Laufzeit des Tarifvertrages bis Ende 1996.

Metall-Nachrichten v. 13.3.95

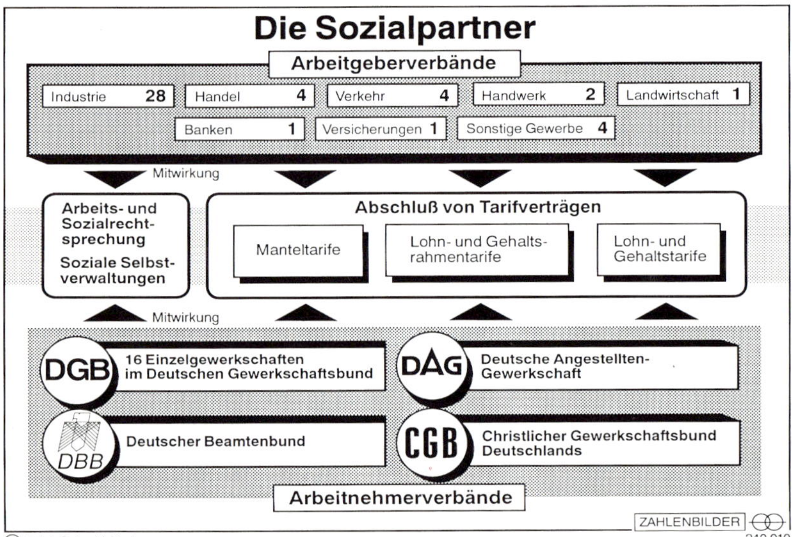

© Erich Schmidt Verlag

Mehr als nur ein Lohnstreik
Im Streik manifestiert sich auch Reaktion auf Verletzungen, Entwürdigungen. In diesem Fall wirkt nach drei Jahren ohne Reallohnerhöhung und Verlusten bei Zulagen die Empfindung: Nicht die erbrachte Leistung bildet den Wert des Verdienstes. Vielmehr wird der sonst als „Ressource Mensch" und „Humankapital" gewürdigte Arbeitnehmer zum nur buchhalterischen Faktor degradiert. Jeder Streik „für eine gerechte Sache" stärkt Selbstwertgefühl. Menschen, die gewöhnlich isoliert voneinander leben und arbeiten, fangen an, gemeinsam und öffentlich über ihre Lage und die ihrer Familien nachzudenken.

Kommentar von Wolf Gunter Brügmann in: Frankfurter Rundschau v. 1.3.95

Gewerkschaftsmitglieder 1994 in Mio.

DGB: 9,8		DAG: 0,5
davon	IGM: 3,0	Deutscher Beamtenbund: 1,1
	ÖTV: 1,9	

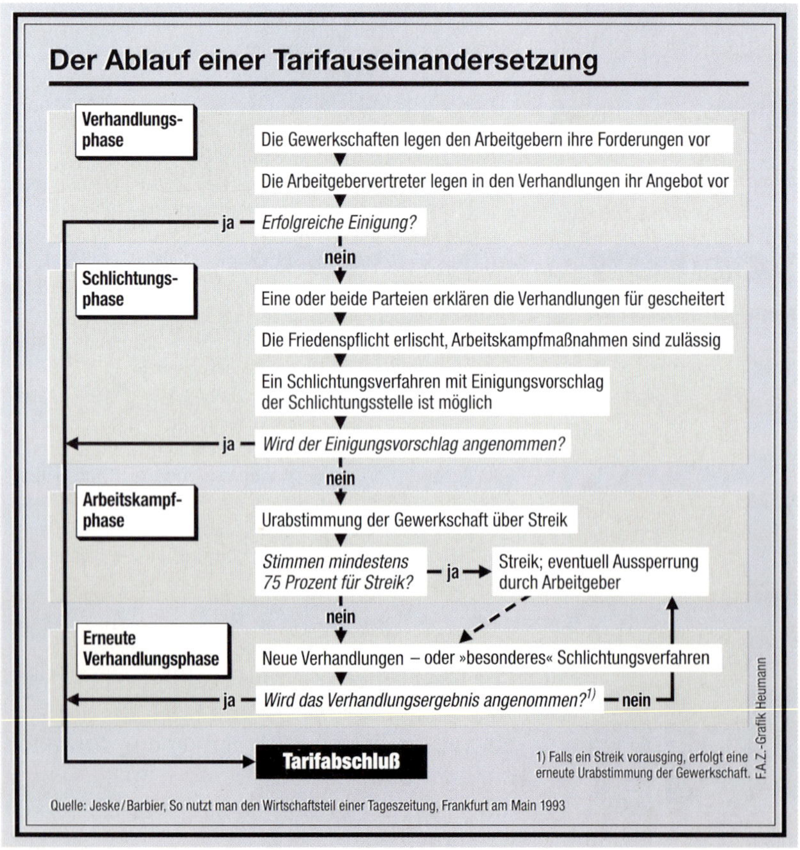

Quelle: Jeske/Barbier, So nutzt man den Wirtschaftsteil einer Tageszeitung, Frankfurt am Main 1993

Aufgaben

1 Diskutiert, aus welchen Gründen die Verhandlungen scheiterten.

2 Was bedeutet die Urabstimmung?

3 Erörtert die Gewerkschaftsstrategie, ausgewählte Betriebe zu bestreiken.

4 Diskutiert, ob Streik und Aussperrung gleichstarke Waffen im Arbeitskampf sind.

5 Diskutiert folgende Stellungnahmen:
Dirk M.: „An Streikunterstützung erhielt ich etwa die Hälfte meines Lohns. Wird lange dauern, das auszugleichen."
Franz B.: „Hoffentlich kommt es nicht zur Aussperrung. Vielleicht sollte ich doch in die IGM eintreten."
Hans A.: „Nichtmitglieder sind Schmarotzer und Trittbrettfahrer."

6 Wovon hängt es ab, ob Arbeitnehmer bereit sind, einen langen Streik mitzutragen?

7 Nehmt Stellung: „Arbeitnehmerrechte lassen sich nur sichern, wenn starke Gewerkschaften Tarifverträge aushandeln."

4. Tarifverhandlung und Arbeitskampf in der Karikatur

Zur Analyse und Deutung von Karikaturen

Karikaturen wollen Parteinahme und Kritik fördern. Sachverhalte werden dargestellt und vereinfacht.

Dabei nutzen Karikaturen folgende Stilmittel:
- **Übertreibung** zur Verdichtung des Aussage
- **Verzerrung**, **Verfremdung** zur Parteinahme, Provokation, Förderung der Durchschaubarkeit, z.B. Arbeitgeber als dicker Kapitalist
- **Vergleich**, z.B. mit Tieren zugeschriebenen Eigenschaften
- **Übertragung** auf anderen Bedeutungszusammenhang, z.B. Brücke, Formen von Kämpfen

erschienen in der Frankfurter Allgemeinen Zeitung

erschienen in einer Gewerkschaftszeitung

Jurassic-Park-Fortsetzung?

Aufgaben

1 Was wird veranschaulicht?

2 Wie, mit welchen Stilmitteln und aus welcher Perspektive wird dargestellt?

3 Wer ist der Urheber, wo wurde die Karikatur veröffentlicht?

4 Wann ist die Karikatur entstanden?

5 Vergleicht die Sichtweisen der Tarifauseinandersetzungen.

Arbeitsschutz

... was Arbeitsschutz bedeutet.

... wer für den Arbeitsschutz zuständig ist.

... an eurem Arbeitsplatz Schule Arbeitsschutzmaßnahmen zu beachten.

Wer kontrolliert Arbeitsschutzmaßnahmen?
– Berufsgenossenschaften (Träger der Unfallversicherung)
– Amt für Arbeitsschutz und Sicherheitstechnik (Staat)

1. Arbeitsschutz im Betrieb

Arbeitsschutz
Bezeichnung für alle rechtlichen, organisatorischen, technischen und medizinischen Maßnahmen, um die körperliche, seelische und geistige Gesundheit der Arbeitnehmer zu gewährleisten und zu fördern.
Arbeitsschutz muß vorbeugend (präventiv) sein.

Gesetze und Verordnungen (Staat)

Technischer Arbeitsschutz
z. B.
– Arbeitssicherheitsgesetz
– Gerätesicherheitsgesetz
– Chemikaliengesetz
– Atomgesetz
– Gefahrstoffverordnung
– Arbeitsstättenverordnung

Sozialer Arbeitsschutz
z. B.
– Jugendarbeitsschutzgesetz
– Arbeitsplatzschutzgesetz
– Kündigungsschutzgesetz
– Arbeitszeitgesetz
– Schwerbehindertengesetz
– Mutterschutzgesetz

Vorschriften der Berufsgenossenschaften
z. B.
– Regeln für den Umgang mit Maschinen und gefährlichen Stoffen
– Lärmschutz am Arbeitsplatz
– Unfallverhütungsvorschriften

Arbeitsschutz muß integrativ sein

Gesundheit für Seele, Geist, Körper

Arbeitsbedingungen | Arbeitsplatzgestaltung | Umweltschutz

Zuständigkeit im Betrieb

Unternehmensleitung

Betriebsärzte	Fachkräfte für Sicherheit	Aufsichtführende
Betriebsrat	Beschäftigte	Sicherheitsbeauftragte

BERUFSKRANKHEITEN 1993

	absolute Zahlen	Veränderung 1992 zu 1993
Anzeigen auf Verdacht	108989	+ 27,1%
Von Berufsgenossenschaften anerkannte	18725	+ 42,5%
erstmals entschädigte (geschieht nur bei Minderung der Erwerbsfähigkeit um mindestens 20%)	6401	+ 8,2%

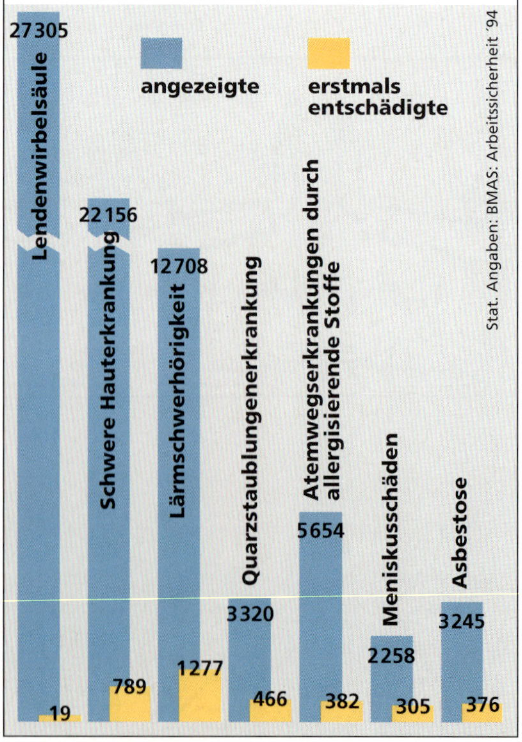

Belastungsfaktoren am Arbeitsplatz

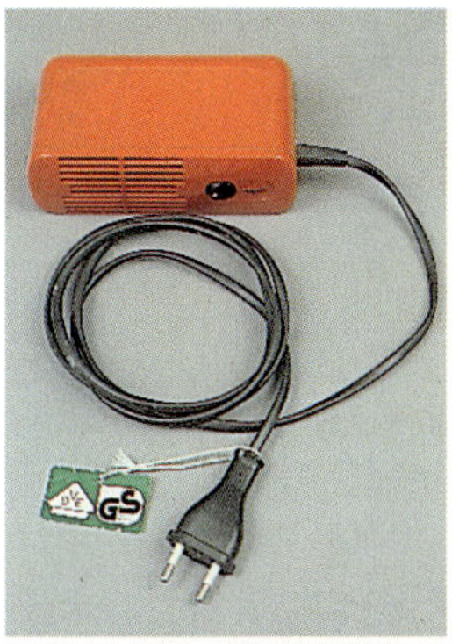

Geräte mit dem **Sicherheitszeichen GS** müssen bei einer amtlichen Prüfstelle geprüft worden sein.

Gesetz über technische Arbeitsmittel (Gerätesicherheitsgesetz)

Es verpflichtet die Hersteller, technische Maschinen, Werkzeuge und Arbeitsmittel, Anlagen und Geräte so zu produzieren, daß Gefahren für den Menschen soweit wie möglich vermieden werden. Das Gesetz ist wichtig für die Sicherheit am Arbeitsplatz, in Betrieb und Haushalt.

Arbeitssicherheitsgesetz

Das Gesetz verpflichtet Betriebe, bei denen es wegen der Betriebsart und Betriebsgröße erforderlich ist, zur Einstellung von Betriebsärzten, Sicherheitsingenieuren und anderen Fachkräften für Arbeitssicherheit. Zwingend vorgeschrieben ist z. B. die Einstellung beim Umgang mit gefährlichen Arbeitsstoffen. Die Sicherheitskräfte sollen den Betrieb in Fragen der Unfallverhütung und Arbeitssicherheit beraten. Der Arzt soll Gesundheitsuntersuchungen durchführen.

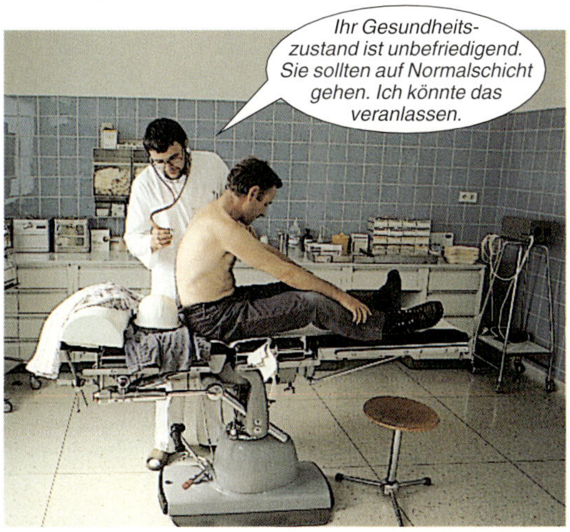

Mutterschutzgesetz

Das Gesetz regelt die Freistellung von der Arbeit vor und nach der Geburt, Mutterschaftsurlaub und Kündigungsschutz. Es legt besondere Arbeitsbedingungen für werdende Mütter fest.

Arbeitsstättenverordnung

Die Arbeitsstättenverordnung will

- den Arbeitsschutz verbessern,
- die Arbeitsplätze und -bedingungen den körperlichen Anlagen und Fähigkeiten der Menschen anpassen,
- die Arbeitswelt den Bedürfnissen der Menschen entsprechend aus- oder umgestalten.

Zum Beispiel:

§ 14 Schutz gegen Gas, Dämpfe, Nebel, Stäube
§ 17 Verkehrswege
§ 24 Bewegungsfläche
§ 32 Nichtraucherschutz

Die Arbeitsstätten-Verordnung gilt für Arbeitsstätten in Industrie, Handwerk und Gewerbe.

Aufgaben

1 Nennt wichtige Arbeitsschutzgesetze und ihre Ziele.

2 Begründet, warum der Arbeitsschutz nicht allein Sache der Unternehmen sein darf.

3 Warum muß der Arbeitsschutz integrativ sein?

4 Informiert euch beim zuständigen Amt für Arbeitsschutz und Sicherheitstechnik und fragt nach zentralen Aufgaben und Problemen.

2. Arbeitsschutz in der Schule – Schülerinnen untersuchen ihre Räume

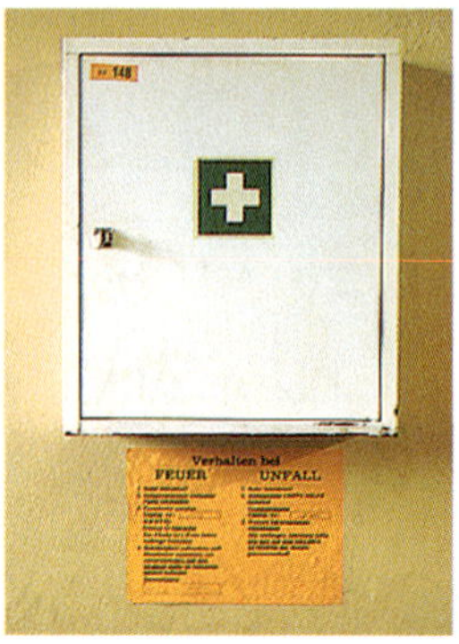

Richtungsangabe für Erste Hilfe

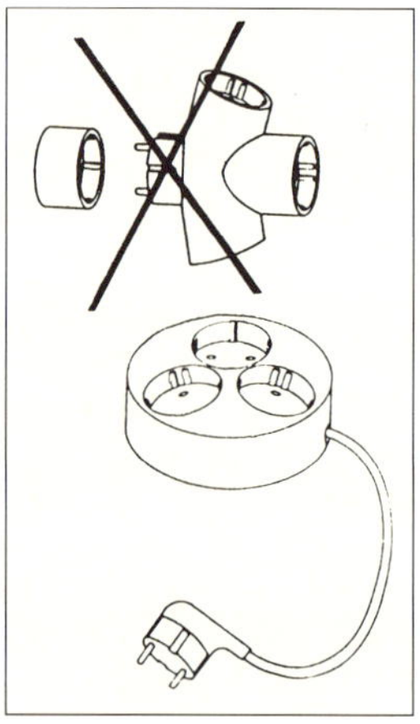

Beispiel für Mehrfachsteckdose (Abb. 1)

MAK-Werte
Maximale Arbeitsplatzkonzentration für gefährliche Stoffe

Beispiel Schulküche

Gerätesicherheit

- Sichere Messer?
  Eine Ausbuchtung vermeidet eine Behinderung beim Schneiden durch die eigenen Fingerknöchel.
- Sichere Elektrogeräte?
  Sind Kabel und Steckdosen in Ordnung? Wackelkontakt?
- Tragen die Elektrogeräte, z. B. die Küchenmaschine, das Waffeleisen, das Handrührgerät, das Sicherheitszeichen GS?
- Typenschild auf Kühlschrank und Elektroherd – alles klar?

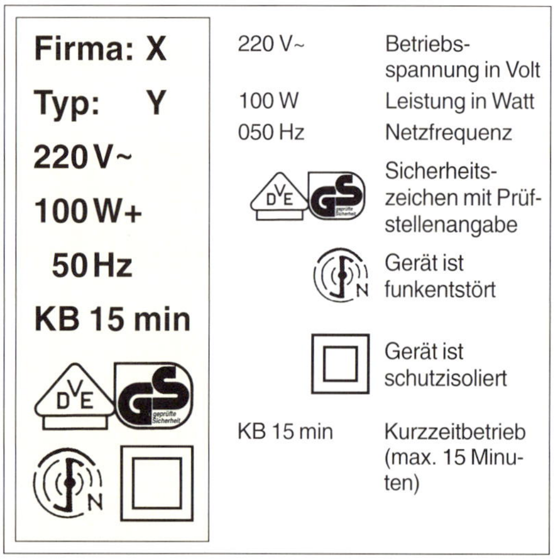

Gesunde Körperhaltung

- Ist die Arbeitsfläche maßgerecht? Genug Bewegungsfreiheit beim Stehen/Sitzen?
- Ein sicherer Küchenstuhl? Rückenlehne, abgerundete Vorderkante der Sitzfläche, Federung, Höhenverstellbarkeit, Standsicherheit (mindestens 5 Rollen).

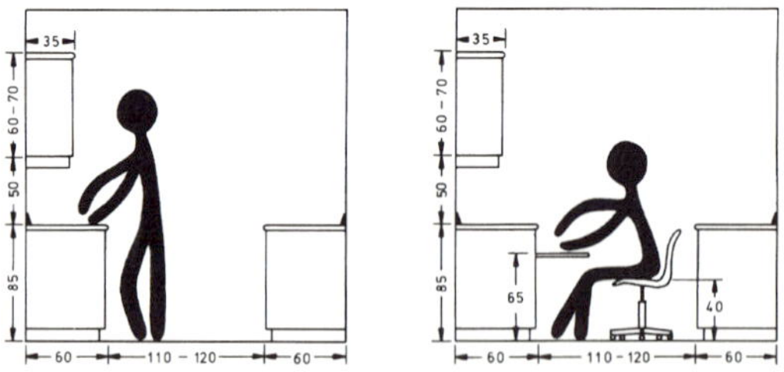

Diese Maße haben sich für bequemes Arbeiten im Stehen bzw. Sitzen als zweckmäßig erwiesen.

Chemikalien

Gibt es Reiniger mit einem Gefahrensymbol? Es gibt Alternativen – für die eigene Gesundheit und zum Schutz der Umwelt, z. B. Allzweckreiniger, Scheuermilch oder -pulver, Essigreiniger. Spezialreiniger sind in der Regel nicht nötig.

Beispiel Technik-/Werkraum

Erste Hilfe

- Wo ist der Erste-Hilfe-Kasten mit Symbol?
- Ist er vollständig, sind alle Hilfsmittel, Pflaster, Binden, Medikamente usw. noch brauchbar (Verfallsdatum)?
- Wer ist für den Kasten zuständig?
- Ist der Platz gut zugänglich?

Einrichtung und Werkzeuge

- Ordnung am Arbeitsplatz ist der beste Unfallschutz, Werkzeug darf nie aufeinander liegen (auch wegen der pfleglichen Behandlung der teuren Werkzeuge).
- Sind die vorhandenen Tische für Sitzhöhe oder Stehhöhe geeignet?
- Sind Steckdosen unbeschädigt?
- Sind Stecker und Kupplungen an Verlängerungsschnüren und elektrischen Geräten/Handmaschinen in Ordnung (Abb. 1)?
- Sind Hammerstiele, Feilen-/Stechbeitelhefte fest und unbeschädigt?
- Sind alle Unfallschutzsymbole gut sichtbar angebracht?
- Sind Schleifmaschinen, Kreissägen, Bandsägen mit Staubabsaugungen ausgerüstet?

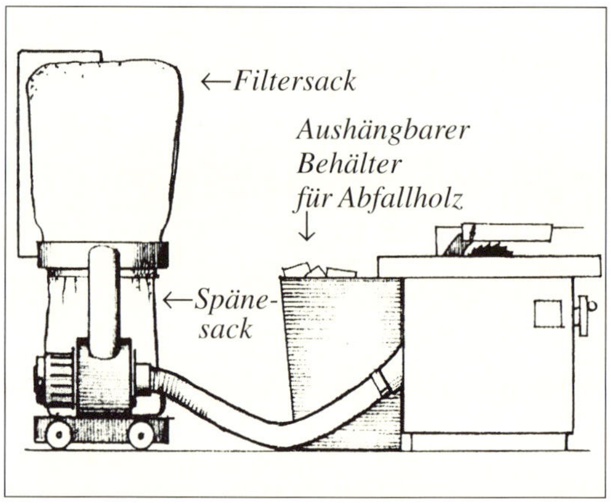

- Ist für die Reinigung des Bodens ein staubbindendes Kehrmehl vorhanden?

Hinweise zum Arbeits-/Unfallschutz, z. B. beim Lackieren

- Gute Fensterlüftung
- Auf die zulässigen MAK-Werte achten (Lösungsmitteldämpfe dringen über die Atemwege in den Körper ein!)
- Gummihandschuhe tragen (Lösungsmittel dringen über die Haut in den Körper ein!)
- Hände sofort nach Beendigung der Arbeit waschen und eincremen!
- Lackierarbeiten an den Unterrichtsschluß legen, damit die Schülerinnen den Raum bald verlassen können.

Jugendarbeitsschutz

1903: Das erste Kinderschutzgesetz
Kinderarbeit bis zu 13 Jahren verboten
Kinder von 13-14 Jahren arbeiten bis zu 6 Stunden
Jugendliche von 14-16 Jahren bis zu 10 Stunden
Sonntagsruhe
geringe Kontrollen

1948: Arbeitsschutzgesetz für Jugendliche (BRD)
notwendige Zeit zum Besuch der Berufsschule
nach der Arbeitszeit 14 Stunden ununterbrochene Ruhezeit
keine Sonn- und Feiertagsarbeit, Ausnahme für Jugendliche über 16 Jahre
geringe Kontrollen

1960: Jugendarbeitsschutzgesetz (BRD)
Jugendliche unter 16 Jahren arbeiten bis zu 40 Stunden proWoche
Jugendliche über 16 bis 18 Jahre bis zu 44 Stunden pro Woche
Sonntagsruhe
Ausnahmen für Nacht- und Akkordarbeit, geringe Kontrolle

1976: Gesetz zum Schutz der arbeitenden Jugend
zuletzt geändert 1986

Das Gesetz zum Schutz der arbeitenden Jugend
(zuletzt geändert 1986)

... warum Jugendarbeitsschutz notwendig ist.
... welche wichtigen Jugendarbeitsschutzgesetze es gibt.

Paragraphen	Bestimmungen	Ausnahmen
Mindestalter für Beschäftigung (§ 7)	– unter 15 Jahren keine Beschäftigung	Jugendliche unter 15 Jahren ohne Vollzeitschulpflicht im Berufsausbildungsverhältnis
Berufsschule (§ 9)	Keine Arbeit bei einem Berufsschultag mit mehr als 5 Unterrichtsstunden	
Arbeitszeit (§§ 8, 12)	– nicht mehr als 40 Stunden wöchentlich – täglich höchstens 8 Stunden	z.B. – Schichtarbeit (10 Stunden) – Gaststättengewerbe (11 Stunden) – Nachholen von Feiertagen ($8\frac{1}{2}$ Stunden)
Ruhepausen (§ 11)	30 Minuten bei einer Arbeitszeit von mehr als viereinhalb Stunden; 60 Minuten bei einer Arbeitszeit von mehr als sechs Stunden; Beginn der Pause frühestens 1 Stunde nach Arbeitsbeginn bzw. spätestens 1 Stunde vor Arbeitsschluß	
Freizeit (§ 13)	Mindestens 12 Stunden täglich ohne Unterbrechung	
Nachtruhe (§ 14)	Keine Beschäftigung zwischen 20.00 und 6.00 Uhr	Jugendliche über 16 bzw. 17 Jahren, z.B. in Gaststätten, Schichtbetrieben, Landwirtschaft und Bäckereien
5-Tage-Woche (§ 15)	für alle Jugendlichen	(§§ 16 – 18)
Urlaub (§ 19)	Der jährliche Urlaub beträgt bei einem Alter von – 15 Jahren: 30 Werktage – 16 Jahren: 27 Werktage – 17 Jahren: 25 Werktage	bei Arbeiten im Bergbau zusätzlich 3 Tage
Schutz vor gefährlicher Arbeit (§ 22)	z.B. – Arbeiten mit Unfallgefahren – Arbeiten mit gefährlichen Stoffen und Strahlen – Arbeiten, die die Leistungsfähigkeit übersteigen	
Schutz vor zu schwerer Arbeit (§§ 23, 24)	z.B. – Akkordarbeit – Arbeiten unter Tage	

Arbeitszeit
Zeit vom Beginn bis zum Ende der täglichen Beschäftigung ohne Ruhepausen.

Schichtzeit
Tägliche Arbeitszeit plus Ruhezeit.

Aufgaben

1 Beurteilt die Meinung der Jugendlichen bei der Veranstaltung der IG Metall.

2 Befragt Auszubildende, ob sie mit dem Gesetz zufrieden sind.

3 Befragt ältere Frauen und Männer über den Arbeitsschutz in ihrer Jugend.

Mitbestimmung am Arbeitsplatz

... welche Rechte der Betriebsrat als Interessenvertretung der Arbeitnehmer hat.

Betriebsrat
ist die Interessenvertretung der Arbeitnehmerinnen.

Errichtung von Betriebsräten
In Betrieben mit mindestens 5 ständigen Arbeitnehmerinnen kann ein Betriebsrat für eine Amtszeit von 4 Jahren gewählt werden. (§ 1)

Wahl des Betriebsrates
Sie erfolgt in direkter, geheimer Wahl durch alle Arbeitnehmerinnen, die mindestens 18 Jahre alt sind(§§ 7, 14).

Teilnahme von Gewerkschaften an Betriebsratsitzungen
Sie kann auf Antrag von wenigstens 25 % der Betriebsratsmitglieder erfolgen (§ 31).

Betriebsversammlung
Der Betriebsrat lädt alle 3 Monate alle Arbeitnehmerinnen zu einer Betriebsversammlung ein (§ 43–46).

Einigungsstelle
Sie setzt sich zusammen aus der gleichen Anzahl von Beisitzerinnen, die vom Arbeitgeber und vom Betriebsrat bestellt werden. Auf eine unparteiische Vorsitzende müssen sich beide Parteien einigen (§ 76).

Was kann der Betriebsrat tun?

Fallbeispiel 1

Da sich die Auftragslage des Unternehmens A. erheblich verbessert hat, beschließt die Unternehmensleitung, eine neue Produktionsanlage zu installieren und zusätzliche Arbeitskräfte einzustellen. Es werden nur ungelernte Arbeiterinnen benötigt; von daher soll die Zahl der Auszubildenden nicht erhöht werden. Wegen des großen Mangels von Ausbildungsstellen in der Region fordert der Betriebsrat, mehr Auszubildende einzustellen.

Fallbeispiel 2

Fallbeispiel 3

Im Unternehmen M. der metallverarbeitenden Industrie hat sich die Ertrags- und Absatzlage verschlechtert. Die Unternehmensleitung diskutiert über Kostensenkung durch den Einsatz neuer Maschinen. Zur Auswahl stehen die Anlage X. (1,3 Mio. DM) und die Anlage Y. (1,5 Mio. DM). Beim Betrieb der Anlage X. ergeben sich stärkere Dämpfe und Geruchsbelästigungen als bei Y. Die Unternehmensleitung will Anlage X. anschaffen, der Betriebsrat fordert die Installation von Anlage Y.

Fallbeispiel 4

Fallbeispiel 5

Fallbeispiel 6

Die Firma G. ist ein Unternehmen der chemischen Industrie mit 960 Beschäftigten. In den letzten Monaten hat sich der Gewinn erheblich verringert.
Die Personalchefin schlägt vor, die betriebliche Lohngestaltung zu ändern. Durch eine stärker leistungsbezogene Entlohnung soll die Arbeitsproduktivität erhöht und damit Kosten gesenkt werden.

Der **Betriebsrat** hat in folgenden Angelegenheiten ein **Mitwirkungs- bzw. Mitbestimmungsrecht**:
- in sozialen Angelegenheiten, z. B. Arbeitsschutz, Urlaubsplanung, Arbeitspausen, Festsetzung von Akkordsätzen, Aufstellung von Entlohnungsgrundsätzen;
- in personellen Angelegenheiten, z. B. Einstellung, Versetzung, Kündigung;
- in wirtschaftlichen Angelegenheiten, z. B. Rationalisierungsvorhaben / Änderung der Betriebsorganisation.

Mitwirkung bedeutet, daß die Unternehmensleitung den Betriebsrat anhören muß. Sie kann die betreffende Maßnahme jedoch auch durchführen, wenn der Betriebsrat widerspricht.

Mitbestimmung bedeutet, daß eine Maßnahme der Unternehmensleitung nur dann rechtsgültig ist, wenn der Betriebsrat zustimmt bzw. die Einigungsstelle entscheidet.

Betriebsverfassungsgesetz
Es gilt für private Unternehmen mit fünf und mehr Beschäftigten.

Betriebsräte und Jugendvertreter
dürfen bei ihrer Tätigkeit nicht benachteiligt oder begünstigt werden (§§ 78,78 a).

Auzug aus dem Betriebsverfassungsgesetz (Stand 1995)

§ 87 Mitbestimmungsrechte

(1) Der Betriebsrat hat, soweit eine gesetzliche und tarifliche Regelung nicht besteht, in folgenden Angelegenheiten mitzubestimmen:

1. Fragen der Ordnung des Betriebs und des Verhaltens der Arbeitnehmer im Betrieb;
2. Beginn und Ende der täglichen Arbeitszeit einschließlich der Pausen sowie Verteilung der Arbeitszeit auf die einzelnen Wochentage;
3. vorübergehende Verkürzung oder Verlängerung der betriebsüblichen Arbeitszeit;
4. Zeit, Ort und Art der Auszahlung der Arbeitsentgelte;
5. Aufstellung allgemeiner Urlaubsgrundsätze und des Urlaubsplans sowie die Festsetzung der zeitlichen Lage des Urlaubs für einzelne Arbeitnehmer, wenn zwischen dem Arbeitgeber und den beteiligten Arbeitnehmern kein Einverständnis erzielt wird;
6. Einführung und Anwendung von technischen Einrichtungen, die dazu bestimmt sind, das Verhalten oder die Leistung der Arbeitnehmer zu überwachen;
7. Regelungen über die Vergütung von Arbeitsunfällen und Berufskrankheiten sowie über den Gesundheitsschutz im Rahmen der gesetzlichen Vorschriften oder der Unfallverhütungsvorschriften;
8. Form, Ausgestaltung und Verwaltung von Sozialeinrichtungen, deren Wirkungsbereich auf den Betrieb, das Unternehmen oder den Konzern beschränkt ist;
9. Zuweisung und Kündigung von Wohnräumen, die den Arbeitnehmern mit Rückssicht auf das Bestehen eines Arbeitsverhältnisses vermietet werden, sowie die allgemeine Festlegung der Nutzungsbedingungen;
10. Fragen der betrieblichen Lohngestaltung, insbesondere die Aufstellung von Entlohnungsgrundsätzen und die Einführung und Anwendung von neuen Entlohnungsmethoden sowie deren Änderung;
11. Festsetzung der Akkord- und Prämiensätze und vergleichbarer leistungsbezogener Entgelte, einschließlich der Geldfaktoren;
12. Grundsätze über das betriebliche Vorschlagswesen.

§ 90 Unterrichtungs- und Beratungsrechte

Der Arbeitgeber hat den Betriebsrat über die Planung
1. von Neu-, Um-, und Erweiterungsbauten von Fabrikations-, Verwaltungs- und sonstigen betrieblichen Räumen,
2. von technischen Anlagen,
3. von Arbeitsverfahren und Arbeitsabläufen oder
4. der Arbeitsplätze

rechtzeitig zu unterrichten und die vorhergesehenen Maßnahmen insbesondere im Hinblick auf ihre Auswirkungen auf die Art der Arbeit und die Anforderungen an die Arbeitnehmer mit ihm zu beraten. Arbeitgeber und Betriebsrat sollen dabei die gesicherten arbeitswissenschaftlichen Erkenntnisse über die menschengerechte Gestaltung der Arbeit berücksichtigen.

§ 91 Mitbestimmungsrecht

Werden die Arbeitnehmer durch Änderungen der Arbeitsplätze, des Arbeitsablaufs oder der Arbeitsumgebung, die den gesicherten arbeitswissenschaftlichen Erkenntnissen über die menschengerechte Gestaltung der Arbeit offensichtlich widersprechen, in besonderer Weise belastet, so kann der Betriebsrat angemessene Maßnahmen zur Abwendung der Belastung verlangen. Kommt eine Einigung nicht zustande, so entscheidet die Einigungsstelle. Der Spruch der Einigungsstelle ersetzt die Einigung zwischen Arbeitgeber und Betriebsrat.

§ 92 Personalplanung

(1) Der Arbeitgeber hat den Betriebsrat über die Personalplanung, insbesondere über den gegenwärtigen und künftigen Personalbedarf sowie über die sich daraus ergebenden personellen Maßnahmen und Maßnahmen der Berufsbildung an Hand von Unterlagen rechtzeitig und umfassend zu unterrichten.(...)

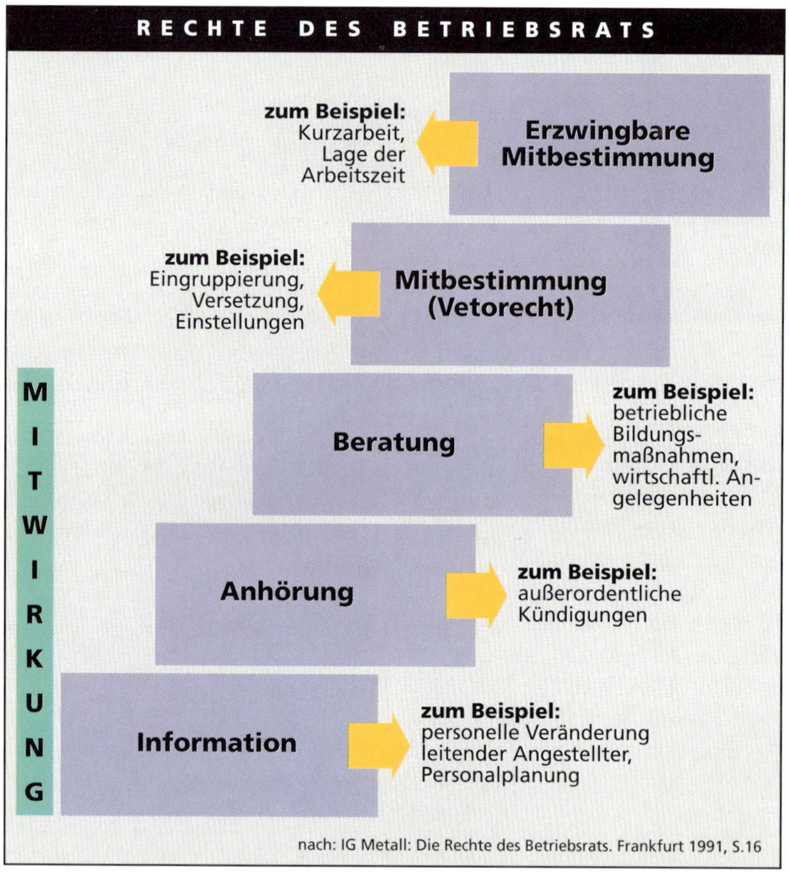

Aufgaben

1 Bearbeitet unter der Berücksichtigung der §§ 87, 90, 91, 92 des Betriebsverfassungsgesetzes die Fallbeispiele.

Beantwortet vor allem folgende Fragen:
- Welche rechtlichen Möglichkeiten hat der Betriebsrat?
- Handelt es sich um Informations- und Beratungsrechte (Mitwirkungsrechte) oder um Mitbestimmungsrechte?
- Welche Maßnahmen sollte der Betriebsrat durchführen?

2 Untersucht, in welchen Betrieben in eurer Umgebung kein Betriebsrat vorhanden ist und erkundet die Gründe.

3 Fragt eure Eltern, welche Erfahrung sie mit der Arbeit des Betriebsrates gemacht haben.

Jugendvertretung berät Ausbildungsprobleme

... welche Aufgaben und Rechte die Jugendvertretung hat.

... wie jugendliche Arbeitnehmerinnen ihre besonderen Interessen vertreten können.

Jugendvertretung der Firma
Metallbau Dreyer   Daderach, den 15.5.1995

An die Mitglieder der Jugendvertretung
An den Vorsitzenden des Betriebsrates
mit der Bitte um Kenntnisnahme

Betrifft: Einladung zur Sitzung am 22.5.1995

Liebe Kollegin, lieber Kollege,

zur nächsten Sitzung der Jungendvertretung

am 22.5.1995 um 14:00 Uhr
im Sitzungszimmer BR-Büro

laden wir gemäß § 65 in Verbindung mit § 29 BetrVG ein.

Als Tagesordnung schlagen wir vor:

1. Verhalten des Ausbilders Müller bei der Kontrolle der Ausbildungsnachweise
2. Häufige Verletzungen bei der Ausbildung an den Drehmaschinen
3. Einstellung von Mädchen in metallverarbeitenden Aussbildungsberufen
4. Vorbereitung der nächsten Jugendversammlung
5. Verschiedenes

Solltest Du an der Sitzung nicht teilnehmen können, bitten wir um unverzügliche Mitteilung, damit ein Ersatzmitglied eingeladen werden kann.

Mit freundlichen Grüßen

Vorsitzender der Jugendvertretung   stellvertr. Vorsitzende der Jugendvertretung

Mitglieder der Jugendvertretung berichten

Verhalten des Ausbilders Müller

„Die Auszubildenden nehmen es ja hin, daß Ausbildungsnachweise geführt werden. Aber Müller meint immer noch, er könne sich wie vor 20 Jahren verhalten. Wegen kleiner Unsauberkeiten hat er dem Otto das Heft zurückgegeben. Er mußte alles noch einmal machen. Einem anderen hat er sogar das Heft zerrissen und ihn vor allen Auszubildenden fertiggemacht. Ich habe bereits mit dem Betriebsrat Röder gesprochen. Er meint, Müller sei ein guter Kollege. Wir sollten uns nicht wegen jeder Kleinigkeiten aufregen. Ich meine, daß Müllers Verhalten nicht tragbar ist. Wir müssen eine Änderung erreichen."

Häufige Verletzungen an den Drehmaschinen

„Auszubildende, die den Beruf der Zerspanungsmechanikerin ergreifen, müssen auch an Drehmaschinen ausgebildet werden. Dabei kommt es in der letzten Zeit häufiger vor, daß sich sich verletzen. Ich habe selbst gesehen,wie das einer Kollegin aus dem ersten Ausbildungsjahr passiert ist. Ich bin der Meinung, daß der zuständige Ausbilder Neuer die Kolleginnen nicht umfassend einweist bzw. dies ganz unterläßt. Obwohl ich ihn schon darauf aufmerksam gemacht habe, hat sich bis heute nichts daran geändert. Ich meine, daß wir da etwas unternehmen müssen."

Jugendversammlung

„Es beteiligten sich viel zu wenig Kolleginnen an der betrieblichen Jugendarbeit. Die Vorteile unserer Arbeit kommen ihnen zugute. Aber sie tun nichts dafür. Wir sollten uns für die nächste Jugendversammlung überlegen, wie wir die Kolleginnen aktivieren können."

„Bevor du hier über die Aubildung meckerst, zieh'dich erst mal ordentlich an."

Jugendarbeitsschutzgesetz
(zuletzt geändert 1986)
Nach § 29 hat der Arbeitgeber die Jugendlichen über Unfall- und Gesundheitsgefahren sowie die Abwendung der Gefahren zu unterweisen. Die Unterweisung ist mindestens halbjährlich zu wiederholen.

Ausbilder-Eignungsverordnung
(zuletzt geändert 1984)
Ausbilderinnen in der gewerblichen Wirtschaft müssen eine berufs- und arbeitspädagogische Eignung nachweisen. Es handelt sich um folgende Sachgebiete:
- Grundfragen der Berufsbildung
- Planung und Durchführung der Ausbildung
- Der Jugendliche in der Ausbildung
- Rechtsgrundlagen

Auszug aus dem Betriebsverfassungsgesetz (Stand 1995)

Jugendvertretung

§ 60 Errichtung und Aufgabe
(1) In Betrieben mit (...) mindestens fünf Arbeitnehmern, die das 18. Lebensjahr noch nicht vollendet haben.(...) oder die zu ihrer Berufsausbildung beschäftigt sind und das 25. Lebensjahr noch nicht vollendet haben, werden Jugend- und Auszubildendenvertretungen gewählt.

§ 67 Teilnahme an Betriebsratssitzungen
(1) Die Jugend- und Auszubildendenvertretung kann zu allen Betriebsratssitzungen einen Vertreter entsenden. (...)
(2) Die Jugend- und Auszubildendenvertreter haben Stimmrecht, soweit die zu fassenden Beschlüsse des Betriebsrates überwiegend jugendliche Arbeitnehmer betreffen.

§ 70 Allgemeine Aufgaben
(1) Die Jugend- und Auszubildendenvertretung hat folgenden allgemeine Aufgaben;
1. Maßnahmen, die den in § 60 (1) genannten Arbeitnehmern dienen, insbesondere in Fragen der Berufsbildung, beim Betriebsrat zu beantragen;
2. darüber zu wachen, daß die zugunsten der in § 60 (1) genannten Arbeitnehmer geltenden Gesetze, Verordnungen, Unfallverhütungsvorschriften, Tarifverträge und Betriebsvereinbarungen durchgeführt werden;
3. Anregungen von in § 60 (1) genannten Arbeitnehmern, insbesondere in Fragen der Berufsbildung entgegenzunehmen und, falls sie berechtigt erscheinen, beim Betriebsrat auf eine Erledigung hinzuwirken. (...)

§ 71 Jugend- und Auszubildendenversammlung
Die Jugend- und Auszubildendenversammlung kann vor oder nach jeder Betriebsversammlung im Einvernehmen mit dem Betriebsrat eine betriebliche Jugend- und Auszubildendenversammlung einberufen.
(...)

Berufsbildung

§ 96 Förderung der Berufsbildung
(1) Arbeitgeber und Betriebsrat haben (...) die Berufsbildung der Arbeitnehmer zu fördern. Der Arbeitgeber hat auf Verlangen des Betriebsrates mit diesem Fragen der Berufsbildung der Arbeitnehmer des Betriebs zu beraten. Hierzu kann der Betriebsrat Vorschläge machen.

Berufsbildung in § 96 meint die Berufausbildung, berufliche Fortbildung und berufliche Umschulung.

Aufgaben

1 Stellt fest, was die Jugendvertretung tun kann, damit die Gefährdung Jugendlicher an den Drehmaschinen aufhört.

2 Löst den Konflikt mit Ausbilder Müller im Rollenspiel.
Spieler: Müller, Betriebsrat Röder, Jugendvertreter(in).

3 Überlegt, wie Jugendliche zur Mitarbeit bei der betrieblichen Interessenvertretung angeregt werden können. Entwickelt einen Katalog geeigneter Maßnahmen.

4 Beurteilt die Stellungnahmen der Jugendvertretung zu Erhöhung des Anteils von Mädchen bei den gewerblichen Auszubildenden.
Ihr könnt den Konflikt im Rollenspiel lösen.

5 Beurteilt folgende Meinung:
„Jugendliche haben keine Mitbestimmungsrechte. Sie können nur über den Betriebsrat mitreden".

6 Vergleicht die Rechte der Jugendvertretung mit den Rechten Jugendlicher in der Schule.
Beschafft euch dazu das Betriebsverfassungsgesetz bei Gewerkschaften, Wirtschaftsverbänden oder in Bibliotheken.

Materialien zum Problemfeld: Arbeit und Betrieb

M5

Arbeitsplätze für Behinderte

„Uns ist schon vieles gelungen“

Wie kann man ohne Arme Auto fahren? Alfred Eusemann kann. Es gibt ja Fahrzeuge, die für behinderte Menschen umgerüstet sind. Doch den Spezialeisenring, den er benötigt, um mit den beiden Fingerstümpfen am rechten Oberarm das Lenkrad bewegen zu können, ließ er in der Firma anfertigen.

Dort, bei der FAG Kugelfischer in Schweinfurt, kümmert er sich seit über 15 Jahren um Menschen, die nicht in die „Olympiamannschaften“ passen, die die Unternehmer gerne hätten: schwerbehinderte Arbeitnehmerinnen und Arbeitnehmer.

„Dieser Betrieb“, sagt Alfred Eusemann, „hat immer eine positive Einstellung zur Beschäftigung von Schwerbehinderten gehabt“. Sie arbeiten in allen Bereichen, in der Produktion und im Schichtbetrieb, auch Gehörlose und psychisch Kranke. Dabei war die Zusammenarbeit mit der Hauptfürsorgestelle behilflich, die erst kürzlich eine Beschickungsmaschine für den Induktivhärteofen finanzierte und damit zwei Schwerbehindertenarbeitsplätze sicherte.

(...)

Für behindertengerechte Arbeitsplätze wurde bei Kugelfischer viel getan. Die „begleitende Hilfe“ der Hauptfürsorgestelle förderte Stapler und Parkplätze, Arthrodesenstühle für Beinamputierte, Geräuschschutz, Stehilfen, orthopädische Arbeitsschutzschuhe und die Umschulung eines Kollegen, dem die Erblindung drohte. Unterstützt wurde auch die Wiedereingliederung von Arbeitnehmern, die lange krank waren und infolge ihrer Behinderung auf den alten Arbeitsplatz nicht mehr zurückkehren konnten.

(...)

Noch befindet sich das Büro der Schwerbehindertenvertretung im Hochbau, neben den Betriebsratsräumen. Demnächst wird umgezogen. In dem schmalen, langen Raum stehen ein Schreibtisch mit Schreibmaschine, Aktenschrank, Besucherstuhl und ein Waschbecken. Hier erlebt Alfred Eusemann Tag für Tag die Not und Verzweiflung der behinderten Menschen. Zur Zeit stehen 27 von ihnen auf der Entlassungsliste.

(...)

„Am Sonntagabend habe ich die meisten Probleme“, sagt der 54jährige Familienvater. „Ich denke, daran, was wohl auf mich zukommen wird und dann kommt es vor, daß ich zwei, drei Stunden nicht schlafen kann. Die Ohnmacht ist das. Ich versuche mein Bestes. Nur, es ist zu wenig. Und häufig kommen mir dann Zweifel.“

Doch die Zweifel räumt er immer wieder weg, beißt sich durch. In den 50er Jahren war Alfred Eusemann ein begeisterter Fußballer, der Sport sein einziger Lichtblick. „Aber es war die schlimmste Zeit für mich, weil ich arbeitslos war. Wir waren fünf Kinder zu Hause. Meine Mutter sagte, ich kann dir nicht mehr helfen.“ Seine Stimme wird leiser, stockt.

Als er 1958 endlich bei der FAG anfing, montierte er Kugellager, schob schwere Wagen, wollte jede Arbeit machen. „Am Anfang begegneten mir die Kollegen mit Glacéhandschuhen. Da habe ich gesagt, ich möchte arbeiten wie jeder andere auch. Ich kann das.“

Solche Erfahrungen machten Alfred Eusemann, ohne Arme geboren, selbstbewußt: „Von Schwerbehinderten kann man die Leistung erwarten, zu der sie fähig sind. Jeder muß so frei sein zu sagen, das kann ich auch – oder nicht. Aber wichtig ist, dafür zu sorgen, daß in den Betrieben geeignete Arbeitsplätze bleiben.“

(...)

„Wenn ein Behinderter neu in eine Abteilung kommt, muß ich schauen, daß auch die zwischenmenschlichen Beziehungen am Arbeitsplatz auf einen Nenner kommen, daß eine gute Zusammenarbeit möglich ist. Das ist nicht immer einfach. Aber man kann das alles mit den Kollegen besprechen.“

(...)

Einmal aus dem Betrieb raus, sagt Eusemann, heiße auch meistens, daß die Schwerbehindertenarbeitsplätze unwiderruflich weg seien. „Die arbeitslosen Behinderten finden heute nie mehr eine Arbeit hier. Das ist so deprimierend. Deshalb auch gibt die Arbeit der Schwerbehindertenvertretung ganz wenig Anlaß zum glänzen.“

Beratung, Gespräche, Verhandlungen, Anträge, Stellungnahmen und viele kleine Schritte gehören zum Alltag, aber auch Hartnäckigkeit und immer wieder der Appell an das soziale Gewissen der Arbeitgeber, das bei wirtschaftlichen Entscheidungen meist auf der Strecke bleibt.

(...)

Durch die Wirtschaftskrise aber hat die Angst zugenommen. Und die Angst hat viele Gesichter. Alfred Eusemann: „Wesentlich weniger Kollegen trauen sich, Anträge auf Anerkennung einer Behinderung zu stellen. Kollegen erzählen mir ihre Probleme und sagen, wenn du mir nicht helfen kannst, dann kann ich mich aufhängen. Andere suchen die Schuld bei sich oder berichten von Vorwürfen in der Familie.

Dann tu ich immer gut zureden und versuche, eigene Erfahrungen mitzugeben. Wir müssen da gemeinsam durch, sage ich und ich stehe dir zur Seite, helfe so gut es geht.“

metall Nr. 11 v. 6. 6. 1994

Alfred Eusemann mit Behindertem: „Ich stehe dir zur Seite“.

M6

Arbeitssicherheit an Arbeitsplätzen mit Gefahrstoffen

Die folgende Betriebsanweisung kann als Muster für einen Arbeitsplatz dienen, an dem Kontakt mit Gefahrstoffen besteht.

Sie wird von der zuständigen Berufsgenossenschaft den jeweiligen Unternehmen empfohlen.

BETRIEBSANWEISUNG FÜR GEFAHRSTOFFE

1. Bezeichnung: **Nitroverdünnung**

F

Arbeitsplatz **Mischplatz vor dem Lacklager**

3. Gefahren

Die Flüssigkeit ist leichtentzündlich und verdampft schon bei Raumtemperatur. Die Dämpfe bilden mit der Luft ein explosionsfähiges Gemisch, das schon durch kleinste Funken gezündet werden kann. Die Flüssigkeit entfettet die Haut, so daß Erreger leichter in den Körper eindringen können. Gesundheitsschädlich beim Einatmen, Verschlucken und bei Berührung mit der Haut. In hoher Konzentration betäubende Wirkung (Gefahr der Bewußtlosigkeit). Brandgase sind giftig.

4. Schutzmaßnahmen, Verhaltensregeln:

Techn. Schutz, Brand- und Explosionsschutz: *Abfüllen und Mischen nur bei laufender Entlüftung am gekennzeichneten Mischplatz. Kannen vor dem Ausgießen bzw. Mischen mit Erdungsklemmen erden. Nur das dort vorhandene explosionsgeschützte Rührgerät verwenden. Nicht in Flaschen oder Dosen zur Weitergabe abfüllen. Behälter sofort nach Gebrauch wieder gut verschließen und in das Lacklager zurückbringen.*

Persönliche Schutzausrüstung: *Schutzhandschuhe und dicht anliegende Säureschutzbrille sowie flüssigkeitsdichte Schürze tragen.*

Hygien. Maßnahmen: *Am Arbeitsplatz nicht essen, nicht trinken, keine Nahrungsmittel aufbewahren.*

Beschäftigungsbeschränkungen: *Jugendliche dürfen nicht mit Nitroverdünnung umgehen. Auszubildende dürfen nur unter Aufsicht des Meisters mit Nitroverdünnung umgehen, solange sie noch nicht 18 Jahre alt sind.*

5. Erste Hilfe, Unfälle:

Bei Einatmen: *Verletzte sofort aus dem Gefahrenbereich an Frischluft bringen. Bewußtlose in stabile Seitenlage bringen. Bei Atemstillstand sofort künstlich beatmen. Arzt rufen.*

Bei Hautkontakt: *Benetzte oder durchtränkte Kleidung sofort ausziehen. Haut mit Wasser und Seife waschen. Reichlich Wasser nachspülen.*

Bei Augenkontakt: *10-15 Minuten mit viel Wasser spülen. Notarzt rufen oder zum Augenarzt bringen.*

Bei Verschlucken: *Sofort viel Wasser oder andere Getränke trinken lassen (keine Milch, keinen Alkohol). Ruhig lagern, Notarzt herbeirufen. Schriftlichen Hinweis auf Nitroverdünnung mit in die Klinik geben.*

Notarzt Tel.: 1 92 22
Augenärzte: Dr. Schwarz, Hauptstr. 17, Tel 14 72 28
Dr. Greiner, Brunnenplatz 4, Tel. 57 60 19
Augenspülflasche: Im Verbandschrank am Mischplatz
Ersthelfer: Gruber, Sailer, Bamberger, Seliger
Krankenwagen Tel.: 84 20 10
Information für Vergiftungsfälle Tel.: (089) 41 4022 11

6. Verhalten bei Störfällen:

Bei Brand: *Brennende Personen sofort mit Feuerlöschdecke abdecken. Auch kleine Entstehungsbrände können mit Feuerlöschdecke erstickt werden. Raum sofort verlassen, Meister rufen. Brandmeldung bei größeren Bränden an Zentrale, Tel. 9, und Feuerwehr! Löschen des Entstehungsbrandes nur durch Beauftragte: Müller, Winkler, Gruber, Bodenstedt, mit Pulverlöscher oder CO_2-Löscher oder Schaumlöscher.*

Feuerlöscher: an allen Zugängen innen und außen, großer Schaumlöscher am Tor
Feuerwehr-Tel.: 112

Bei Verschütten oder Auslaufen: *Flüssigkeit mit Universalbinder (Eimer steht im Lacklager links des Eingangs) sofort aufsaugen. Abfälle in Container mit der Aufschrift „Harte Lackreste" bringen.*

7. Beseitigung von Abfällen, Resten

Verunreinigte Nitroverdünnung im roten Spezialbehälter mit der Aufschrift „Brennbare Flüssigkeiten" im Lacklager sammeln für Sondermüll. Keine Reste in das Abwasser oder Grundwasser gelangen lassen.

Über die vorstehende Betriebsanweisung bin ich ausführlich unterrichtet worden (mindestens jährlich).

am ____________ Unterschriften: ________________________

am ____________ Unterschriften: ________________________

Holz-Berufsgenossenschaft: Sonderdruck Gefahrstoffe, aus den HBG-Mitteilungen Nr. 56 München o. J.

Einkommen als Lebensgrundlage

IHR KÖNNT LERNEN...

... eine Lohnabrechnung zu verstehen.

... Einkommensarten zu unterscheiden.

... Bedingungen zu unterscheiden, von denen die Höhe des Einkommens abhängt.

... Gründe für die Unterschiede zu erörtern.

1. Einkommen der Familie Uhe – vom Brutto zum Netto

Zu Familie gehören Herr und Frau Uhe sowie Monika (9). Herr Uhe arbeitet als Kfz-Mechaniker bei Auto-Blitz. Seine Frau ist Hausfrau.

Für Monat/Jahr	Personal-Nr.	Kostenstelle	Ang./Arb	Arbeitszeit	Lohngruppe	Anspruch	Urlaubs-Konto genommen	Rest
01/96	12345	3101	1	37	5	30	1	29

Absender: Auto-Blitz
Donnerstr. 48-50
40223 Düsseldorf

Empfänger: Kurt Uhe
Rosenweg 8
40223 Düsseldorf

Lohnsteuermerkmale Steuerklasse	Kinder	Konf. AN
III	1	EV

Versicherungsmerkmale
Versicherungsnummer: 6303871U705

ANWES.TG.	URLAUBSTG.	KRANKH.TG.	FEHLTG.	SONST.STD.
21,00	1,00	0,00	0,00	2,00

BRUTTOABRECHNUNG

Lohnart	Stunden	Faktor	Prozent	Betrag
100 NORM.-ARB.STD.	155,4	21,86		3397,04
122 PRAEMIE				200,00
200 UEBR.-STD.	2,0	21,86	125,00	54,65
647 URL.-ENT.-LOHN	7,7	22,79		175,48
660 VWL-AGA				52,00
672 URL.-GELD 50 %	7,7	22,79	50,00	87,74
686 KTO.FUEHR.GEB.				2,50

NETTOABRECHNUNG

	Gesamtbrutto	Steuerbrutto	Sonstiger Bezug	SV-Brutto	Einmal Entgelt
M	3969,41	3969,41	0,00	3969,41	0,00
J	3969,41	3969,41	0,00	3969,41	0,00

	Sozialvers. Arbeitnehmer-Anteil Kranken-Vers.	Renten-Vers.	Arbeitsl.-Vers.	Pflege-Vers.	Sozialvers. Arbeitgeber-Anteil Kranken-Vers.	Renten-Vers.	Arbeitsl.-Vers.	Pflege-Vers.
M	273,89	381,06	129,01	19,85	273,89	381,06	129,01	19,85
J	273,89	381,06	129,01	19,85	273,89	381,06	129,01	19,85

	Lohnsteuer	Lohnsteuer sonst. Bezug	Solidaritäts-Zuschlag	Kirchensteuer
M	259,00		–	10,78
J	259,00		–	10,78

	VWL-AG-Anteil	Sachbezug	Versorgungsbezug
M	52,00		
J	52,00		

Netto	Ges.-Netto-Abzüge	Tag der Ausz.	Art der Auszahlung	Auszahlung/Überzahlung
2 895,82	52,00	03. 02.	UEBERWEISUNG	2 843,82

Diese Abrechnung gilt als Verdienstbescheinigung. Bitte sorgfältig aufbewahren.

Aus der abgebildeten **Lohnabrechnung** könnt ihr ablesen, wieviel Herr Uhe verdient. Er ist Facharbeiter und erhält **Stundenlohn**. Muß er manchmal Überstunden machen, bekommt er für die ersten zwei Stunden 25% Zuschlag zum Stundenlohn. Für jede weitere Überstunde wird ein Zuschlag von 50% gezahlt. Zu seinem Lohn erhält er vom Unternehmen wegen langjähriger guter Leistungen eine Prämie von monatlich 200,00 DM.

Von seinem **Bruttolohn** werden ihm die in den unteren Zeilen der Lohnabrechnung genannten Beträge abgezogen und der Nettolohn auf sein Konto überwiesen. Herr Uhe erhält zu Weihnachten eine Sondervergütung von 1 500 DM. Sein monatlicher Lohn ist unterschiedlich hoch, weil die bezahlten Arbeitsstunden mit der Anzahl der Arbeitstage wechseln. Für Urlaub und bei Krankheit wird deshalb ein Durchschnittslohn ermittelt. Dieser errechnet sich aus dem Bruttolohn der letzten drei Monate. Für jeden Urlaubstag bekommt Herr Uhe zusätzlich 50% des Durchschnittslohns als Urlaubsgeld. Zusätzlich zahlt der Staat der Familie Uhe 200,00 DM Kindergeld.

Der Bruttolohn von Herrn Uhe ergibt sich aus der Lohngruppe und der entsprechenden Stundenzahl.

Zusätzlich zum Bruttolohn muß das Unternehmen noch den Arbeitgeberanteil zur **Sozialversicherung** entrichten. Dieser ist so hoch wie der Arbeitnehmeranteil und beträgt im Januar 1996 20,25% vom Bruttolohn. 1980 lag dieser Beitrag noch bei ca. 16,2%.

Manche Unternehmen gewähren zusätzliche Sozialleistungen, wie z.B. Fahrtkosten- und Essensgeldzuschuß. Durch Tarifverträge erhalten viele Arbeitnehmer, wie auch Herr Uhe, vermögenswirksame Leistungen.

Aufgaben

1 Überprüft die Berechnung des Bruttolohns für Herrn Uhe.

2 Wofür werden die Beiträge zur Sozialversicherung gezahlt?

3 Ermittelt den Gesamtbetrag an Steuer- und Versicherungsabzügen in der Lohnabrechnung von Herrn Uhe.

4 Wie haben sich die Sozialversicherungsbeiträge seit 1980 entwickelt? Sprecht über Gründe dafür (s. Stichwort *Sozialversicherung, Beitragssätze*).

2. Einkommen sind unterschiedlich

Siehe Stichwörter *Vermögensverteilung, Vermögensarten.*

Familie Uhe erhält den größten Teil des Einkommens aus dem Arbeitslohn.
Lohn ist **Arbeitseinkommen aus nichtselbständiger Arbeit**.
Arbeitseinkommen aus selbständiger Arbeit erzielen Unternehmer. Dazu zählen Gewerbetreibende, z.B. Handwerker, Händler und freiberuflich Tätige, z.B. Ärzte, Schriftsteller.
Zum Einkommen von Familie Uhe zählt auch das monatliche Kindergeld. Es ist ein **Einkommen aus staatlicher Sozialleistung**. Im Alter erhält Herr Uhe **Versicherungsrente**.
Nur geringes Einkommen hat Familie Uhe durch Zinsgutschriften auf Bankkonten. Dieses Einkommen heißt **Besitzeinkommen**.

Einkommensarten im Überblick

Arbeitseinkommen
z.B. Lohn, Gehalt, Honorar, Gage, Unternehmerlohn

Einkommen aus staatlichen Sozialleistungen und gesetzlicher Rente
z.B. Kindergeld, Arbeitslosengeld, Arbeitslosenhilfe, Wohngeld, Sozialhilfe, Versicherungsrente, Pension

Besitz-/Vermögenseinkommen
z.B. Kapitalzinsen, Einnahmen aus Miete und Pacht, Dividende durch Aktien, Grund- und Bodenrente

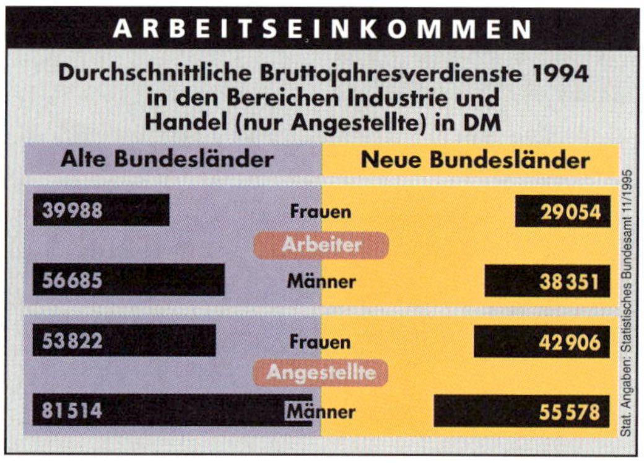

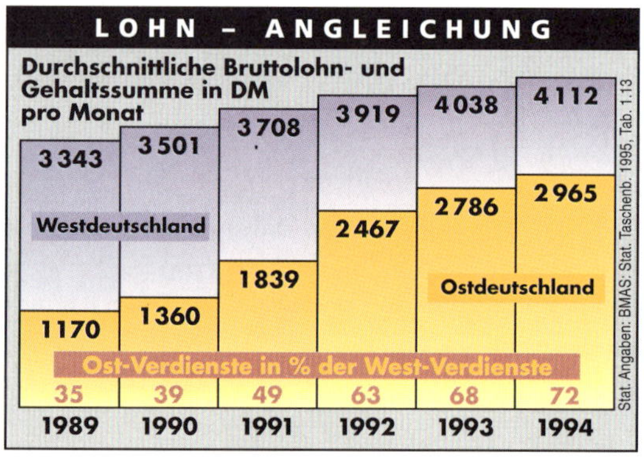

Aufgaben

1 Nennt Beispiele von Tätigkeiten für die einzelnen Arbeitseinkommen.

2 Kann man Einkommen aus den drei Bereichen gleichzeitig erhalten? Begründet!

3 Vergleicht die Entwicklung der Einkommenshöhe in Ost und West.

4 Vergleicht Durchschnittsverdienste bei Arbeitern und Angestellten nach Geschlechtern.

5 Diskutiert die nebenstehenden Sprechblasen.

6 Sprecht über Möglichkeiten des Staates zur Beeinflussung der Einkommenshöhe durch Steuer- und Sozialpolitik.

7 Nehmt Stellung zu folgenden Meinungen:
A: „Leistung im Beruf läßt sich am besten durch finanzielle Anreize fördern."
B: „Die Bezahlung sollte mehr nach den Bedürfnissen erfolgen."
C: „Eine lange, gute Ausbildung muß auch zu einem besseren Verdienst führen."
D: „Es ist ungerecht, daß die Verdienste in Ost und West nicht angeglichen wurden."
E: „Die Lohnkosten in Ostdeutschland dürfen nicht so schnell steigen, sonst werden noch mehr arbeitslos."

Einkommen nach der Schulzeit – Projektvorschlag

... welche Einkommen während der Ausbildung und danach gezahlt werden.

... wie Auszubildende ihre Einkommenssituation beurteilen.

Projektarbeit – warum und wie?

Ziele

Als Verbraucher, Bürger und Arbeitnehmer ist es wichtig, daß ihr als einzelne und in Gruppen selbständig und eigenverantwortlich handelt. Fähigkeiten und Bereitschaften dazu kann die Projektarbeit fördern.

Arbeitsschritte

Schüler und Lehrer **arbeiten gemeinsam**. Sie
- legen Ziele fest;
- planen Arbeitsschritte und Arbeitshilfen;
- führen das Projekt durch;
- werten das Ergebnis und den Prozeß der Erarbeitung aus;
- bereiten das Ergebnis auf und stellen es anderen vor.

Wichtig für ein Projekt sind

- die Beschaffung und Auswertung von Informationen verschiedener Institutionen und Interessengruppen;
- die Durchführung von Erkundungen;
- die Durchführung von Befragungen.

Nähere Hinweise zur Methode siehe auch Stichwörter *Projektarbeit, Erkundung, Gruppenarbeit, Feed-back.*

BETRIEBLICHE TARIFLICHE AUSBILDUNGSVERGÜTUNGEN IN WESTDEUTSCHLAND 1994

Durchschnittliche Beträge pro Monat* in DM

Beruf	DM
Herrenschneider/in	270
Friseur/in	629
Bäcker/in	801
Tischler/in	846
Elektroinstallateur/in	854
Maler/in und Lackierer/in	859
Kfz-Mechaniker/in	880
Gas- und Wasserinstallateur/in	892
Gärtner/in	904
Arzthelfer/in	910
Koch/Köchin	949
Industriekaufmann/frau	1071
Kaufmann/frau im Einzelh.	1080
Energieelektroniker/in	1100
Industriemechaniker/in	1103
Verwaltungsangestellte/r	1104
Bankkaufmann/frau	1166
Bergmechaniker	1214
Maurer/in	1487
Gerüstbauer/in	1803

*unter Berücksichtigung altersabhängig erhöhter, nach Ausbildungsjahr steigender und nach Regionen und Branchen unterschiedlicher Beiträge.

Stat. Angaben: BIBB, Berlin 1995

Ausbildungsvergütung/Verdienst

Stellt Berufe zusammen, in denen ihr eine Ausbildung machen möchtet und erkundet die Höhe der Ausbildungsvergütung und des Verdienstes nach erfolgreicher Ausbildung. Ihr könnt verschiedene Informationsquellen nutzen:

Bei Ausbildung in der privaten Wirtschaft
- Tarifvertragsparteien: Gewerkschaften, Arbeitgeberverbände
- Kammern: Industrie- und Handelskammer, Handwerkskammer
- Arbeitsamt/BIZ

Bei Ausbildung beim Staat
- Stadt-/Kreisverwaltung
- Arbeitsamt/BIZ

Informationen könnt ihr auch bekommen, wenn ihr den Berufsausbildungsvertrag von Freunden und Bekannten einseht.

Tips zur Auswertung der Informationen
- Spanne der Ausbildungsvergütungen der Berufe berechnen;
- Gründe für die unterschiedliche Höhe der Vergütung suchen;
- Ausbildungsvergütung und Tariflöhne zwischen Berufen vergleichen;
- Bedeutung der Höhe der Ausbildungsvergütung für die Berufswahl diskutieren;
- Auszubildende befragen, ob die Höhe der Ausbildungsvergütung als angemessen angesehen wird.

Berufsausbildungsbeihilfe

Neben der Ausbildungsvergütung kann ein Auszubildender beim **Arbeitsamt Berufsausbildungsbeihilfe** bei einer auswärtigen Ausbildung beantragen. Dies trifft auch für berufsvorbereitende Bildungsmaßnahmen zu. Die Zahlung der Beihilfe hängt ab von der Höhe der Ausbildungsvergütung, oft auch von der Höhe des Einkommens der Eltern, der Anzahl der Geschwister und den Kosten der Ausbildung, z.B. Lernmittel, Fahrtkosten, Unterbringung, Arbeitskleidung.

Gesetzliche Grundlage ist das Arbeitsförderungsgesetz, §§ 29, 40, 40a.

Informationsquellen
- Arbeitsamt (Anforderung von Anträgen und Beratung)
- Arbeitsförderungsgesetz

Ausbildungsförderung

Sie wird gewährt beim Besuch weiterführender allgemeinbildender Schulen, wenn Jugendliche nicht bei den Eltern wohnen. Dies gilt unter bestimmten Bedingungen auch für Berufsfach- und Fachschüler.

Informationsquellen
- Amt für Ausbildungsförderung, Kreis- und Stadtverwaltung (Anträge anfordern)
- Bundesausbildungsförderungsgesetz (BAföG). Broschüre mit Fallbeispielen übersendet: Bundesministerium für Bildung, Wissenschaft, Forschung und Technologie.

Fallbeispiel: Heinz, 19 Jahre, Berufsfachschüler (nicht bei Eltern wohnend)

Bedarfssatz für Heinz	755,00 DM
Eigenes Einkommen von Heinz	0,00 DM
Einkommen der Eltern im Sinne des BAföG	2970,00 DM

Grundfreibetrag

Eltern	1900,00 DM
für Heinz	160,00 DM
für die Großmutter	590,00 DM
	2650,00 DM

Differenz zwischen Einkommen und Grundfreibetrag 320,00 DM

Zusatzfreibetrag
55% von 320,00 DM: 176,00 DM
(50% für die Eltern, 5% für Heinz)

Anrechnungsbetrag 144,00 DM

Heinz Kluge erhält monatlich 611,00 DM Förderung nach dem BAföG als Zuschuß (Stand Mai 1995)

Tips zur Auswertung der Information
- Auflistung der Merkmale, die bei bestimmten Fällen für die Zahlung von Berufsausbildungsbeihilfe bzw. BAföG gelten anhand der Antragsformulare;
- Beurteilung der Merkmale;
- Überprüfung der Berechnungsgrundlagen – wie oft ändern sie sich?
- Überprüfung des Anspruchs auf BAföG oder Berufsausbildungsbeihilfe in bezug auf die gewünschte Berufsbildung oder den Schulbesuch in der Sek. II;
- Erfahrungen im Umgang mit Behörden;
- Diskussion über die Bedeutung der Zahlung von BAföG und Berufsausbildungsbeihilfe;
- Überprüfung der Inanspruchnahme von BAföG nach sozialen Gruppen, z.B. Kinder von Arbeitern, Angestellten, Beamten, Angehörigen freier Berufe. (Die Studentenwerke erheben hier Daten.)

Soziale Sicherung

... Bedingungen der Mitgliedschaft, Finanzierung und Leistung der Sozialversicherung zu untersuchen.

... welche Personengruppen nur geringe oder keine Sozialleistungen erhalten.

...die Bedeutung der Sozialhilfe zu erkennen.

...wann private Versicherungen wichtig sind.

1. Soziale Sicherung im Überblick

Hilfe bei Krankheit, Arbeitsunfähigkeit, Mutterschaft und im Alter

Um 1850 | **Heute**

Entwicklung der gesetzlichen Sozialversicherung

1883 Krankenversicherung für Arbeiter
Unfallversicherung für Arbeiter

1889 Alters- und Invaliditätsversicherung für Arbeiter
Für die drei Versicherungen galt eine Versicherungspflicht.

1911 Rentenversicherung für Angestellte – verpflichtend bis zu einer bestimmten Einkommensgrenze

1927 Arbeitslosenversicherung und Arbeitsvermittlung

1957 Rentenreform
Die Höhe der Renten wird u. a. an die wirtschaftliche Entwicklung angepaßt. Ein Maßstab für die Rente ist u. a. das Bruttoeinkommen aller Versicherten.

1957 Lohnfortzahlung bei Krankheit.

1969 Arbeitsförderungsgesetz – u. a. erweiterter Anspruch auf Leistungen des Arbeitsamtes, z.B. berufliche Förderung von Hausfrauen (s. S. 64–66)

1972 Rentenreform – u. a. erweiterte Versicherungsberechtigung, z.B. für Selbständige und Hausfrauen; flexible Altersgrenze für die Rente

ab 1972 Leistungsverbesserungen in verschiedenen Bereichen der Sozialversicherung, u.a. bessere Leistungen bei Arbeitslosigkeit, neue Regelung der Hinterbliebenenrente, Vorruhestand, Erziehungsrente, Erziehungsgeld, aber auch: Einschränkung von Leistungen, u.a. bei Arbeitslosigkeit und Krankheit.

ab 1995 Pflegegesetz – Leistungen für ambulante und **ab Mitte 1996** stationäre Pflege.

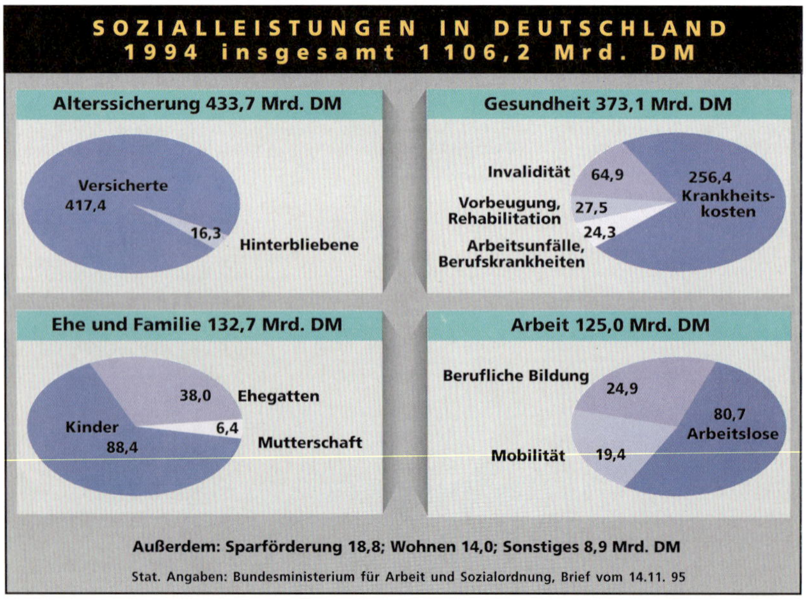

Erziehungsgeld – Erziehungsurlaub

Väter oder Mütter, die ihr Kind nach der Geburt selbst betreuen und währenddessen keine oder eine Erwerbstätigkeit bis zu 19 Stunden ausüben, können Erziehungsgeld erhalten. Wer erwerbstätig ist, kann auch Erziehungsurlaub beantragen, die soziale Absicherung bleibt erhalten: Kranken-, Pflege- und Arbeitslosenversicherung bestehen beitragsfrei fort, in der Rentenversicherung wird diese Zeit als Versicherungszeit angerechnet.
Die Freistellungsfristen nach dem Mutterschutzgesetz von 6 Wochen vor und 8 Wochen (bei Früh- und Mehrlingsgeburten: 12 Wochen) nach der Niederkunft gelten unabhängig von den Regelungen über den Erziehungsurlaub.

Erziehungsgeld	**Erziehungsurlaub**
Höhe des Erziehungsgeldes 600 DM monatlich für die Dauer von	**Dauer des Erziehungsurlaubs** im Anschluß an die Mutterschutzfrist bis zu
24 Monaten nach der Geburt des Kindes	**36 Monaten** nach der Geburt des Kindes
Das Erziehungsgeld richtet sich nach dem Einkommen	Während des Erziehungsurlaubs besteht Kündigungsschutz (Ausnahmen möglich).

Aufgaben

1 Vergleicht die soziale Sicherung in den Jahren um 1850 und heute mit Hilfe der Abbildungen auf der vorhergehenden Seite.

2 Informiert euch durch nebenstehendes Schaubild über die Sozialleistungen.

3 Vollzieht die Entwicklung der gesetzlichen Sozialversicherung nach.

4 Mütter oder Väter können Erziehungsgeld und Erziehungsurlaub erhalten. Beurteilt diese Regelung.

2. Krankenversicherung

Beschäftigte bis zu einem Einkommen von 6000 DM (im Jahre 1996) sind Pflichtversicherte in der gesetzlichen Krankenversicherung. Diese kann frei gewählt werden. Wer mehr verdient, kann auch die **private Krankenversicherung** wählen.

Die Beitragshöhe zur gesetzlichen Krankenversicherung beträgt 1996 ca. 13,5 % vom Bruttoeinkommen (Arbeitgeber- und Arbeitnehmeranteil).

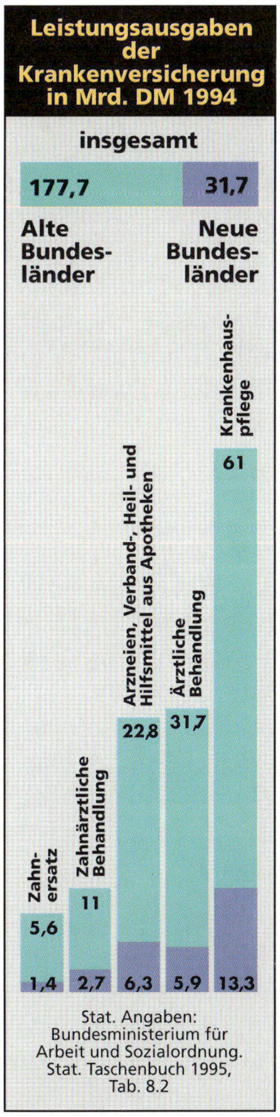

In der gesetzlichen Krankenversicherung sind rund 85 % der Bevölkerung versichert.

Pflichtversicherte
- Arbeiter, Angestellte bis zu einer bestimmten Einkommensgrenze, die mit der Lohn- und Gehaltsentwicklung steigt
- Rentner

Mitversicherte
- Ehepartner ohne eigene Versicherungspflicht (ausgenommen Selbständige)
- Kinder

Beiträge
- Arbeitnehmer und Arbeitgeber leisten je zur Hälfte die Beiträge zur Krankenversicherung.

Wichtige Leistungen
- Krankengeld: Es hat die Höhe von 80 % des entgangenen regelmäßigen Bruttoarbeitsentgelts, darf jedoch die Höhe des Nettoentgelts nicht übersteigen. In der Regel wird den Arbeitnehmern in den ersten 6 Wochen der Krankheit das Einkommen vom Arbeitgeber weitergezahlt (Lohnfortzahlung).
- Arzt- und Zahnarztbehandlung
- Versorgung mit Arznei-, Verbands-, Heil- und Hilfsmitteln sowie Vorsorge
- Krankenhauspflege
- Mutterschaftshilfe: Dazu zählen
  - ärztliche Betreuung
  - Hebammenhilfe
  - Versorgung mit Arznei-, Verbands- und Heilmitteln
  - Krankenhauspflege sowie Hauspflege
- Mutterschaftsgeld: Es richtet sich nach dem Nettolohn und beträgt während des Mutterschutzes höchstens 25 DM pro Tag. Liegt der Nettolohn höher, muß der Arbeitgeber die Differenz zuzahlen.
- Kostenübernahme oder Zuschüsse bei Kuren. In bestimmten Fällen muß der Versicherte einen Teil der Kosten tragen, z. B. für Arzneimittel und Zahnersatz (gilt nicht für Geringverdiener).

Aufgaben

1 Begründet die Bedeutung wichtiger Leistungen der gesetzlichen Krankenversicherung.

2 Problematisiert den Familienlasten- und Einkommensausgleich. Führt dazu ein Rollenspiel durch.
Rollenspieler: Familienvater, Lediger. Letzterer beklagt, daß er ungerecht belastet sei.

3 Betrachtet die Ausgabengruppen der Krankenversicherung.

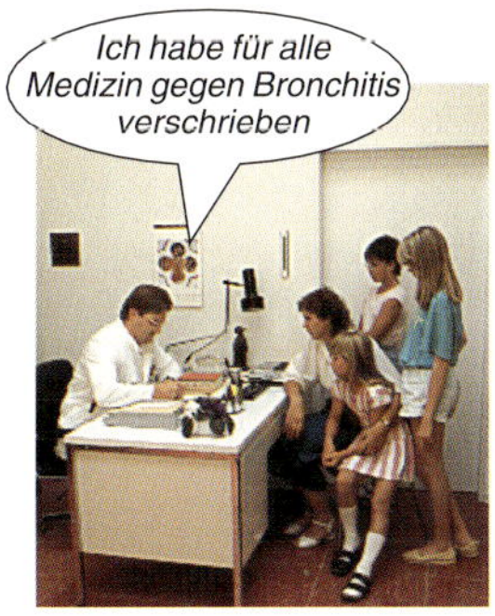

***Beitrag** (Arbeitnehmeranteil) des Vaters: 303,75 DM (einziger Verdiener) Bruttogehalt 4500 DM*

Soziale Sicherung bei Krankheit bedeutet:

Familienlastenausgleich

Familien mit einem Verdiener zahlen für die Leistungen der gesetzlichen Krankenversicherung ebensoviel wie ein Alleinstehender. Beide erhalten die gleiche Leistung.

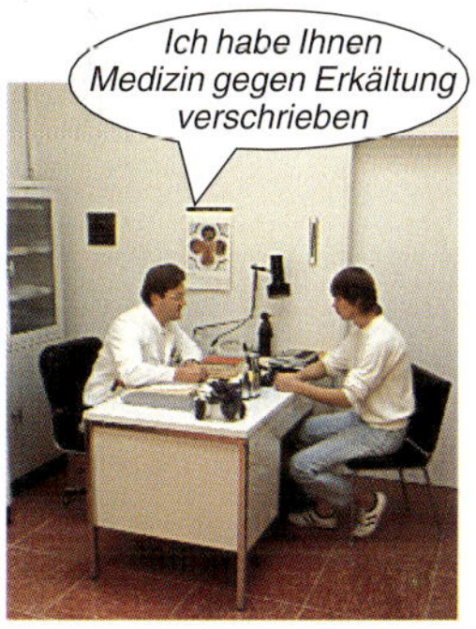

***Beitrag** (Arbeitnehmeranteil): 303,75 DM (Alleinstehender) Bruttogehalt 4500 DM*

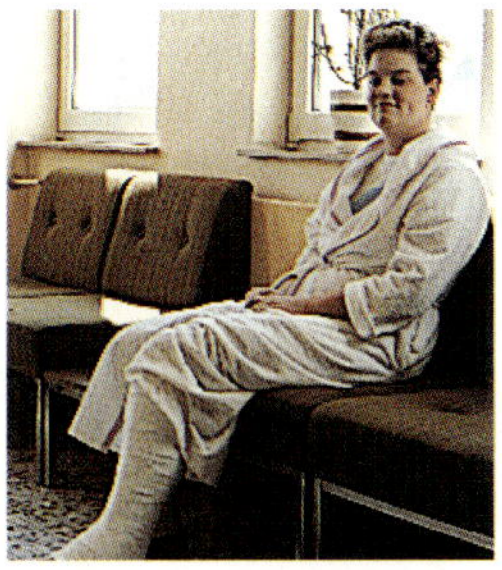

***Gehalt:** 5000 DM*
***Beitrag** (Arbeitnehmeranteil): 337,50 DM*

Einkommensausgleich

Ein Versicherter mit einem geringen Gehalt und entsprechend geringem Beitrag erhält bis auf das Krankengeld dieselben Leistungen wie ein Versicherter mit hohem Einkommen und höherem Beitrag.

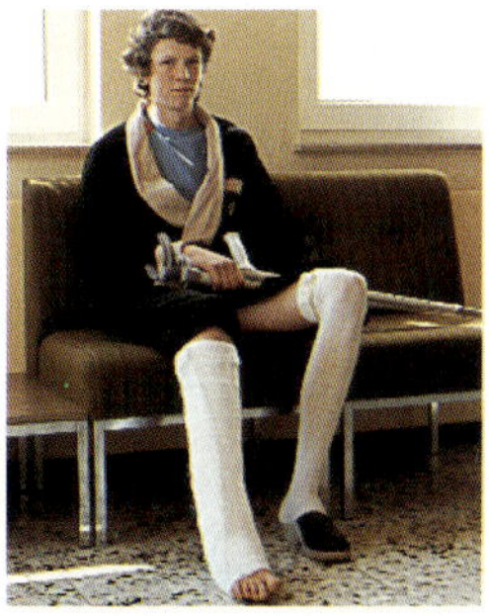

***Gehalt:** 2500 DM*
***Beitrag** (Arbeitnehmeranteil): 168,75 DM*

3. Rentenversicherung

Durchschnittliche Dauer des Rentenbezuges (Westdeutschland) **in Jahren**

Arbeiter	1961	1993
Männer	9,7	13,7
Frauen	10,7	18,1
Angestellte	1961	1993
Männer	9,1	14,1
Frauen	9,0	16,5

Inst. d. deutschen Wirtschaft: Zahlen zur wirt. Entwicklung, Köln 1995, Tab. 903

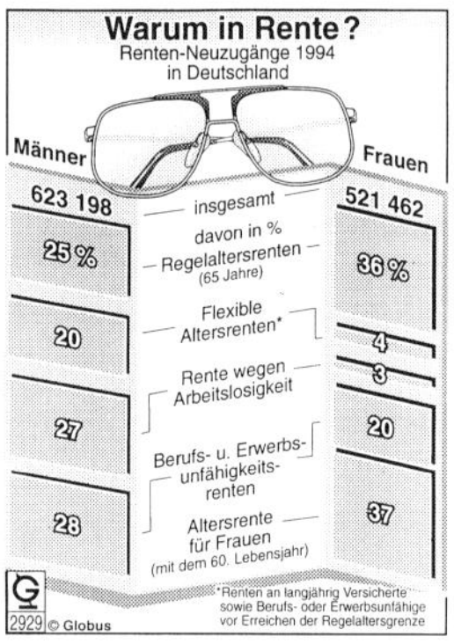

*) Altersgrenze wird ab 2001 stufenweise auf das 65. Lebensjahr angehoben.

Die Rentenversicherung soll den Versicherten im **Alter** sowie bei **Berufs- und Erwerbsunfähigkeit** die Existenz sichern.

Pflichtversicherte
Alle Arbeiter und Angestellten bis zu einer bestimmten Einkommenshöhe (1996: 8000 DM). Versicherungsfrei ist ein monatliches Einkommen von 590 DM (West).

Beiträge
Arbeitnehmer und Arbeitgeber leisten je zur Hälfte die Beiträge zur Rentenversicherung. Die Höhe richtet sich nach dem Bruttoeinkommen aus unselbständiger Arbeit. Selbständige, nicht oder nur geringfügig Beschäftigte können sich freiwillig versichern.

Wer erhält Rente?
Wer über fünf Jahre lang Beiträge gezahlt hat, ist rentenberechtigt.

Rente wegen Berufsunfähigkeit
Ein Versicherter ist berufsunfähig und erhält Rente, wenn seine Verdienstfähigkeit auf weniger als 50 % eines körperlich und geistig Gesunden mit ähnlicher Ausbildung und gleichwertigen Fähigkeiten gemindert ist.

Rente wegen Erwerbsunfähigkeit
Ein Versicherter ist erwerbsunfähig und rentenberechtigt, wenn er auf nicht absehbare Zeit eine Erwerbstätigkeit nicht ausüben kann oder wenn er nur noch ein geringfügiges Erwerbseinkommen erzielen kann.

Hinterbliebenenrente
Nach dem Tod des Versicherten haben Ehepartner und Kinder ein Anrecht auf Unterhalt und damit Anspruch auf Hinterbliebenenrente. Zusätzlich besteht ggf. Anspruch auf *Wohngeld* und *Sozialhilfe* (s. Stichwörter).
Von dem Rentenanspruch des verstorbenen Versicherten erhalten die Partner 60% als Hinterbliebenenrente. Der eigene Rentenanspruch bleibt erhalten. Das einen bestimmten Freibetrag übersteigende eigene Einkommen wird zu 40% auf die Hinterbliebenenrente angerechnet.

Beispiel

Herr Meis hätte bei seinem Tode einen monatlichen Rentenanspruch von 1500 DM. Frau Meis erhält 60 % seines Rentenanteils (900 DM). Zusätzlich erhält sie ggf. Rente aus ihrem eigenen Rentenanspruch. Anrechnungsfrei sind 1995 bis 1220 DM (West).
Die 5 unterhaltspflichtigen Kinder der Familie Meis erhalten als Halbwaisen je 10% seines Rentenanspruchs (150 DM pro Kind)*. Die Familie erhält insgesamt einen monatlichen Rentenbetrag von:

5 x 150 DM = 750 DM + 900 DM
LM = 1650 DM

* als Vollwaisen je 20 % des Anspruchs.

Kindererziehungszeiten
Mütter oder Väter, die ein Kind erzogen haben, erhalten pro Kind ein Versicherungsjahr, für Kinder, die ab 1992 geboren wurden, 3 Versicherungsjahre angerechnet. Kindererziehungszeiten werden so berechnet, als wären 75 % des Durchschnittsverdienstes aller Versicherten verdient worden. Diese Regelung gilt, wenn wegen der Kindererziehung auf Erwerbstätigkeit ganz oder teilweise verzichtet wird (Erziehungsurlaub).

Beispiel

Frau Meis war nie erwerbstätig und hat daher keinen Anspruch auf Rente. Da sie 5 Kinder erzogen hat, werden ihr 5 Versicherungsjahre mit dem Wert von 0,75 des Durchschnittsverdienstes zuerkannt. Damit hat sie einen eigenen Rentenanspruch. Ihre Altersrente beträgt 173,36 DM (Stand: 1996). Im Falle des Todes ihres Ehemannes erhalten sie und die Kinder Hinterbliebenenrente (s. oben).

Rente wegen ehrenamtlicher Pflege
Personen, die ehrenamtlich pflegen, sind pflichtversichert, wenn die Tätigkeit mindestens 14 Stunden pro Woche umfaßt. Die Beiträge zahlt die Pflegeversicherungskasse.

Die Altersrente

Von welchem Alter an?		Für wen?	Unter welchen Voraussetzungen?
Regelaltersrente	65	Alle Versicherten	5 Jahre Wartezeit = Mindestversicherungszeit (Beitragszeiten, Ersatzzeiten und Zeiten aus Versorgungsausgleich)
„Flexible" Altersrente	63	Alle Versicherten *)	35 Jahre Wartezeit (Beitragszeiten, Ersatzzeiten, Zeiten aus Versorgungsausgleich, beitragsfreie Anrechnungszeiten, Berücksichtigungszeiten)
	60	Schwerbehinderte, Berufs- und Erwerbsunfähige	
„Vorzeitige" Altersrente	60	Frauen *)	15 Jahre Wartezeit, 121 monatliche Pflichtbeiträge seit dem 40. Lebensjahr
	60	Arbeitslose *)	Innerhalb der letzten 1½ Jahre 1 Jahr arbeitslos. 15 Jahre Wartezeit, 96 Pflichtbeiträge in den letzten 10 Jahren

Rentenversicherung der Arbeiter und der Angestellten

ZAHLENBILDER 149 390

Wonach bemißt sich die Höhe der Rente?

Grundsätzlich gilt: je länger und je mehr Beiträge geleistet worden sind, umso höher ist die Rente! Da zwischen Berufstätigen und Rentnern ein „Generationenvertrag“ besteht, wird die Rente immer von den aktuell geleisteten Rentenbeiträgen ausgezahlt.
Die **Höhe der monatlichen Rente** (MR) ist von drei Faktoren abhängig:

Persönliche Entgeltpunkte (PEP)

Das in den einzelnen Kalenderjahren durch Beiträge versicherte Arbeitseinkommen wird in Entgeltpunkte umgerechnet. Das Durchschnittsentgelt entspricht einem Entgeltpunkt. Als **Durchschnittsentgelt** gilt das durchschnittliche Bruttojahresentgelt aller Versicherten. Für Ostdeutschland gelten bestimmte Umrechnungsfaktoren für die Verdienste in Mark.
Für beitragsfreie Zeiten werden Entgeltpunkte berechnet, die vom Arbeitseinkommen der übrigen Zeit abhängen. Vor- und Nachteile, die sich aus dem früheren oder späteren Bezug einer Rente ergeben, werden durch einen Zugangsfaktor ausgeglichen, der die Höhe der PEP beeinflußt.

Rentenartfaktor (RAF)

Eine Rente wegen Alters und eine Rente wegen Erwerbsunfähigkeit sollen eine volle Sicherung ergeben. Der RAF beträgt 1,0.
Eine Rente wegen Berufsunfähigkeit, die von einer weiteren Erwerbstätigkeit ausgeht, soll $2/3$ des Lebensstandards sichern, der RAF beträgt deshalb 0,667. Witwen- und Witwerrenten sollen grundsätzlich 60 % der vollen Sicherung des Verstorbenen absichern. (RAF = 0,6) Halbwaisen erhalten 10 % und Vollwaisen 20 % (RAF = 0,1 bzw. 0,2).

Aktueller Rentenwert (AR)

Renten werden an den Lebensstandard der arbeitenden Generation angepaßt. Der AR ist der Betrag, der einer monatlichen Altersrente entspricht, die sich aus Beiträgen aufgrund eines Durchschnittsentgelts für ein Kalenderjahr ergibt, z. B für 1996:
46,23 DM (West) und 36,33 DM (Ost).

Stat. Angaben:
BMAS: Stat. Taschenbuch 1995, Tab. 8.5

Höhe der Monatsrente:
MR = PEP x RAF x AR

Die monatliche Rente bei 40 Versicherungsjahren und dem Durchschnittsentgelt lag am 30.6.1996 bei:
1849,20 DM (West) und 1453,20 DM (Ost).

Beispiel für die Ermittlung der überschlägigen Altersrente:

Herr K. vollendet am 14. Okt. 2000 sein 65. Lebensjahr und möchte eine Altersrente beziehen.
1. Schritt: Aufnahme der ersten Beschäftigung = 1956.
Folgendes individuelles Entgelt in den alten Bundesländern in 5 Jahresabständen ist maßgebend:
Ermittlung der Entgeltpunkte:

Jahr	Individuelles Entgelt		Durchschnitts-entgeld		Entgelt-punkte
1960	6.920	:	6.101	=	1,1342
1965	8.330	:	9.229	=	0,9026
1970	14.765	:	13.343	=	1,1066
1975	26.760	:	21.808	=	1,2271
1980	30.123	:	29.485	=	1,0216
1985	37.780	:	35.286	=	1,0707
1990	44.885	:	41.946	=	1,0701
Summe:					7,5329

2. Schritt: Ermittlung des durchschnittlichen Entgeltpunktwertes:
7,5329 PEP : 7 Jahre = 1,0761

3. Schritt: Von 1956 bis zum voraussichtlichen Ende des Arbeitslebens im Jahre 2000 liegen 45 Beitragsjahre.
PEP = 1,0761 x 45 = 48,42.
Da der **RAF** bei einer Altersrente mit 65 Jahren für eine Altersrente 1,0 beträgt, kann dieser Wert bei der Vervielfältigung entfallen. Die Monatsrente ergibt sich mithin allein durch Multiplikation der persönlichen Entgeltpunkte (**PEP**) mit dem aktuellen Rentenwert (**AR**).

Monatsrente:
48,42 x 46,23 DM = 2238,46 DM*

* Stand: 1. Halbj. 1996

Arbeiterrenten im Osten
Von je 100 Rentnern hatten Mitte 1994 eine monatliche Rente* von

Rentner		Rentnerinnen
–	2500 DM und mehr	–
6	2000 – 2500	–
48	1500 – 2000	3
42	1000 – 1500	50
4	600 – 1000	34
–	300 – 600	12
–	unter 300 DM	1

Arbeiterrenten im Westen
Von je 100 Rentnern hatten Mitte 1994 eine monatliche Rente* von

Rentner		Rentnerinnen
6	2500 DM und mehr	–
25	2000 – 2500	–
28	1500 – 2000	2
18	1000 – 1500	21
10	600 – 1000	20
6	300 – 600	30
7	unter 300 DM	27

Aufgaben

1 Sprecht über die Situation eines Versicherten, der aus gesundheitlichen Gründen mit 45 Jahren nicht mehr arbeiten kann.

2 Vergleicht die Rentenhöhe in Ost und West. Nehmt Stellung: „Wir haben im Osten genauso hart gearbeitet wie im Westen. Deshalb steht uns auch die gleiche Rente zu.“

3 Erörtert Gründe für die Berücksichtigung von Kindererziehungszeiten.

4. Unfallversicherung

Die gesetzliche Unfallversicherung schützt die Versicherten bei einem **Arbeitsunfall** oder bei einem Unfall in der Schule und im Kindergarten. Als Versicherungsträger kommen die Berufsgenossenschaften oder Institutionen des Staates in Frage. Folgende Leistungen werden gewährt:

- Renten an Verletzte und Hinterbliebene
- Kosten für stationäre Behandlung und Übergangsgeld
- Aufwendungen für Berufshilfe und Umschulung
- Maßnahmen zur Unfallverhütung und Ersten Hilfe

Pflichtversicherte

Alle Personen, die in einem Arbeits- oder Ausbildungsverhältnis stehen, Schüler, Studenten und Kinder, die den Kindergarten besuchen. Selbständige können sich freiwillig versichern. Unfälle im Hausbereich und in der Freizeit sind nicht in die Versicherung einbezogen.

Beiträge

Die Beiträge werden vom Arbeitgeber oder Staat gezahlt, z. B. von der Gemeinde als Träger des Kindergartens.
Daneben besteht die Möglichkeit, sich gegen Unfälle privat abzusichern.

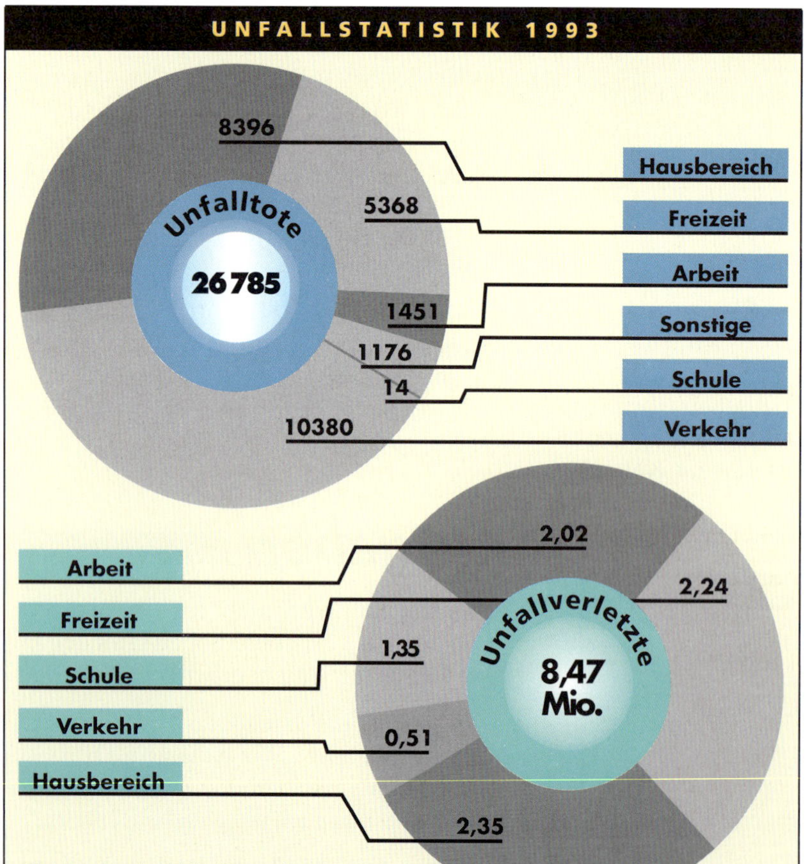

Stat. Angaben: Amtl. Mitteilungen d.Bundesanstalt für Arbeitsschutz Nr. 1, 1995, S. 7

Berechnung der Unfallrente

Die Rente beträgt bei Erwerbsunfähigkeit 2/3 des Jahresarbeitsverdienstes.
Bei einem geringeren Grad der Arbeitsunfähigkeit verringert sich die Rente.
Die Höhe der Rente wird der Einkommensentwicklung angepaßt.

Unfälle von Kindern in Kindergärten, Schülern und Studenten (1994)

Versicherte	16337000
Schulunfälle	1343003
Wegeunfälle	125425
Tödliche Schul- und Wegeunfälle	125

Bundesminster für Arbeit und Sozialordnung (Hrsg.) Unfallverhütungsbericht 1995, Bonn 1995, S. 63

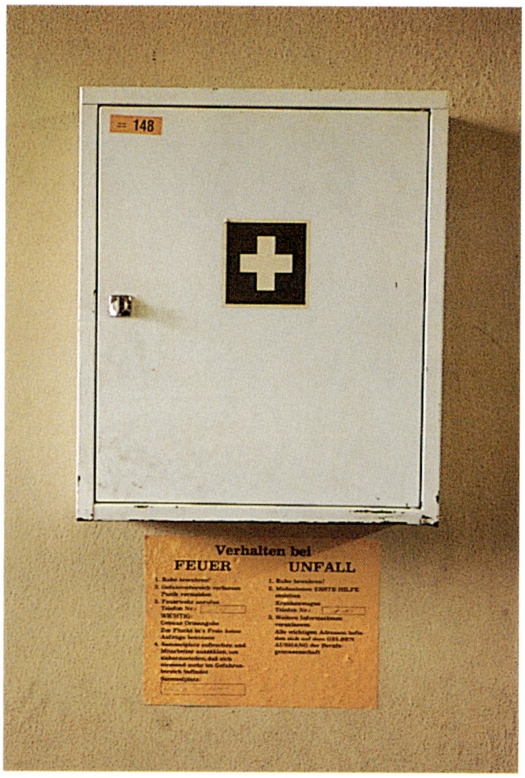

Aufgaben

1 Diskutiert die Forderung: Unfallversicherungsschutz bei Arbeitsunfällen im Haushalt.

2 Vergleicht die Regelungen für den Bezug von Rente wegen Erwerbsunfähigkeit durch einen Arbeitsunfall mit den Regelungen für eine Normalrente.

3 Stellt Art und Ursachen von Schülerunfällen an eurer Schule zusammen.

4 Stelle fest, welche Unfallverhütungsvorschriften es speziell für die Schule gibt.

5. Sozialhilfe

Sozialhilfe wird gezahlt, wenn Bürger sich nicht selbst helfen können und auch von dritter Seite keine ausreichende Hilfe erhalten (z. B. Rente aus der Sozialversicherung). Es gibt auch Rentner, die Sozialhilfe bekommen, weil ihre Renten wegen niedriger Beiträge oder kurzer Versicherungszeit den Lebensunterhalt nicht sichern.
Bei der Sozialhilfe werden **2 Gruppen** von Hilfen unterschieden:
- Hilfe zum Lebensunterhalt
- Hilfe in besonderer Lebenslagen

Wer nicht arbeitet, obwohl er arbeiten könnte, erhält keine Sozialhilfe.

Sozialhilfe
wird von den Städten und Gemeinden getragen. 1993 erhielten 2,45 Mio. Personen Hilfe zum Lebensunterhalt und 1,91 Mio. Hilfe in besonderen Lebenslagen (z.B. Krankenhilfe)

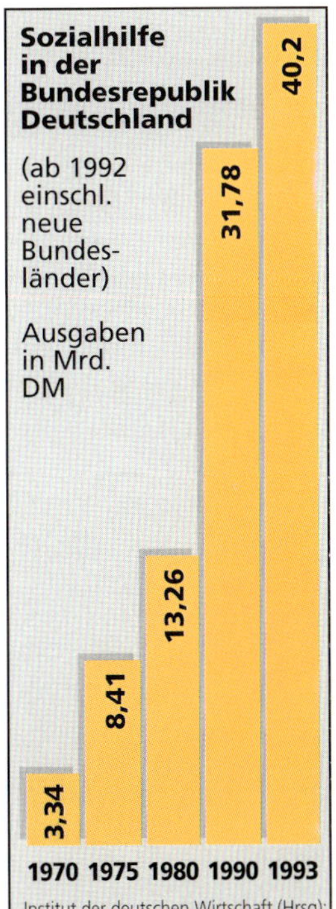

Institut der deutschen Wirtschaft (Hrsg): Zahlen zur wirtschaftlichen Entwicklung der BRD, Köln, 1995, S. 88

Die öffentliche Sozialhilfe wird durch die **freie Wohlfahrtspflege** ergänzt. Dazu gehören die Organisationen und Vereinigungen (z. B. Caritas, Diakonisches Werk, Rotes Kreuz, Arbeiterwohlfahrt), die sich die Hilfe für Menschen in Not zur Aufgabe gemacht und zahlreiche Einrichtungen geschaffen haben oder sie unterstützen (z. B. Sonderschulen, Heime, Tagesstätten, Krankenhäuser, Heilstätten, Beratungsstellen, Sozialstationen).

Sozialhilfeempfängerhaushalte (in 1 000)
Laufende Hilfe zum Lebensunterhalt erhielten:

	Westdeutschland		Ostd.-Land
	1980	1993	1993
Haushalte gesamt	519	1147	286
deutsche Haushalte	475	825	231
ausländische Haushalte	44	322	55

Wirtschaft und Statistik 9/1995

Die folgenden Darstellungen beziehen sich auf Westdeutschland. Für die neuen Bundesländer gelten Übergangsvorschriften.

Hilfe zum Lebensunterhalt

Dazu gehören für Heimbewohner Leistungen für Ernährung, Wohnung, Kleidung, Körperpflege, Hausrat, Heizung und persönliche Bedürfnisse des täglichen Lebens. Wer außerhalb von Anstalten und Heimen lebt, erhält Leistungen teilweise in Form von festgesetzten monatlichen **Geldzuwendungen.** Mietkosten, Heizkosten, Krankenkassenbeiträge und **Beihilfen** für Kleidung, größere Reparaturen und Anschaffungen für den Haushalt werden direkt übernommen. Letztere müssen vorher mit dem Sozialamt besprochen werden.
Die Regelsätze für die Geldzuwendungen sind wegen der unterschiedlichen örtlichen Verhältnisse nicht überall gleich. Die Sozialämter haben Tabellen, aus denen Einzelheiten zu ersehen sind.
Unterschiedlich hoch sind die Regelsätze auch für die verschiedenen Haushaltsangehörigen (s. Beispiele Folgeseite).

Hilfe in besonderen Lebenslagen

Sie ist für Menschen gedacht, die in außergewöhnlichen Situationen Unterstützung brauchen. Solche Notlagen können durch Krankheit oder Behinderung, durch Schwangerschaft oder hohes Alter, durch Pflegebedürftigkeit oder durch irgendeinen Schicksalsschlag entstanden sein.
Aber auch Hilfe in besonderen Lebenslagen wird unabhängig davon gewährt, ob der einzelne an seiner Notlage selbst schuld ist oder nicht. Entscheidend ist nur, daß der Hilfesuchende sich nicht ausreichend selbst helfen kann und die erforderliche Hilfe auch nicht von anderen erhält.

Mehrbedarf

Für bestimmte Personengruppen wird wegen ihrer besonderen Situation mehr gezahlt. Im Gesetz spricht man vom „Mehrbedarfszuschlag".
Er steht z. B. zu:
- Personen, die 60 Jahre und älter oder erwerbsunfähig sind (20 %)
- werdenden Müttern (20 %)
- alleinerziehenden Personen mit mehreren Kindern unter 16 Jahren oder einem Kind unter 7 Jahren (40 %)
- Behinderten (40 %)

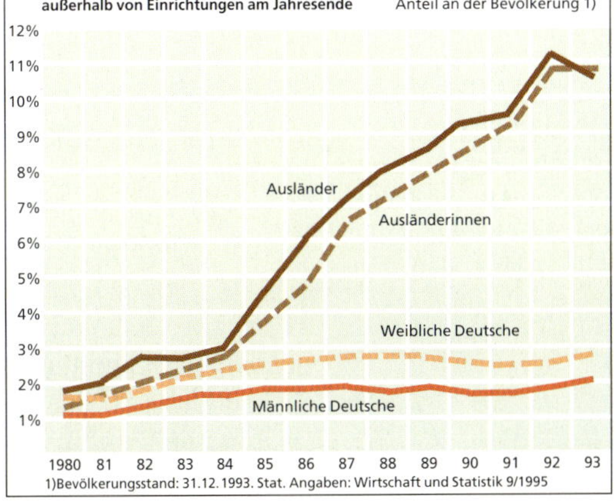

Wohngeld
Staatliche Leistung, die Bedürftigen eine angemessene Wohnung ermöglichen soll

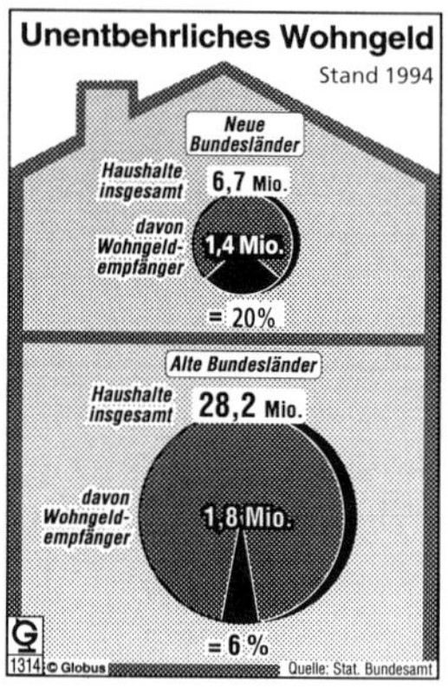

Ergänzt nach Globus 2890

Kindergeld
Staatliche Leistung für alle, die einen Teil der Familienlasten ausgleichen soll.

Zur *Rentenhöhe* s. Stichwort.

Die durchschnittlichen monatlichen Ausgaben für den privaten Verbrauch eines 4-Personen-Haushaltes mit mittlerem Einkommen lagen 1994 bei 3958 DM.

Berechnungsbeispiele

Wie die monatliche Zahlung der Hilfe zum Lebensunterhalt berechnet wird, zeigen die folgenden Beispiele (Nordrhein-Westfalen).

Beispiel 1 (Stand 1. 7. 1995)

Ein Rentnerehepaar bekommt aus der Versicherung des Mannes nur 800 DM Rente, weil der Mann immer nur sehr niedrige Versicherungsbeiträge zahlen konnte. Wegen der Miete von 540 DM erhalten sie noch 309 DM Wohngeld. Ihre Einkünfte belaufen sich somit auf 1109 DM im Monat. Ein Vermögen besitzen sie nicht.

Das Sozialamt rechnet:

Regelsatz für den Haushaltsvorstand	526,00 DM
Mehrbedarfszuschlag (wegen Alter): 20 % von 457 DM	105,20 DM
Regelsatz für seine Frau	421,00 DM
(wegen Alter): 20 % von 366 DM	84,20 DM
Miete	540,00 DM
Heizung	80,00 DM
Zusammen	1756,40 DM
abzüglich Rente und Wohngeld	1109,00 DM
Auszahlung monatlich	647,40 DM

Armut in Deutschland 1992 in %

In einer Studie wurde das Ausmaß der Armut in Ost und West untersucht. Danach galt als arm, wer über weniger als die Hälfte des jeweiligen durchschnittlichen Haushaltsnettoeinkommens verfügte. Bei einer Unterteilung nach Armutsrisiken ergeben sich folgende Ergebnisse:

	Ost	West
Einkommensarmut	14,8	7,5
Von den Einkommensarmen waren in folgenden Bereichen unterversorgt		
Wohnraum	26,4	24,3
registrierte Arbeitslosigkeit	31,3	11,1
fehlender Berufsabschluß	15,0	44,3

Hanesch u.a. (1994). Armut in Deutschland. Reinbek (rororo), S. 143, 181

Wann müssen Verwandte zahlen?

Eltern sind gegenüber ihren Kindern unterhaltspflichtig, Kinder gegenüber ihren Eltern. Das gleiche gilt für Ehepartner, und i.d.R. auch nach einer Scheidung. Darum erkundigt sich das Sozialamt danach, ob ein Hilfesuchender statt der Sozialhilfe vom Staat nicht Unterhalt von unterhaltspflichtigen Angehörigen zu bekommen hätte.

Beispiel 2 (Stand Januar 1996)

Der Hilfsarbeiter Z. ist schon länger arbeitslos. Er erhält 1297 DM Arbeitslosenhilfe. Für seine 3 minderjährigen Kinder bekommt er das staatliche Kindergeld, das sind für das 1. Kind 200 DM, für das 2. Kind 200 DM, für das 3. Kind 300 DM. Herr Z. bekommt bei 1000 DM Miete außerdem 626 DM Wohngeld. Seine Einkünfte betragen insgesamt 2623 DM.

Das Sozialamt rechnet:

Regelsatz für den/die	
– Haushaltsvorstand	526,00 DM
– Frau	421,00 DM
– 15jährigen Sohn	473,00 DM
– 13jährige Tochter	342,00 DM
– 6jährige Tochter	289,00 DM
Miete	1000,00 DM
Heizung	130,00 DM
Zusammen	3181,00 DM
abzüglich Arbeitslosenhilfe, Kindergeld und Wohngeld	2623,00 DM
Auszahlung monatlich	558,00 DM

Was aber, wenn z.B. ein Vater oder ein geschiedener Ehepartner seiner Unterhaltspflicht nicht nachkommt und die Kinder bzw. den Partner nun ohne ausreichende Hilfe sich selbst überläßt? Auch in solchen Fällen hilft das Sozialamt: Es leistet Sozialhilfe, versucht aber gleichzeitig, die entstandenen Kosten von den Unterhaltspflichtigen einzutreiben. Dies erfolgt nur dann, wenn die Unterhaltspflichtigen zur Erstattung in der Lage sind.

Aufgaben

1 Informiert euch über soziale Einrichtungen in eurer Gemeinde.

2 Diskutiert Gründe für die angestiegene Zahl der auf Sozialhilfe angewiesenen Haushalte.

3 Erörtert die Gründe für Sozialhilfe.

4 Erörtert, warum Menschen trotz eines Rechtsanspruchs nicht immer Sozialhilfe in Anspruch nehmen.

5 Vergleicht die Höhe der Sozialhilfe vom Beispiel 2 mit dem, was sich ein Haushalt mit mittlerem Einkommen „leistet".

6 Vergleicht das Einkommen von Sozialhilfeempfängern mit dem anderer Haushaltsgruppen. Zieht dazu die Grafik *Durchschnittseinkommen* (s. Stichwortverzeichnis) heran.

6. Soziale Sicherung besonderer Gruppen

Leistungen nach dem BVG:
- Heilbehandlung und
- Krankenbehandlung
- Kriegsopferfürsorge
- Beschädigtenrente
- Bestattungsgeld
- Hinterbliebenenrente

Entschädigung nach dem Bundesversorgungsgesetz (BVG)

Wer im Dienste der Allgemeinheit besondere Opfer bringt und dadurch Schaden erleidet, hat Anspruch auf Entschädigung durch den Staat. Das gilt z. B. für Kriegsopfer, ehemalige DDR-Häftlinge, geschädigte Wehrdienst- und Zivildienstleistende und Impfgeschädigte.

Opfer von Gewalttaten wurden ebenfalls in diesem Personenkreis einbezogen. Im **Opferentschädigungsgesetz** (OEG) ist festgelegt, unter welchen Voraussetzungen sie Ansprüche im Sinne des BVG geltend machen können. Wichtigste Rente ist die Grundrente, die an Beschäftigte unabhängig von ihrem Einkommen gezahlt wird, wenn ihre Erwerbsfähigkeit mindestens um 25 % herabgesetzt ist. Die Höhe der Rente staffelt sich nach dem Grad der Erwerbsminderung.

Zweck und Ziele des Vereins Weißer Ring sind:

- Hilfe für Personen, die durch mit Strafe bedrohte vorsätzliche Handlungen geschädigt worden sind. Das kann durch direkte Zuwendungen oder Hilfsmaßnahmen für bedürftige Kriminalitätsopfer geschehen, aber auch durch öffentliches Eintreten für die Belange der Geschädigten – sowohl im Einzelfall als auch im allgemeinen.
- Unterstützung der staatlichen Instanzen bei der Verbrechensvorbeugung.

Rehabilitation: Wiedereingliederung in das berufliche und gesellschaftliche Leben

REHABILITATION VON BEHINDERTEN

Träger der Rehabilitation:
Krankenversicherung · Unfallversicherung · Rentenversicherung
Kriegsopferversorgung und -fürsorge
Bundesanstalt für Arbeit · Sozialhilfe

Medizinische Maßnahmen
- Früherkennung von Gesundheitsschäden
- Ärztliche Behandlung
- Prothesen und andere Hilfsmittel
- Belastungserprobung
- Arbeitstherapie
- Bewegungs-, Sprach- und Beschäftigungstherapie

Maßnahmen zur sozialen Eingliederung
- Hilfen zur Entwicklung der geistigen und körperlichen Fähigkeiten im Vorschulalter
- Schulische Bildung behinderter Kinder und Jugendlicher
- Beschäftigung in Werkstätten für Behinderte
- Behindertengerechte Wohnungen, Verkehrsmittel usw.

Berufsfördernde Maßnahmen
- Hilfe zur Erlangung und Erhaltung eines Arbeitsplatzes
- Berufsfindung und Arbeitserprobung
- Berufsvorbereitung
- Ausbildung, Umschulung, Fortbildung
- Arbeitstraining in Werkstätten für Behinderte

Steigende Kriminalität: doch wer denkt an die Opfer?

1992 verzeichnete die (...) Kriminalstatistik (...) rd. 6,3 Millionen registrierte Straftaten. Mehr als 150 000 Menschen fielen dabei einem Gewaltdelikt zum Opfer. Sie wurden überfallen, beraubt, brutal geschlagen, sexuell mißbraucht oder getötet. Hinzu kommen rund 150 000 Fälle vorsätzlicher leichter Körperverletzung (...) Die Kriminalität hat sich in den letzten 25 Jahren mehr als verdoppelt.

Bezieht man die von Gewalttaten mitbetroffenen Angehörigen der Opfer mit ein, so sind (...) jährlich mindestens eine viertel Million Menschen (...) durch die Folgen von Gewaltkriminalität geschädigt.

Während der Täter von seiner Festnahme an auf eine „staatlich verordnete Aufmerksamkeit" zählen kann – er wird über seine Rechte belehrt, hat Anspruch auf einen Rechtsbeistand und erhält gerade bei schweren Delikten durch Umschulungen, Ausbildungen oder sonstige Angebote zur Persönlichkeitsentfaltung „seine Chance", wird das Opfer von Kriminalität und Gewalt zumeist einfach vergessen. Das Opfer ist in manchen Fällen noch als Zeuge der Anklage im Strafprozeß gefragt, aber sonst? Die durch das Verbrechen in Not geratenen Opfer bleiben meist sich selbst überlassen. Sie müssen aus eigener Kraft und oft genug ohne greifbare Chance ihr schweres Schicksal meistern.

Staatliche Hilfe für die Opfer oft mangelhaft

Wenn ein Verbrechen nicht aufgeklärt werden kann, weil der Täter unerkannt bleibt oder wenn sich strafrechtlich keine Vorsatztat nachweisen läßt, wird dem Opfer staatliche Hilfe nach dem Opferentschädigungsgesetz oft versagt.

Ansprüche aus diesem Gesetz haben Opfer in der Regel nur, wenn der Täter gefaßt und wegen einer vorsätzlichen Gewalttat rechtskräftig verurteilt worden ist.

Der WEISSE RING fordert für die Opfer bereits dann eine Entschädigung, wenn bestimmte Tatumstände, wie z. B. eine Schuß- oder Stichverletzung auf eine vorsätzliche Gewalttat hindeuten. Es ist nicht länger hinzunehmen, daß von einem Verbrechensopfer verlangt wird, selbst den lückenlosen Nachweis für eine an ihm verübte Gewalttat im Sinne des OEG zu erbringen. Dies ist nach schweren Verletzungen, Bewußtlosigkeit oder dann, wenn es keine weiteren Zeugen für den Thathergang gibt, oft gar nicht möglich. (...)

In dem einen Fall hatte das Opfer auf offener Straße einen Kopfschuß erlitten und ist seitdem ein Pflegefall.

Weißer Ring (Hrsg.)
Kriminalitätsopfer brauchen Hilfe,
Mainz 1993, S. 12, 15, 27

Aufgaben

1 Nennt Maßnahmen des BVG.

2 Sprecht über Maßnahmen für Behinderte.

3 Begründet die schwierige Lage der Opfer von Gewalt.

4 Erörtert die Bedeutung der Aufgaben des Vereins „Weißer Ring".

Erwerbslosigkeit unvermeidlich?

... Strukturprobleme des Arbeitsmarktes zu verstehen.

... Maßnahmen zur Verringerung der Arbeitslosigkeit zu beurteilen.

Eine Umfrage

Im Februar 1995 fragten wir, die Autoren, Bürger und Bürgerinnen auf der Straße nach ihrer Meinung über Ursachen der zunehmenden Erwerbslosigkeit.
Wir faßten die gehörten Meinungen zusammen:

Problemgruppen auf dem Arbeitsmarkt: ein Teil der Arbeitslosen ist nicht leistungsfähig

Ein wichtiger Grund für die hohe Arbeitslosigkeit liegt darin, daß ein Teil der Menschen im erwerbsfähigen Alter nicht leistungsbereit genug ist. Früher wurde in der Schule mehr und besser gelernt.
Eine zunehmende Anzahl von Menschen will nicht erwerbstätig sein. Sie kassieren Arbeitslosen- oder Sozialhilfe und machen zusätzlich Geld durch Schwarzarbeit. Das sind die Schmarotzer unseres Sozialleistungssystems. Die Sozialleistungen sind so hoch, daß es sich manchmal nicht lohnt, erwerbstätig zu sein.
Für die Menschen in Ostdeutschland ist die Lage sicher sehr schwierig. Das muß durchgestanden werden. In zehn Jahren sieht das sicher anders aus. Die Tüchtigen schaffen das jetzt schon. Es ist notwendig, daß sich in Krisenzeiten die Menschen an die veränderten Bedingungen des Marktes anpassen. Wer nicht viel kann, darf auch kein hohes Einkommen verlangen.

Einige Argumente von Passanten geben wir im „Originalton" wieder.

Strukturprobleme des Arbeitsmarktes: das Angebot an Arbeit ist unzulänglich

Ein wichtiger Grund für die hohe Arbeitslosigkeit liegt darin, daß die angebotenen Arbeitsplätze nicht den Bedürfnissen der Arbeitsuchenden entsprechen.
Nicht unfähige Menschen sind die Ursache für die hohe Erwerbslosigkeit, sondern die Produktionsbedingungen bzw. -strukturen. Viele Frauen würden gern 30 oder 20 Stunden erwerbstätig sein, wenn das möglich wäre. In zunehmendem Maße erkennen auch Männer, daß eine Mischung von Erwerbsarbeit und Familienarbeit ihrem Leben mehr Sinn geben könnte als nur Erwerbsarbeit. Aber: es gibt viel zu wenig Teilzeitarbeitsplätze.
Hinzu kommt noch, daß in unserer hochtechnisierten Wirtschaft die Anforderungen an viele Arbeitsplätze sehr hoch sind. Da können nicht alle mitziehen. Es gibt nicht genug Arbeitsplätze mit geringen Anforderungen. Da die Löhne bei uns zu hoch sind, verlagern die Arbeitgeber einfache Arbeit ins billigere Ausland.
Die Nachfrage nach deutschen Waren im In- und Ausland ist zurückgegangen. Die Unternehmer haben nicht rechtzeitig genug neue Produkte und Verfahren entwickelt, um wettbewerbsfähig zu sein. Sie müssen bessere Ideen entwickeln. Die Umstellung auf das Marktsystem ist zu schnell erfolgt. Der Wandel ist vor allem für ältere Menschen kaum zu schaffen. Da geht es nicht nur um Geld, sondern um den Sinn des Lebens, um Werte, erlerntes Verhalten, Gefühle. Es ist zynisch zu glauben, Menschen könnten so rasch umgerüstet werden wie Maschinen.

„Es gibt genug Menschen, die viel verdienen und abgeben können. In schwierigen Zeiten muß umverteilt werden. Leute mit hohem Einkommen sollten mehr Steuern zahlen."

„Bislang hat die Produktion neuer Verfahren große Umwelt- und Gesundheitsbelastungen gebracht. Soll das so weitergehen? Nur wenn die neuen Produkte die Umwelt schonen, hat solch eine Strategie einen Sinn."

„Die Produktionskosten müssen gesenkt werden. Das gilt in Zeiten, wo die Aufträge fehlen, auch für die Löhne."

„Ist Ihnen klar, daß ein großer Anteil der Sozialhilfeempfänger Kinder sind, die in Zukunft unsere Renten finanzieren? Sind deren überwiegend alleinerziehende Mütter die von Ihnen angesprochenen Schmarotzerinnen unseres Sozialleistungssystems?"

Wege zur Verringerung der Erwerbslosigkeit

Eine wichtige Möglichkeit zur Verringerung der Erwerbslosigkeit liegt in einer anderen **Verteilung der Erwerbsarbeit.** Tarifvertragsparteien und Unternehmen sind hier gefordert. Erste Vereinbarungen liegen vor.

Maßnahmen des Staates
s. Stichwort *Wirtschaftspolitik.*

Beispiel: VW
In einem Sondertarifvertrag für die Jahre 1994 und 1995 ist u. a. folgendes vereinbart: Ab Januar 1994 senkt VW die wöchentliche Arbeitszeit von 36 auf 28,5 Stunden und führt die Vier-Tage-Woche ein.
Betriebsbedingte Entlassungen erfolgen in diesem Zeitraum nicht, Auszubildende werden übernommen.
Die Arbeitseinkommen werden auf dem Stand vom 31. 10. 1993 eingefroren. Nach einer komplizierten Berechnung sieht das Ergebnis auf der Einkommens- und Kostenseite so aus:
Die Arbeitnehmer verlieren 10% ihres Bruttoeinkommens und VW spart 20% der Personalkosten.

Beispiel: Metallindustrie
In dem bis 31. 12. 1994 laufenden Tarifvertrag ist u. a. folgendes vereinbart:
Die IG Metall verzichtet für 5 Monate auf eine Lohnerhöhung. Ab 1. 6. 94 erfolgt eine Erhöhung um 2%.

Arbeitslosigkeit, September 1995

	Bundesgebiet/Ost	Bundesgebiet/West
Arbeitslose	1 032 614	2 488 435
darunter:		
Frauen	658 108 (63 %)	1 098 035 (44 %)
Jugendliche unter 20 Jahren	25 962 (2,5 %)	82 252 (3,3 %)
Teilnehmer berufl. Weiterbildung	241 843	295 896
Empfänger v. Arbeitslosengeld,-hilfe	879 920	1 838 767
Altersübergangsgeld	300 205	2 218

Arbeitslosenquoten 1994 in Prozent

	Bundesgebiet/Ost	Bundesgebiet/West
Frauen	19,2	9,2
Männer	10,4	8,9
Jugendliche unter 20 Jahren	9,7	8,7

Amtliche Nachrichten der Bundesanstalt für Arbeit, 10, 1995

Betriebe können unter bestimmten Voraussetzungen die Wochenarbeitszeit von 36 auf 30 Stunden senken.
Arbeiten alle weniger, so erfolgen kein Lohnausgleich und keine Entlassung. Auszubildende werden übernommen.

Stellungnahmen von Bürgerinnen und Bürgern zu den neuen Arbeitszeitmodellen:

Rüdiger S.:
„Das Modell von VW ist gut, weil es die Arbeitsplätze sichert. Aber das ist nicht alles. Die Unternehmensleitung muß jetzt sehen, daß die Kostensenkung zu einer verbesserten Auftragslage führt. Da sind die Manager gefordert."

Maike T.:
„Die Sache bei VW hat einen Haken. Einige von den Betroffenen arbeiten 4 Tage bei VW und 1 Tag ‚schwarz' bei einer anderen Firma. Dadurch gehen Arbeitsplätze verloren."

Claudia P.:
„Bei VW ist nichts darüber vereinbart, daß auch bei Arbeitszeitverkürzung die Maschinenlaufzeiten verlängert werden. Das würde die Kapitalkosten verringern und die Wettbewerbsfähigkeit erhöhen. Vier Tage Arbeit für die Menschen, sieben Tage Arbeit für die Maschinen."

Anja T.:
„Weniger Lohn und geringere Arbeitszeit bei fehlenden Aufträgen ist von denen zu verkraften, deren Einkommen hoch ist. Aber für diejenigen, die kaum mehr verdienen als das Existenzminimum, zieht das nicht. Da muß über die Steuer ein Ausgleich erfolgen durch diejenigen, die viel verdienen."

Kurt M.:
„Wenn die Löhne sinken, dann können die Leute weniger kaufen. Das kann wieder zur Verringerung von Produktionsaufträgen und Beschäftigung führen."

Aufgaben

1 Vergleicht die Arbeitslosenquoten in den ost- und westdeutschen Bundesländern.

2 Informiert euch über die aktuelle Lage auf dem Arbeitsmarkt und prüft, was sich im Vergleich zu 1995 verändert hat.

3 Besprecht und beurteilt die Meinungen von der vorigen Seite. Berücksichtigt auch die Argumente der Passanten.

4 Beurteilt die Maßnahmen von VW und den Tarifvertrag in der Metallindustrie zur Sicherung der Beschäftigung.

Soziale Sicherung bei Arbeitslosigkeit

... welche Aufgaben das Arbeitsamt wahrnimmt.

... die Bedeutung der Leistungen für die Arbeitslosen zu erkennen.

... den Beitrag der Förderung der beruflichen Bildung einzuschätzen.

Achtung!
Bei fehlendem oder geringem Anspruch auf Arbeitslosengeld bzw. -hilfe wird bei **Bedürftigkeit Sozialhilfe** gezahlt.

Zusätzlich zum Arbeitslosengeld und zur Arbeitslosenhilfe besteht Anspruch auf Kinder- und Wohngeld.

Leistungen (Stand 1995):

Arbeitslosengeld
ohne Kind 60 %
mit Kind 67 %
des Nettoarbeitsentgelts

Arbeitslosenhilfe
ohne Kind 53 %
mit Kind 57 %
des Nettoarbeitsentgelts

Die wichtigsten Ziele des **Arbeitsförderungsgesetzes (AFG)** sind:
- Lohnersatz bei Arbeitslosigkeit
- Sicherung eines hohen Beschäftigungsstandes, z.B. durch Förderung der beruflichen Bildung, Umschulung, Förderung der Arbeitsaufnahme
- berufliche Eingliederung von Behinderten

Träger der Maßnahmen nach diesem Gesetz ist die **Bundesanstalt für Arbeit**.

Wichtige Leistungen nach dem Arbeitsförderungsgesetz

Die Leistungen werden aus Mitteln der **Arbeitslosenversicherung** und **Bundeszuschüssen** finanziert. In der Arbeitslosenversicherung ist jede abhängig Beschäftigte pflichtversichert. Der Beitrag beträgt 6,5 % vom Bruttoeinkommen bis zu einer bestimmten Einkommenshöhe. Er wird von Arbeitnehmerinnen und Arbeitgeberinnen je zur Hälfte getragen.

Lohnersatzleistungen

Arbeitslosengeld

Kann einer Arbeitslosen nicht sofort eine zumutbare Arbeit vermittelt werden, dann kann sie Arbeitslosengeld erhalten. Die Höhe hängt davon ab, ob Kinder zu versorgen sind.
Anspruch hat sie, wenn sie der Arbeitsvermittlung zur Verfügung steht, die Anwartschaft (Beschäftigung vor der Arbeitslosigkeit) erfüllt, sich arbeitslos gemeldet und Arbeitslosengeld beantragt hat.
Wer durch Eigenkündigung arbeitslos wird, dem kann sein Arbeitslosengeld bis zu 3 Monaten gesperrt werden.

Arbeitslosenhilfe

Ein Anspruch besteht, wenn die Arbeitslose dem Arbeitsmarkt zur Verfügung steht, sich arbeitslos gemeldet hat, keinen Anspruch auf Arbeitslosengeld besitzt und eine bestimmte Zeit lang eine beitragspflichtige Beschäftigung ausgeübt hat. Voraussetzung ist ferner die **Bedürftigkeit**. Bei der Prüfung auf Bedürftigkeit werden u. a. das eigene Einkommen und Vermögen und das des nicht dauernd getrennt lebenden Partners sowie Unterhaltsansprüche zwischen Kindern und Eltern berücksichtigt.

Hungernde Familie
Kreidezeichnung von Käthe Kollwitz, 1924

Die Arbeitslosenhilfe ist niedriger als das Arbeitslosengeld.

Konkursausfallgeld

Es wird zum Ausgleich nicht erhaltenen Arbeitsentgeltes gezahlt, wenn das Unternehmen Pleite macht.

Kurzarbeitergeld

Es wird gezahlt, wenn ein vorübergehender unvermeidbarer Arbeitsausfall eintritt, der u. a. auf folgenden Ursachen beruht:
- Absatzmangel, fehlende Zulieferungen (Ausnahme: Arbeitskampf in der Branche, z. B. mit gleicher Forderung)
- Umstellung auf ein neues Produkt
- Katastrophe, Stromsperre

Förderung der beruflichen Bildung

Finanzielle Förderung der beruflichen Bildung
Sie wird unter bestimmten Voraussetzungen geleistet:
- während einer betrieblichen und überbetrieblichen Ausbildung (z. B. bei auswärtiger Unterbringung kann BAföG gewährt werden)
- bei Arbeitslosigkeit Jugendlicher, für z. B. die folgenden Bildungsmaßnahmen:
  - berufsvorbereitende Maßnahmen, insbesondere Grundausbildungslehrgänge (z.B. Holzbearbeitung). Diese können

auch allgemeinbildende Fächer enthalten, die auf den Hauptschulabschluß vorbereiten
– ausbildungsbegleitende Hilfen, z. B. Stützunterricht und sozialpädagogische Betreuung
– Ausbildung in einer überbetrieblichen Einrichtung unter bestimmten Bedingungen

Die Durchführung der Maßnahmen erfolgt im Auftrag der Arbeitsämter durch verschiedene private und öffentliche Träger, z. B. die Kammern und Innungen, Berufsbildungswerke, Jugendsozialwerke sowie Gemeinden und Landkreise.

Berufliche Fortbildung und Umschulung

Gefördert werden kann als Ermessensleistung die Teilnahme auch an arbeitsmarktpolitisch sinnvollen

- Fortbildungsmaßnahmen, die darauf abzielen, berufliche Kenntnisse und Fertigkeiten zu erhalten bzw. zu erweitern oder der technischen Entwicklung anzupassen,
- Umschulungsmaßnahmen, die den Übergang in eine andere geeignete berufliche Tätigkeit ermöglichen,
- Kursen zur Vorbereitung auf die Wahl von Arbeitsplätzen und Möglichkeiten der beruflichen Bildung.

Voraussetzung für die finanzielle Förderung ist, daß Arbeitslosigkeit droht oder ein beruflicher Abschluß fehlt. Die Förderung muß nach Lage und Entwicklung des Arbeitsmarktes zweckmäßig sein und mit einer erfolgreichen Teilnahme muß gerechnet werden können.

Übernommen werden z. B. Kosten für die Lehrgänge, Lernmittel, Fahrt, Arbeitskleidung, Krankenversicherung, Unterkunft und Mehrkosten für Verpflegung. Bei vollzeitschulischen Maßnahmen kann Unterhaltsgeld gezahlt werden.

Förderung der Arbeitsaufnahme

- Erstattung von Bewerbungskosten und Reisekosten, z. B. bei Vorstellung
- Fahrtkostenbeihilfe, z. B. zur Förderung der Mobilität von Arbeitslosen, die sonst schwer unterzubringen wären
- Umzugskosten (Transport, Reisekosten), z. B. wenn bei Arbeitslosen der Umzug wegen auswärtiger Arbeitsaufnahme erforderlich ist (als Zuschuß oder Darlehen)
- Trennungsbeihilfen und Familienheimfahrten bei auswärtiger Arbeitsaufnahme, wenn die Familie noch am alten Ort wohnt
- Einarbeitungszuschüsse

Arbeits- und Berufsförderung Behinderter (Berufliche Rehabilitation)

Gefördert werden insbesondere die berufliche Ausbildung, Fortbildung und Umschulung sowie Arbeitshilfen an Arbeitsplätzen.

Altersübergangsgeld (Vorruhestand)

Mindestens 55jährige Arbeitslose, die bis Ende 1992 in den neuen Bundesländern arbeitslos wurden, können Altersübergangsgeld erhalten in Höhe des Arbeitslosengeldes.

Förderung von Maßnahmen zur Arbeitsbeschaffung (ABM)

Es werden Arbeiten gefördert, die sonst wegen Geldmangel nicht oder später durchgeführt würden und im öffentlichen Interesse liegen. Gewährt werden an Arbeitgeber Zuschüsse von 50–75 % des Arbeitsentgelts sowie Darlehen oder Zuschüsse für die Schaffung von Arbeitsplätzen.

Aufgaben

1 Betrachtet die Zeichnung von Käthe Kollwitz. Sprecht über eure Gefühle und Gedanken.

2 Kann das Arbeitsamt helfen? Zieht zur Lösung der Fälle die Beschreibung der Leistungen nach dem AFG heran.

A Mark (21) ist ledig und nach drei Jahren entlassen worden. Zuletzt verdiente er 1800 DM netto. Ermittelt seinen Anspruch auf Arbeitslosengeld. Welche Hilfen erhält er bei längerer Arbeitslosigkeit?

B Benjamin hat keinen Hauptschulabschluß. Er fand weder eine Ausbildungsstelle noch eine Arbeitsstelle. Um welche Hilfen könnte er sich bemühen?

C Dietlind (18) hat Bäckerin gelernt. Nach der Ausbildung wird sie arbeitslos. Sie möchte sich umschulen lassen. Kann das Arbeitsamt helfen?

D Theo aus Gera ist als Schlosser schon länger arbeitslos. Er ist verheiratet und hat Kinder. Er erfährt, daß ein Unternehmen in Neckarsulm Schlosser mit seiner Zusatzausbildung sucht. Er möchte sich bewerben. Welche Ansprüche auf Förderung hat er?

3 Erklärt die Abbildung in der Randspalte.

Statistik kritisch betrachtet

… wie Statistiken verschiedenen Interessen gemäß grafisch dargestellt werden können.

Arbeitslosigkeit unter der Lupe

Arbeitslosenquoten[1] 1978–1994 in Prozent (alte Bundesländer)

1978	4,3	1987	8,9
1979	3,8	1988	8,7
1980	3,8	1989	7,9
1981	5,5	1990	7,2
1982	7,5	1991	6,3
1983	9,1	1992	6,6
1984	9,1	1993	8,2
1985	9,3	1994[1]	8,2
1986	9,0	1994[2]	9,2

[1] Die Arbeitslosenquote gibt den Anteil der Arbeitslosen an der Gesamtheit aller zivilen Erwerbspersonen in Prozent an.
[2] Anteil der abhängigen zivilen Erwerbspersonen ohne Soldaten und Selbständige

Auszüge aus den Stat. Jahrbüchern

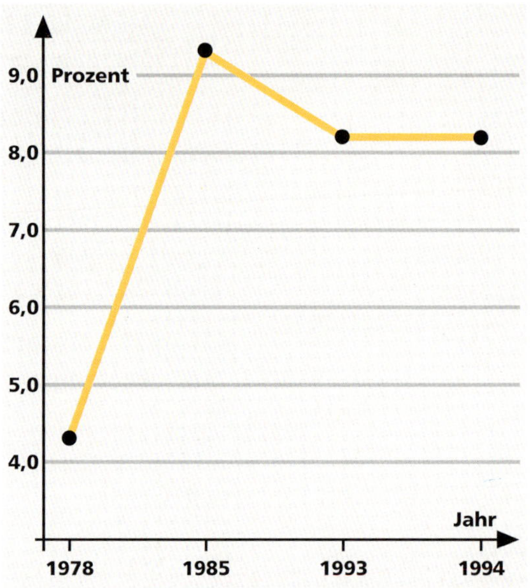

Detektive gesucht: Was man aus diesen Zahlen alles machen kann

Rudi: „Ich weiß gar nicht, warum in den Medien so viel über eine hohe Arbeitslosigkeit gestöhnt wird. Aus dieser Grafik mit den neuesten Zahlen sieht man doch, daß seit 1985 alles klar geht: Mit der Arbeitslosigkeit geht es ständig bergab."

Kalle: „Die neuesten Zahlen über die Arbeitslosigkeit sind bedrückend: Seit 1978 geht es ständig bergauf. Wie soll das nur weitergehen? Bei meiner Firma steht es noch ganz gut."

Janna: „Von 1978 bis 1985 hat die Arbeitslosigkeit enorm zugenommen. Es gab zwar bis 1991 ein Absinken der Zahlen, aber leider ging es dann wieder bergauf. Ich finde, 8,2% ist viel zu hoch. Hoffentlich geht's ab 1995 wieder bergab."

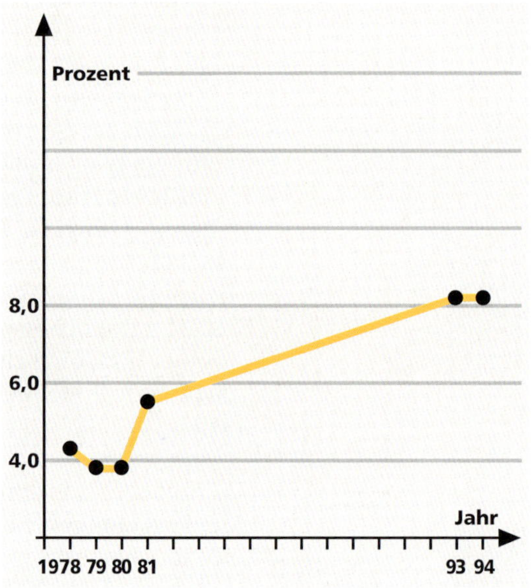

Aufgaben

1 Beurteilt die drei Aussagen oben. Begründet, warum die Grafiken so unterschiedlich aussehen. Welche Grafik entspricht am ehesten den Zahlen?

2 Betrachtet die Arbeitslosenzahlen 1995 für Männer und Frauen, vergleicht mit den entsprechenden Arbeitslosenquoten und beurteilt folgende Meinung:
„Wenn ich das so richtig sehe, dann waren 1995 in den westlichen Bundesländern 2 488435 Personen arbeitslos, davon 1 098 035 Frauen. Da sieht man doch ganz deutlich, daß die Frauen viel besser dastehen als Männer. Gestern hat eine Frau aus Dresden geschimpft, daß Frauen so benachteiligt werden. Das stimmt doch gar nicht."

Zu den Arbeitslosen-Zahlen 1995 beachtet das Stichwort *Arbeitslosigkeit*, 1995

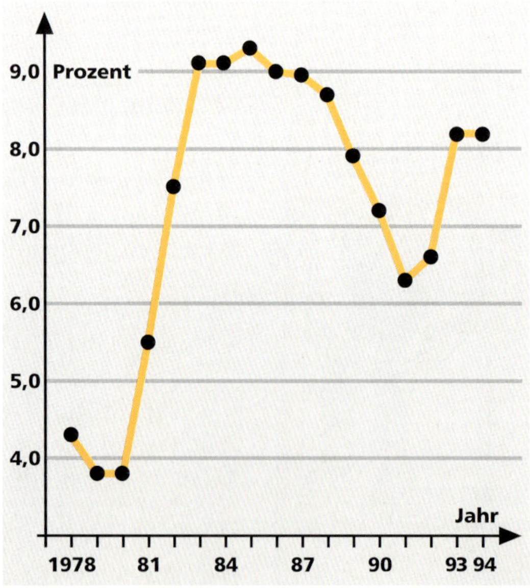

Arm oder reich?

Vollzeiterwerbstätige im Mai 1992, früheres Bundesgebiet

männlich: 15 872 000
weiblich: 6 955 000
insgesamt: 22 827 000

davon

nach Nettoeinkommensgruppen
(Angaben in %)

Einkommen in DM	männlich	weiblich
unter 600	3,1	6,0
600 – 1000	3,2	7,8
1000 – 1400	1,9	10,4
1400 – 1800	6,0	20,7
1800 – 2200	15,2	22,0
2200 – 2500	16,6	12,9
2500 – 3000	17,4	8,9
3000 – 3500	11,8	4,5
3500 – 4000	7,0	2,7
4000 – 5000	8,4	2,5
5000 u. mehr	9,4	1,6

Einkommen in DM	insgesamt
unter 600	4,0
600 – 1000	4,6
1000 – 1400	4,5
1400 – 1800	10,4
1800 – 2200	17,3
2200 – 2500	15,5
2500 – 3000	14,8
3000 – 3500	9,6
3500 – 4000	5,7
4000 – 5000	6,6
5000 u. mehr	7,0

Stat. Jahrbuch 1994

Neuenburger Tagesbote (11.11.95)

Zwei Drittel arm – ein Drittel reich!
Die Zahlen des Statistischen Bundesamtes machen wiederum klar: Die Armut in der deutschen Gesellschaft nimmt rapide zu.
Rund zwei Drittel der deutschen Haushalte verdient weniger als 3000 DM.
Notwendig ist eine neue Umverteilungspolitik des Staates, damit die Reichen nicht ständig reicher werden.

Neuenburger Abendblatt (11.11.95)

Zwei Drittel reich – ein Drittel arm!
Die Zahlen des Statistischen Bundesamtes machen wiederum klar:
Die deutsche Gesellschaft ist gesund. Rund zwei Drittel der Deutschen verdienen gut. Sie können zufrieden sein mit ihrem Staat. Die Verteilungspolitik in den letzten Jahrzehnten hat sich bewährt.

Neuenburger Morgenpost (11.11.95)

Eine breite Mittelschicht stabilisiert die deutsche Gesellschaft
Die Zahlen des Statistischen Bundesamtes machen wiederum klar:
Die deutsche Gesellschaft ist wie keine andere auf Fels gebaut. Ein breite Mittelschicht deutscher Männer kann ihre Familien gut ernähren. An den Rändern gibt es die besser und die schlechter Verdienenden. Die fallen nicht weiter ins Gewicht, sind für die Politik unerheblich.

Auswertung von Statistiken/Grafiken:
- Auf wen oder was bezieht sich die Statistik: Frauen, Männer, Nettoeinkommen, Haushaltseinkommen?
- Wie wurden Durchschnittswerte gebildet?
- Werden die Achsen (korrekt) bezeichnet?
- Sind für gleiche Zeiträume gleiche Abstände vorgesehen?
- Verzerren optische Effekte (Farbe, räumliche Effekte) die Datenlage, z. B. bei einem Säulendiagramm?

Beurteilung von Kommentaren
- Bezugsgruppe und Zeit genau benannt?
- Auf welche Durchschnittwerte wird Bezug genommen? Was wird ausgelassen?
- Wie werden Bewertungen vorgenommen, z. B. gut, schlecht, wenig, viel, reich, arm, kein Interesse an Geld?
- Welches Interesse leitet den Kommentar?
- Wo werden Meinungen geäußert, die nicht der Statistik zu entnehmen sind?

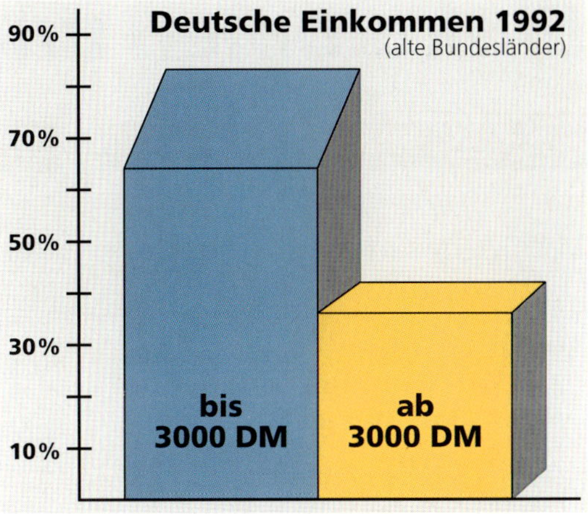

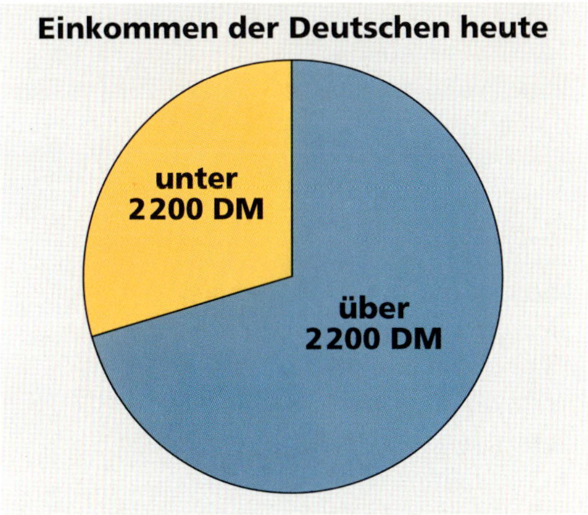

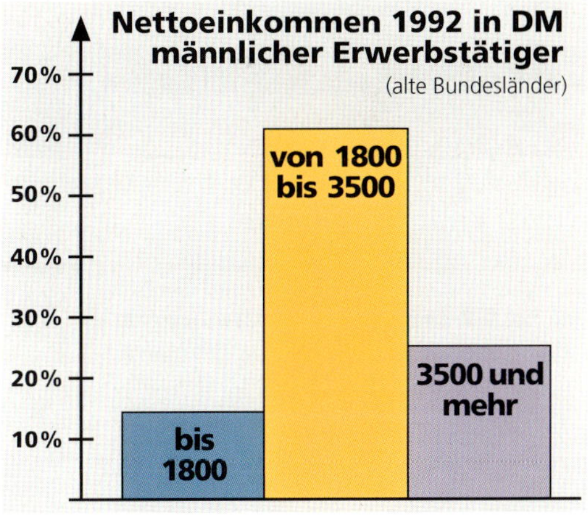

Aufgaben

1 Begründet die unterschiedlichen Bewertungen in den Kommentaren.

2 Erarbeitet einen Kommentar und eine Grafik, die soweit wie möglich der Tabelle entspricht. Findet eine zugkräftige Überschrift.

3 Zeichnet nach der Tabelle eine ähnliche Grafik wie die in der Neuenburger Morgenpost für die weiblichen Erwerbstätigen. Vergleicht beide Darstellungen.

Materialien zum Problemfeld: Einkommen und soziale Sicherung

M7

Vermögensarten im Überblick

Geldvermögen:
z. B. Bargeld, Sparguthaben, fest verzinsliche Wertpapiere.

Gebrauchsvermögen:
z. B. Eigenheime, Wohnungseinrichtungen, Verkehrsmittel.

Grundvermögen:
z. B. Wohngebäude, Geschäftsgebäude, Grundstücke.

Produktivvermögen:
z. B. Betriebsvermögen, insbes. Bauten, Ausrüstungen, Lagerbestände der Einzelunternehmen und Persongesellschaften, Aktien, GmbH-Anteile, Investment-Anteile an überbetriebl. Vermögensfonds, landwirtschaftl. Vermögen, z. B. Boden, Gebäude, Inventar.

M8

WSI: Lücke zwischen Reich und Arm größer

Die Schere zwischen Reich und Arm in Deutschland hat sich nach Ansicht des Wirtschafts- und Sozialwissenschaftlichen Instituts (WSI) weiter geöffnet. (...) Danach haben sich die Unternehmergewinne und die Einkommen von Selbständigen in den vergangenen Jahren besser entwickelt als die verfügbaren Einkommen von Arbeitnehmern. Als einen Hauptgrund (...) nannte das WSI das Steuersystem. Dieses begünstige Unternehmen und Großverdiener, weil es ihnen mehr Spielraum und Schlupflöcher lasse als den „kleinen Leuten". Das WSI sprach von einem „verdeckten Skandal". Die ungleiche Einkommensentwicklung schlage sich auch bei der Vermögensverteilung nieder: Ein Drittel des privaten Geldvermögens sei 1993 auf nur 5,5 Prozent aller Haushalte entfallen. Rund 50 Prozent teilen sich dagegen 9 Prozent des Geldvermögens. 11 Prozent aller Haushalte in den alten und fast 16 Prozent in den neuen Ländern waren nach Angaben des WSI verschuldet – mit im Schnitt 5 200 DM im Westen und 2 600 DM im Osten. Noch drastischer sähe die Situation bei Immobilien aus: Fast 50 Prozent aller Haushalte besäßen kein Grundeigentum. 5,8 Prozent der Haushalte hielten dagegen ein Drittel des Bestandes.

F.A.Z., 11.12.95

M9

Vermögenseinkommen der privaten Haushalte 1994

Im Jahre 1994 haben die privaten Haushalte ihr Geldvermögen um 236 Mrd. DM aufgestockt; außerdem flossen 51 Mrd. DM in die Eigenheimfinanzierung. Der Geldvermögensbestand belief sich am Jahresende 1994 auf 4,3 Bill. DM – 4,0 Bill. DM davon entfielen auf westdeutsche Haushalte. Diese besaßen daneben ein beträchtliches Wohnungsvermögen (5 Bill. DM) und Gebrauchsvermögen (1 Bill. DM), mithin ein Gesamtvermögen von rund 10 Bill. DM.
Als Erträge aus Geldvermögen erzielten die privaten Haushalte 1994 Zinsen und Dividenden (vor Steuerabzug) in Höhe von 209 Mrd. DM. Mit 10 Mrd. DM ging davon nur ein kleiner Teil an die Privathaushalte in den neuen Bundesländern. (...) Durchschnittlich bezogen die westdeutschen Haushalte 1994 Zinseinkünfte von 6 400 DM, die ostdeutschen Haushalte solche von 1 600 DM (...)

Verfügbares Einkommen, privater Verbrauch, Ersparnis und Vermögensübertragungen
1994 hatte die Gesamtheit der privaten Haushalte in Deutschland ein Einkommen von mehr als 2,1 Bill. DM zur Verfügung (...) Das verfügbare Einkommen je ostdeutschen Privathaushalt erreichte im Berichtsjahr 70 v. H. des westdeutschen Vergleichsbetrages (1992: 63 v. H.). In den privaten Verbrauch flossen knapp 1,9 Bill. DM. (...)
Der Ersparnis führten die privaten Haushalte im Berichtsjahr 235 Mrd. DM zu. Realeinkommenseinbußen schränkten die Sparfähigkeit der Bevölkerung weiter ein. In Ostdeutschland hat sich der Sparprozeß inzwischen dem westdeutschen Verlaufsmuster angeglichen; der durchschnittliche Sparbetrag der ostdeutschen Haushalte erreicht 65% der westdeutschen.

M10

Erbschaften

2600 Milliarden Mark
Bis zum Jahr 2000 sind in Deutschland 1,7 Millionen Erbschaftsfälle zu erwarten. Das zu vererbende Vermögen wird auf etwa 2,6 Billionen DM geschätzt. Weder Kriege noch Hyperinflation haben das Vermögen der Aufbaugeneration vermindert, das nun an die nächste Generation übergeht. (...) Die meisten Erben – 40 % – müssen sich noch mit einer Hinterlassenschaft von weniger als 200 000 DM begnügen. Bei jeder fünften Erbschaft sind immerhin 400 000 DM im Topf, und 2,5 Prozent der Bundesbürger erben eine Million.

iwd Nr. 23 v. 8. 6. 1995, S. 8

Geldvermögen der privaten Haushalte 1993

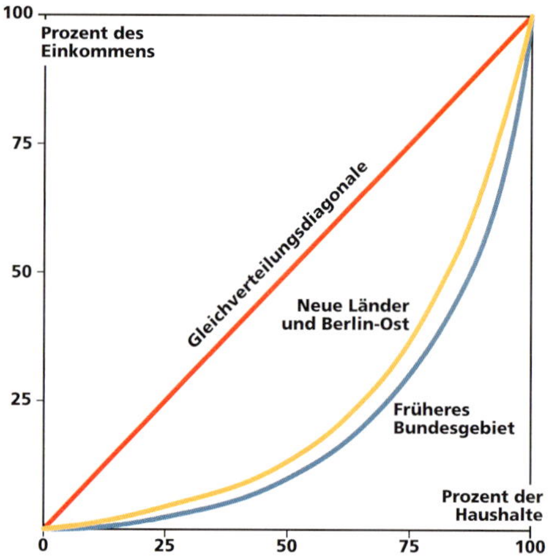

Vermögenseinkommen der Haushaltsgruppen[1] in DM je Haushalt 1994

	Früheres Bundesgebiet	Neue Länder und Berlin-Ost	Deutschland
Haushalte von			
Selbständigen in der Landwirtschaft	10 000	2 000	9 697
Selbständigen außerhalb der Landwirtschaft	21 002	3 434	18 385
Angestellten	5 884	1 814	5 155
Beamten	5 429	1 684	5 217
Arbeitern	3 545	1 505	3 086
Arbeitslosen	1 367	530	1 141
Rentnern	5 322	1 509	4 516
Pensionären	6 688	–	6 688
sonstigen Personen[2]	11 322	1 000	10 941
Privathaushalte insgesamt	**6 411**	**1 599**	**5 545**

[1] Ohne private Organisationen ohne Erwerbszweck und ohne Anstaltsbevölkerung. Abweichungen in den Summen durch Rundung der Zahlen.
[2] Haushalte von Nichterwerbstätigen mit überwiegendem Lebensunterhalt durch Vermögenseinkommen, Sozialhilfe, Stipendien, Übertragungen von Angehörigen oder aus sonstigen Quellen.

Quelle: Berechnungen des DIW unter Verwendung amtlicher Statistiken.

Geldvermögen der privaten Haushalte[1], Bestand am Jahresende in Mrd. DM

Jahr	1980	1985	1990	1994[4]
Spareinlagen	493,0	611,7	679,9	930,6
Geldanlagen bei				
Bausparkassen	107,7	122,1	124,0	151,6
Versicherungen	246,2	412,3	639,7	907,2
Geldanlagen in				
festverzinsl. Wertpapieren[2]	170,3	332,6	500,9	893,5
Aktien[2]	70,8	155,8	191,1	266,2
Geldmarktpapieren	2,8	2,9	10,1	7,8
Termingelder und Sparbriefe	157,0	253,5	384,4	463,5
Bargeld und Sichteinlagen	127,8	155,1	229,9	364,9
Sonstige Forderungen[3]	107,9	168,6	244,7	314,7
Bruttogeldvermögen insgesamt	1483,5	2214,7	3005,1	4320,0
Nachrichtlich:				
Verpflichtungen[5]	143,2	192,8	271,6	365,8
Nettogeldvermögen	1340,3	2021,9	2733,5	3954,2

[1] Einschließlich privater Organisationen ohne Erwerbszweck und Anstaltsbevölkerung. Abweichungen in den Summen durch Rundung der Zahlen. – [2] Zu Tageskursen bewertet. – [3] Ansprüche aus betrieblichen Pensionszusagen u.a. – [4] Gesamtdeutschland – [5] Konsumentenkredite.

Quellen: Deutsche Bundesbank: Zahlenübersichten und methodische Erläuterungen zur gesamtwirtschaftlichen Finanzierungsrechnung für Westdeutschland 1960 bis 1992; Die gesamtwirtschaftlichen Finanzierungsströme in Deutschland im Jahre 1994. In: Deutsche Bundesbank, Monatsbericht 5/95; Berechnungen des DIW.

DIW-Wochenbericht 24/95, S. 435 – 441

M11

Vermögensverteilung in der Bundesrepublik Deutschland im Jahr 1973

Zur Beschreibung der Vermögensverteilung werden die Haushalte nach steigendem Vermögen in 5 Gruppen, die jeweils 20% der Haushalte erfassen, eingeteilt. Danach besitzen die 20% der „reichsten“ Haushalte (oberstes Quintil) 78% des Nettogesamtvermögens. Betrachtet man die einzelnen Vermögensarten, dann fällt auf, daß bestimmte Vermögensarten sehr konzentriert sind: Beim Haus- und Grundvermögen, Produktivvermögen und Wertpapierguthaben entfallen jeweils über 80% des Gesamtvolumens auf das oberste Quintil.

Vermögen der privaten Haushalte 1973

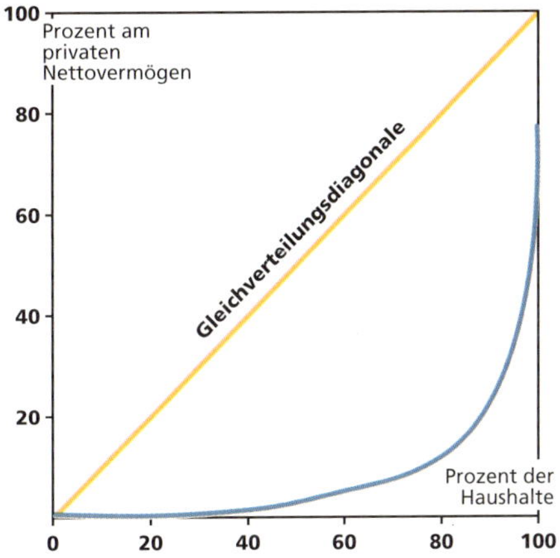

Vermögensverteilung der privaten Haushalte 1973

Vermögensarten	1. (unteres) Quintil*	2. Quintil	3. Quintil	4. Quintil	5. (oberstes) Quintil
Haus- und Grundvermögen	0,2	0,5	3,4	15,9	80
Sparguthaben	4,5	10,5	20,5	23,5	41
(Nichtaktien-) Produktivvermögen	0,1	0,9	1,7	9,8	87,5
Wertpapierguthaben	0,5	1,5	6,0	10,5	81,5
Bargeld, Sicht- und Terminguthaben	2,5	7,0	14,5	20,5	55,6
Lebensversicherungsguthaben	1,5	4,0	10,5	16,0	68,0
Bausparguthaben	2,4	11,1	22,1	28,4	36,0
Nettogesamtvermögen	0,8	2,0	5,7	13,5	78,0

* Ein Quintil umfaßt jeweils 20 Prozent der Haushalte nach der Vermögensschichtung.

Über die Entwicklung der Verteilung und Konzentration des privaten Gesamtvermögens nach 1973 liegen keine Auswertungen vor.

Hornung-Draus, Renate (1989). Das Vermögen der privaten Haushalte in der Bundesrepublik Deutschland: Bestand, Entwicklung und Verteilung. In: Jahrbuch für Nationalökonomie und Statistik. Band 206/1, S. 41, 43

M12

Maßnahmen zur Förderung der Vermögensbildung in Arbeitnehmerhand

Sie konzentrieren sich auf drei Bereiche:

1. Staatliche Sparförderung

Im Wege der Sparförderung versucht der Staat, die Sparbereitschaft der Bezieher mittlerer und niedriger Einkommen (Einkommensobergrenze) durch die Gewährung von finanziellen Vergünstigungen – Steuernachlässe und Sparprämien – anzuregen. Durch die Bindung dieser Vergünstigungen an eine bestimmte Mindestanlagedauer ist der Sparer zu möglichst langfristiger Vermögensbildung angehalten. (...)

2. Investivlohn

Der Investivlohn ist ein – aufgrund tarifvertraglicher Vereinbarung oder gesetzlicher Regelung – zusätzlich zum laufenden Lohn gewährter Lohnanteil, der dem Arbeitnehmer nicht bar ausbezahlt, sondern für eine bestimmte Mindestzeit vermögenswirksam angelegt wird. (...)

3. Gewinnbeteiligung

Unter Gewinnbeteiligung verstehen wir die Partizipation der Arbeitnehmer an den Unternehmenserträgen. Werden derartige Gewinnanteile nicht zur konsumtiven Verwendung freigegeben, sondern der investiven Bindung unterworfen, so sprechen wir von investiver Gewinnbeteiligung.

May, H: Ökonomie für Pädagogen. Oldenbourg Verlag München, Wien 1990; S. 108-110

nach: Globus 3004
Quelle: DAI

Ökonomie kontra Ökologie?

...welche Umweltbelastungen durch wirtschaftliches Handeln entstehen können.

...daß die Vermeidung und Verminderung von Umweltbelastungen zur Erhaltung unserer Lebensbedingungen notwendig ist.

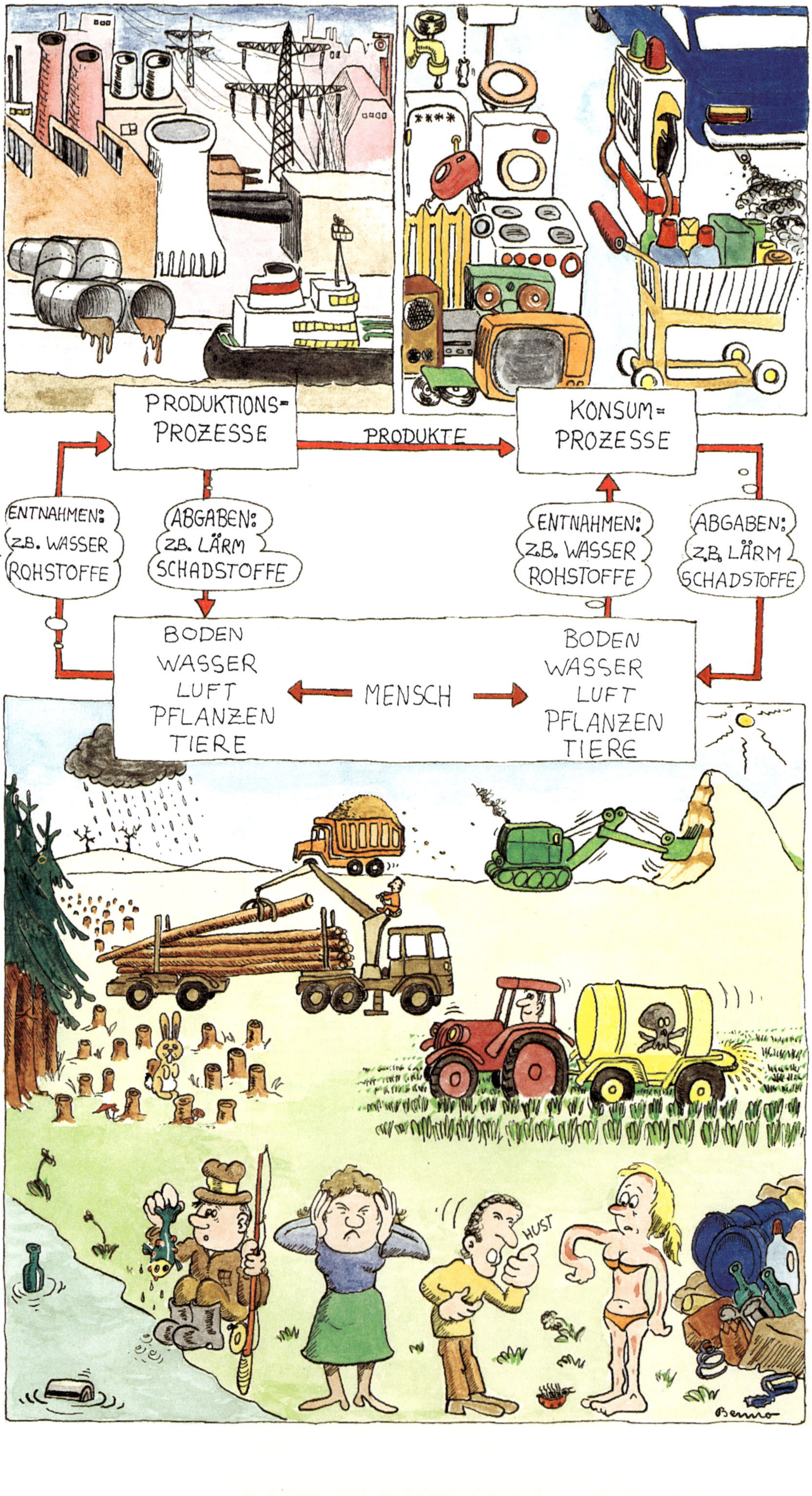

Emissionen:
Die von Anlagen, Kraftfahrzeugen oder Produkten an die Umwelt abgegebenen Schadstoffe.

Immissionen:
Einwirkungen der emittierten (abgegebenen) Schadstoffe auf Menschen, Tiere, Pflanzen und Gebäude, nachdem sie sich ausgebreitet oder umgewandelt haben.

so oder so

Ökologie
ist die Lehre von den wechselseitigen Beziehungen zwischen Organismen und ihrer Umwelt. Er setzt sich aus den griechischen Wörtern oikos = Haus und logos = Wort, Lehre zusammen.

Ökologie
bedeutet inhaltlich die Lehre vom notwendigen und möglichen Frieden des Menschen und der Natur.

Der ökologischen Betrachtungsweise liegt die Auffassung zugrunde, daß jedes Lebewesen umgeben ist und beeinflußt wird von einer Vielzahl von Faktoren, die alle zusammen seinen Lebensraum bilden und mit denen zusammen es ein Geflecht oder Netzwerk von vielschichtigen Beziehungen und wechselseitigen Einflüssen bildet. Betrachtet man eine Lebensgemeinschaft gemeinsam mit ihrem Lebensraum als Einheit, so spricht man von einem ökologischen System oder Ökosystem. (...)
Ökologie ist aber auch zugleich eine uralte menschliche Erfahrung, denn in den Jahrtausenden seiner vorgeschichtlichen Existenz war der Mensch zunächst selbst überwiegend anderen Gewalten und Einflüssen unterworfen und mußte sich, um zu überleben, (...) naturgerecht verhalten. Er war (...) noch nicht in der Lage, die Ökosysteme aktiv nach seinen Bedürfnissen zu beeinflussen, (...) Lebensräume zu zerstören oder neue zu schaffen. (...)
Heute, da der Mensch in Unkenntnis oder unter Mißachtung vieler Faktoren oder Zusammenhänge oft massiv in natürliche Abläufe und Systeme eingreift und wichtige natürliche Lebensgrundlagen (...) zerstört oder gefährdet, (...) ist er gezwungen, ökologisches Verhalten gleichsam „neu" zu lernen.
Entscheidend dabei ist, daß der Mensch wieder lernt, sich selbst als Element der Lebensräume zu sehen, die er nutzt. (...)

Bundesministerium des Innern (Hrsg.):
Was Sie schon immer über Umweltschutz wissen wollten,
Stuttgart 1987, S. 53-55

wir können
wirklich
etwas dafür tun
daß
blumen weiter blühen
daß
im wasser fische leben
daß
in flüssen menschen baden
daß
die luft besser wird
daß
leben nicht zerstört wird
sondern sich entfalten kann
wir müssen
nur
einige lebensgewohnheiten
ändern

Klever, P.: Wende dein Gesicht der Sonne zu, Lahr,
Kaufmann-Verlag

Aufgaben

1 Erklärt, was im Text unter ökologischer Betrachtungsweise zu verstehen ist.

2 Erklärt den Kreislauf, der zu ökologischen Problemen führt. Nennt Beispiele aus eurem Lebensbereich.

3 Nennt Beispiele für Immissionen und Emissionen.

4 Setzt euch mit den Karikaturen auseinander.

5 Nennt Beispiele für Konflikte zwischen ökonomischem und ökologischem Denken und Handeln.

Umweltpolitische Maßnahmen

... nach welchen Prinzipien Umweltpolitik gemacht wird.
... Maßnahmen staatlicher Umweltpolitik zu beurteilen.
... umweltpolitische Maßnahmen in eurer Gemeinde zu untersuchen.

Prinzipien der Umweltpolitik

Verursacherprinzip

Das Verursacherprinzip gilt als das wichtigste Prinzip der Umweltpolitik. Es besagt, daß derjenige für die Vermeidung bzw. Beseitigung von Umweltschäden aufzukommen hat, der sie verursacht.
Verursacher ist derjenige, bei dem die Umweltbelastung während oder am Ende eines Produktions- oder Konsumprozesses anfällt bzw. sichtbar wird, z. B. die Lärmbelastung durch Maschinen.
Auch derjenige gilt als Verursacher, der durch die Anwendung eines bestimmten Produktes die Grundlage für eine spätere Umweltbelastung legt; z.B. die Verwendung von Spraydosen mit FCKW.
Das Verursacherprinzip zielt darauf ab, daß die Kosten der Umweltbelastung dort anfallen, wo die Entscheidung über die Produktionsverfahren fallen. Seine Anwendung kann dazu führen, daß umweltschädliche Produktionsverfahren und die damit erzeugten Konsumgüter verteuert werden. Durch diese Verteuerung sollen der Absatz verringert und die Produktion umweltfreundlicher Produkte angeregt werden.
Das Verursacherprinzip ist nur begrenzt anwendbar. Es setzt z.B. voraus, daß die Kosten immer einem Verursacher direkt zuzurechnen sind und daß sich die Verbraucher immer kostenbewußt verhalten.

Gemeinlastprinzip

Wenn die Umweltbelastung einem einzelnen Verursacher nicht zugerechnet werden kann, muß die Allgemeinheit die Kosten für die Umweltschäden übernehmen.
Dieses Prinzip sollte in der Umweltpolitik nur so weit wie notwendig angewendet werden. Die (teilweise) Finanzierung aus öffentlichen Mitteln kann notwendig sein, um Investitionen zum Schutz der Umwelt anzuregen oder zu beschleunigen. Sie ist z. B. unumgänglich bei akuten Umweltnotlagen oder der Sanierung von Altlasten, z. B. Müllkippen.

Vorsorgeprinzip

Umweltpolitik sollte nicht nur auf die Beseitigung oder Verminderung von Umweltbelastungen ausgerichtet sein, sondern vor allem von vornherein die Entstehung von Umweltbelastungen durch entsprechende Risikovorsorge und Gefahrenabwehr verhindern. Man nennt dies eine präventive (vorsorgende) Umweltpolitik.

Umweltpolitik
ist die Gesamtheit aller Maßnahmen, die notwendig sind, um dem Menschen eine Umwelt zu sichern, die ihm eine menschenwürdige Lebensweise ermöglicht.

Instrument einer präventiven Umweltpolitik

Auflagen (Gebote)

Bei den Geboten handelt es sich um bestimmte Verpflichtungen, z. B. für den Bau oder den Betrieb von Produktionsanlagen oder auch Anlagen in privaten Haushalten, z. B. Grenzwerte für die Emissionen von Schadstoffen, regelmäßige Überprüfung der Heizungsanlagen durch Schornsteinfeger.

Verbote

Verbote zielen darauf ab, daß Umweltbelastungen erst gar nicht entstehen, z. B. das Verbot zur Verwendung bestimmter chemischer Stoffe, das Verbot eine bestimmte Geschwindigkeit zu überschreiten.

Abgaben

Zur Förderung umweltfreundlicher Produktionsanlagen können Abgaben erhoben werden. Nach dem Abwasserabgabengesetz muß jeder, der verschmutztes Wasser ableitet, eine Abgabe bezahlen. Ihre Höhe richtet sich nach der Menge und Schädlichkeit des Wassers. Die Abgabe soll die Produzenten anregen, weniger Wasser zu verbrauchen und die Einleitung schädlicher Stoffe zu vermeiden.

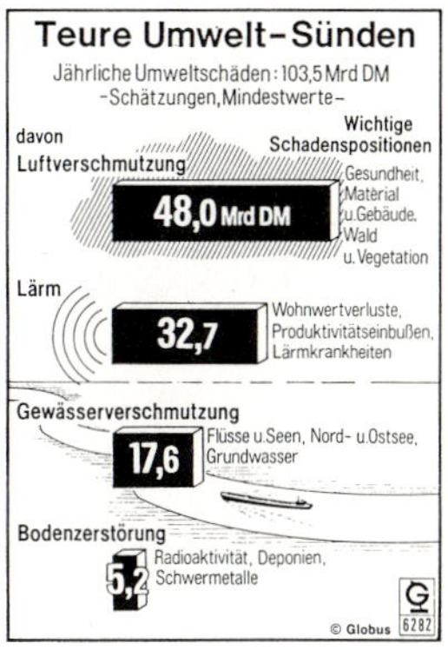

Steuern

Über die Ausgestaltung des Steuersystems kann ein Anreiz zur Verwendung umweltschonender Produktionsverfahren und Produkte geschaffen werden, z. B. durch eine befristete Befreiung von der Kfz-Steuer beim Kauf eines Autos mit Katalysator.

Finanzierungshilfen

Die öffentlichen Hände (Bund, Länder und Gemeinden) können finanzielle Zuschüsse oder zinsgünstige Kredite für umweltschonende Investitionen geben (s. auch S. 59). Wichtig ist die Finanzierung von Umweltforschungsinstituten, die finanzielle Förderung von Modellversuchen und die Verstärkung von Kontrolleinrichtungen.

Vorhergehende Prüfung der Umweltverträglichkeit

Solch eine Prüfung hat das Ziel, vor der Durchführung einer Maßnahme zu prüfen, wie die Auswirkungen auf die Umwelt sein werden. Es soll verhindert werden, daß nicht erkannte und nicht beabsichtigte Umweltschäden entstehen.

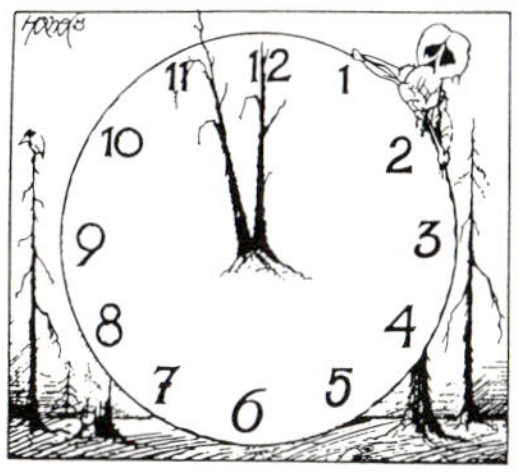

Fünf vor zwölf

Umweltschutz sichert Arbeitsplätze

Die große Nachfrage nach umweltentlastenden Verfahren und Produkten zeigt nicht nur einen ökologischen Bedarf an, sondern gleichzeitig ein wirtschaftliches Interesse. Umweltschutz ist für die Betriebe einerseits ein Kostenfaktor. Andererseits können durch neue Absatzmöglichkeiten Arbeitsplätze erhalten oder geschaffen werden.
In Nordrhein-Westfalen gibt es ca. 1 000 überregional bedeutsame Betriebe mit 70 000 Arbeitnehmern, die umweltschutzbezogene Güter herstellen oder anbieten. Insgesamt sichert oder schafft die Umweltpolitik nach einer Studie des Ifo-Instituts für Wirtschaftsforschung ca. 440 000 Arbeitsplätze.

ich träume
von einer Zeit
in der
unter den menschen
soviel verantwortung
reift,
daß
alle gebotstafeln
und verbotsschilder
verwelken

Klever, P.: Wend dein Gesicht der Sonne zu, Verlag Ernst Kaufmann, Lahr, 1986

Aufgaben

1 Erklärt wichtige Prinzipien der Umweltpolitik.

2 Nennt weitere Beispiele für die verschiedenen Instrumente einer präventiven Umweltpolitik und beurteilt sie.
Überprüft das eigene Verhalten.

3 Erkundet in eurer Gemeinde, welche Umweltprobleme derzeit vorrangig gelöst werden müssen.

4 Informiert euch, welche Umweltschutzorganisationen und Bürgerinitiativen zum Schutz der Umwelt in der Gemeinde aktiv sind und welche Probleme ihrer Meinung nach vorrangig gelöst werden müssen.

5 Stellt fest, welche umweltpolitischen Maßnahmen ihr in eurer Schule anregen könntet.

Energienutzung im Blick

... Tatsachen über Energiereserven und Energieverbrauch zu reflektieren.

... das eigene Energienutzungsverhalten zu hinterfragen.

Eine Umfrage

Unsere Reporterin stellte im Sommer 1994 Bürgerinnen und Bürgern folgende Frage:

„Woran denken Sie beim Stichwort Energienutzung?“

Kerstin K.: Wir nutzen zu viel Energie, und treiben Raubbau mit unseren natürlichen Ressourcen. Nur wenige Industrieländer nutzen in kurzer Zeit, was in Jahrmillionen entstand. Was passiert, wenn die Entwicklungsländer genausoviel Energie verbrauchen wollen wie wir?

Karsten B.: Eine so hochtechnisierte Gesellschaft wie die unsere, braucht viel Energie. Das ist ein Standard, den wir auf jeden Fall halten müssen. Wir müssen rausholen, was rauszuholen ist, damit es uns weiter gut geht – auch mit Kernenergie.

Julia M.: Wir müssen die Nutzung von erneuerbarer Energie fördern. Wind, Wasser und Sonne sind weniger umweltbelastend. Ich bin bereit, dafür mehr Geld auszugeben.

Klaus S.: Die Nutzung von Kernenergie muß gestoppt werden. Ich habe Angst vor einem zweiten Tschernobyl! Wir müssen die Risiken, die die ganze Welt betreffen können, ausschalten.

Silke P.: Die mögliche Klimakatastrophe macht mir Angst. Es muß unbedingt etwas gegen den Ausstoß von CO_2 getan werden. Auch meine Kinder und Enkel sollen auf dieser Erde gut leben können.

Meike R.: Die Menschen in den Industrieländern leben verantwortungslos. Ich habe damit angefangen, die Energienutzung bei mir zu Hause zu drosseln. Beim Kauf neuer Güter prüfe ich genau, ob ich sie überhaupt brauche und wieviel Energie sie benötigen. Das ist wichtiger als alles andere.

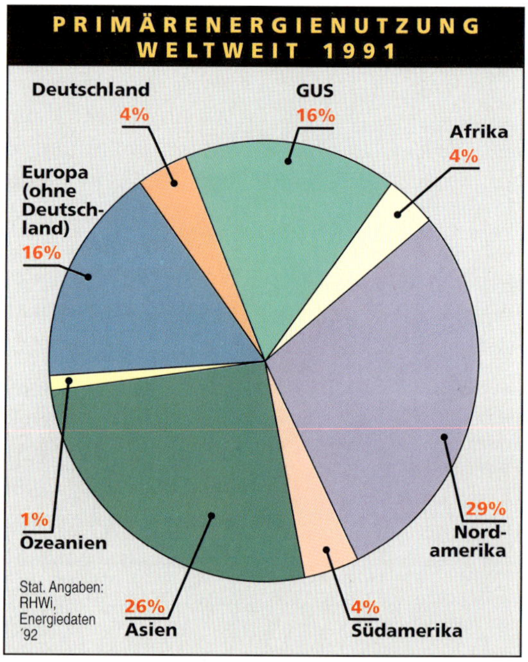

Anteile an der Energienutzung in Deutschland nach Sektoren:

Industrie:	29 %
Haushalte und Kleinverbraucher:	42 %
Verkehr:	28 %
Militär:	1 %

Bundesminister für Wirtschaft, Energiedaten 95, Bonn 1995, S. 31

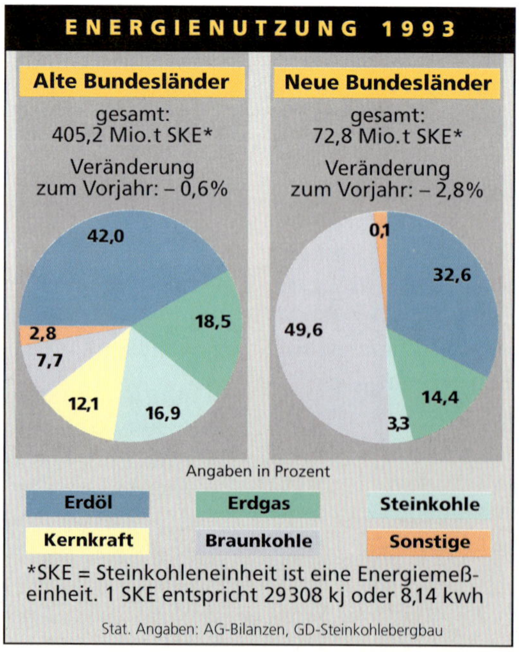

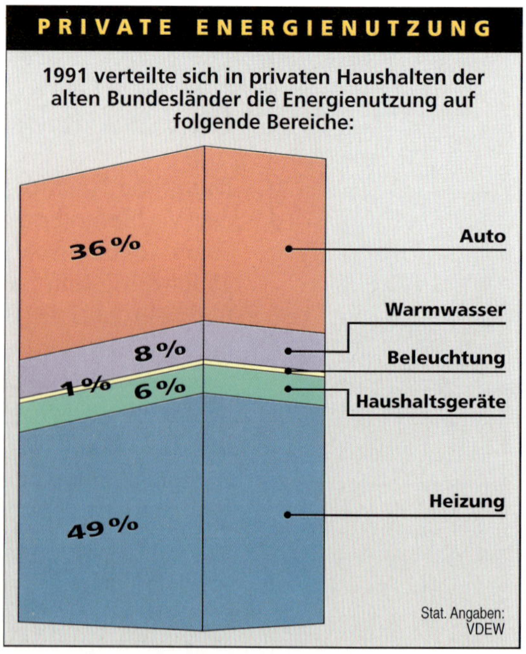

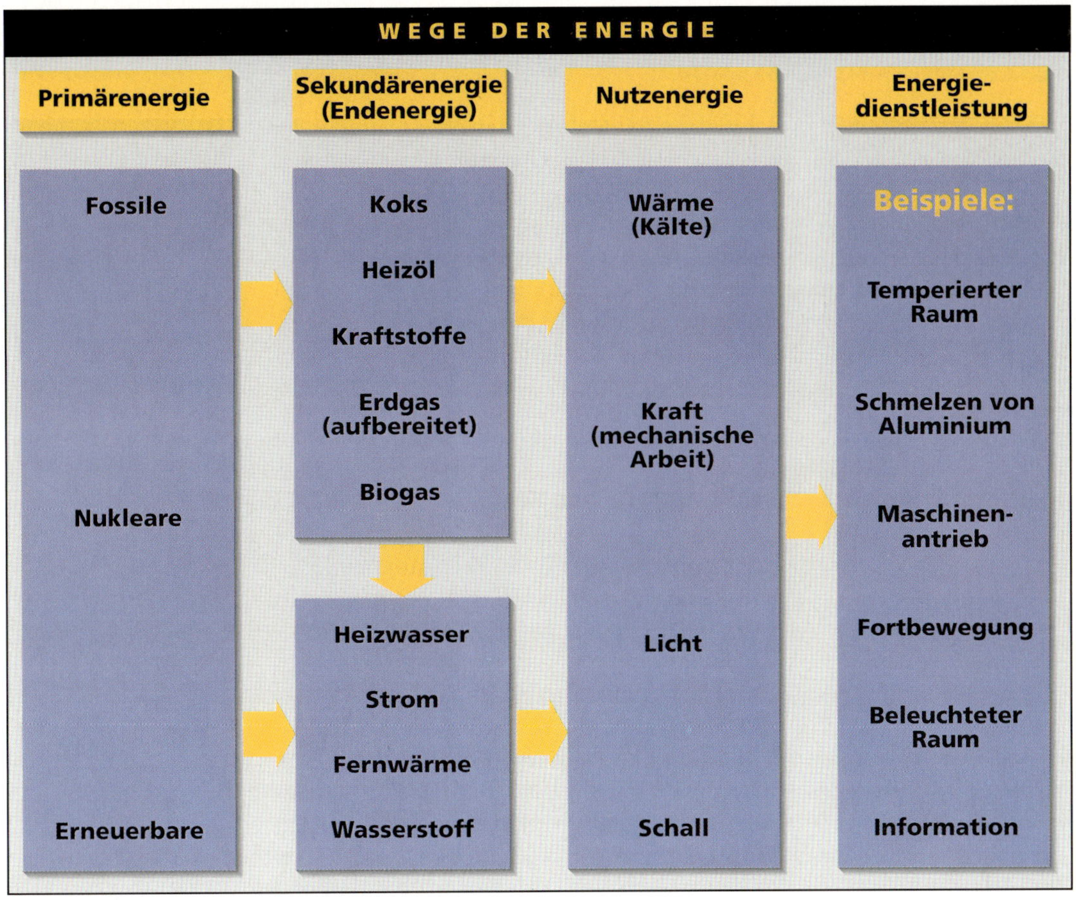

Die vier Stufen des Energieeinsatzes

Primärenergie betrifft Energieträger, die die Natur direkt zur Verfügung stellt, z. B. Holz, Stein- und Braunkohle, Erdöl, Erdgas, Wind, Wasser. Diese Energie läßt sich nur begrenzt direkt nutzen, z. B. zum Antrieb eines Autos oder zum Heizen.
Die Primärenergie muß weitgehend in **Sekundärenergie** umgewandelt werden, z. B. in Brikett, Strom, Benzin , Heizöl. Heizwerke können z. B. aus Kohle, Wasserkraft oder Uran Strom herstellen. Raffinerien produzieren aus Erdöl Benzin, Diesel oder Heizöl.
Die Energie am Ort des Nutzens nennt man **Endenergie,** z. B. Strom aus der Steckdose. In Deutschland setzt sich die Endenergie zu rund 80 % aus Sekundär-, und zu 20 % aus Primärenergie zusammen.
Die Endenergie wird in **Nutzungsenergie** umgewandelt, z. B. mit Hilfe eines Ofens in Wärme oder einer Glühbirne in Licht.
Hinsichtlich einer sparsamen Nutzung der Energie ist die Unterscheidung von erneuerbarer und nicht erneuerbarer Energie wichtig. Zur **erneuerbaren Energie** zählen z. B. Sonne, Wind, Erdwärme und Wasser. **Nicht erneuerbar** sind z. B. fossile Energieträger, die in Jahrmillionen entstanden sind: Kohle, Erdöl, Erdgas.
Bei der **Umwandlung** von einer Energieform in die andere entstehen **Energieverluste.** Ein modernes Kohlekraftwerk wandelt z. B. nur ca. 40 % des Energiegehalts seines Brennstoffs in Strom. Eine herkömmliche Glühlampe verwandelt z. B. nur 5 bis 10 % des Stroms, den sie verbraucht, in Licht. Nur einer von 10 Litern Benzin bewegt ein Auto wirklich. 90 % des Benzins wird in Wärme umgewandelt, die mit dem Kühlsystem wieder beseitigt werden muß oder als bereits erzeugte Bewegungsenergie beim Bremsen verloren geht.

Energiereserven der Welt

Energieträger	*Reichweite bei gegenwärtiger weltweiter Förderung in Jahren*
Erdöl	43
Erdgas	67
Kohle	185

Bundesminister für Wirtschaft: Energiedaten 95
Bonn 1995, S. 90–93

Aufgaben

1 Nehmt Stellung zu den Meinungen der Bürgerinnen und Bürger. Berücksichtigt dazu die Grafiken.

2 Überprüft das eigene Verhalten im Hinblick auf sparsame Energienutzung.

3 Führt ebenso wie die Reporterin eine Befragung in Schule, Familie oder auf der Straße durch. Vergleicht die Antworten mit denen im Schulbuch.

Klima-Risiko und CO_2-Belastung

...die Ursachen einer Gefahr für das Weltklima zu benennen.

... welche politischen Maßnahmen gegen das Klimarisiko vorgeschlagen werden.

... Standpunkte im Zusammenhang mit der Kernenergie zu erörtern.

Kohlenstoffdioxyd ist die physikalische Bezeichnung für eine chemische Verbindung von Kohlenstoff und Sauerstoff. In der Umgangssprache ist sie unter dem Begriff Kohlendioxyd bekannt.

Schmelzende Gebirgsgletscher, steigender Meeresspiegel, Überflutung von Küstenregionen, Ausbreitung der Wüstenregionen, versiegende Brunnen, gerodete Wälder, Hungerkatastrophen – Bilder aus einem Science-fiction-Film oder Entwicklungen, die sich bereits heute hinsichtlich einer starken Erwärmung der Erde abzeichnen?

Wie entsteht das Klimaproblem?

Kohlenstoffdioxyd (CO_2) ermöglicht als natürlicher Bestandteil der Erdatmosphäre unser Leben auf der Erde. Zusammen mit anderen Spurengasen und Wasserdampf sorgt es dafür, daß nicht alle auf die Erde eingestrahlte Energie wieder in den Weltraum zurückgestrahlt wird, sondern daß ein Teil zur Erwärmung der Erde zur Verfügung steht. Dies ist der natürliche **Treibhauseffekt.** Ohne diesen Effekt wäre die mittlere Temperatur auf der Erde 33 °C niedriger. In den vergangenen Jahrhunderten war die Konzentration der Spurengase in der Atmosphäre weitgehend stabil. Mit der Industrialisierung wurden durch die zunehmende Verbrennung fossiler Energieträger (Kohle, Erdöl, Erdgas) große Mengen von CO_2 erzeugt. Diese Entwicklung führt neben anderen Ursachen (s. Abb. rechts) zu einem verstärkten Treibhauseffekt. Wissenschaftler haben berechnet, daß sich in den letzten hundert Jahren die Durchschnittstemperatur um 0,5 °C und der Meeresspiegel um 10-20 cm erhöht haben. Wenn sich der Ausstoß von CO_2 wie bisher fortsetzt, ist zu befürchten, daß sich die Erde bis zum Jahre 2100 um weitere 3,4 °C erhöhen könnte. Zum Vergleich: Der Temperaturunterschied zwischen der Eiszeit und heute beträgt 4-5 °C. Die Folge einer solchen Erwärmung in einem Zeitraum von 100 Jahren wäre eine Klimakatastrophe mit den zu Beginn des Kapitels beschriebenen Folgen.

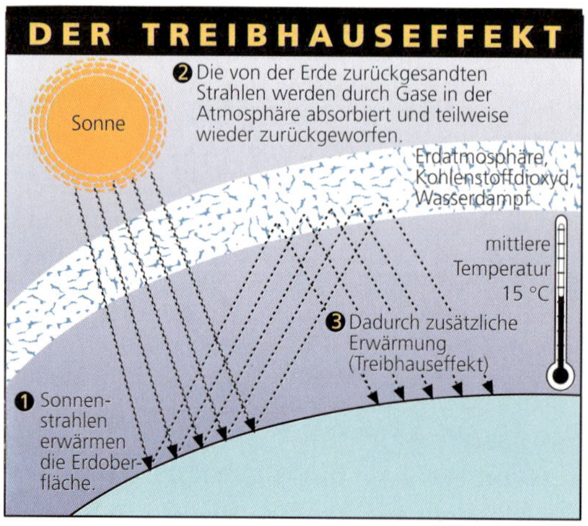

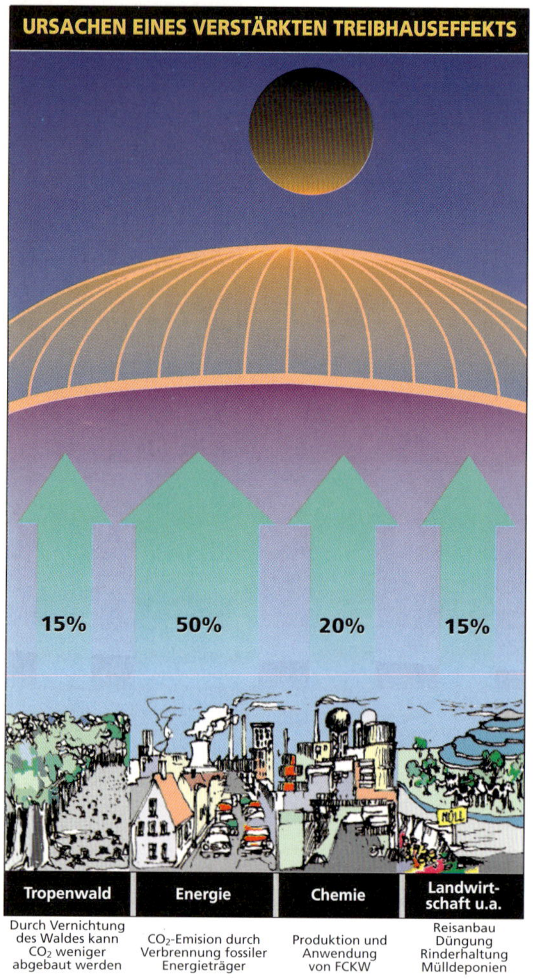

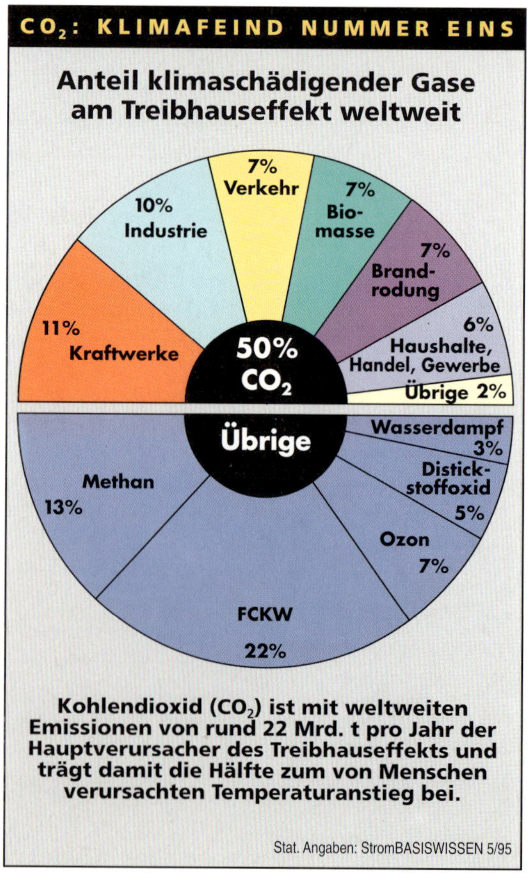

Kernkraft gegen CO_2-Ausstoß – ein Streitpunkt?

Zur Durchführung einer *Pro-Contra-Debatte* s. das Stichwortverzeichnis.

Pro Kernkraft

Ein Verzicht auf Kernenergie führt zu einem beschleunigten Verbrauch fossiler Energien. Die CO_2-Ausstöße würden erhöht. Allein im Jahre 1990 haben die deutschen Kernkraftwerke der Atmosphäre 150 Mio. t CO_2 erspart.
Ohne Kernkraftwerke würden wir heute 20 % mehr CO_2 ausstoßen.
Ein beschleunigtes Nutzen fossiler Energie führt zu einer Verteuerung dieser Energie, die vor allem die Staaten der Dritten Welt trifft.

Contra Kernkraft

Die Aussage, daß ohne Kernkraftwerke der CO_2-Ausstoß höher sei, ist irreführend. Hätten wir auf Kernkraft verzichtet und das Geld statt dessen in die Entwicklung von energiesparenden Produkten und Verfahren gesteckt, würden wir heute ohne Kernkraft erheblich weniger CO_2 ausstoßen. Es wäre völlig unsinnig, Kraftwerke auf der Basis fossiler Energieträger abzuschalten und neue Kernkraftwerke zu bauen. Wir müssen langfristig denken und unsere Zukunft sichern.

Was ist zu tun?

Auf dem Umweltgipfel 1992 in Rio de Janeiro haben sich 152 Staaten durch Unterzeichnung einer Klimaschutzkonvention verpflichtet, den Ausstoß von CO_2 und anderen Treibhausgasen auf den Stand von 1990 zurückzuführen. Auf Drängen der USA wurde leider keine Zeitvorgabe beschlossen.
Die Bundesregierung hat ein Programm beschlossen, das eine 25-30 %ige Verringerung des CO_2-Ausstoßes bis zum Jahre 2005 vorsieht. Sie hofft, daß alle Staaten der Europäischen Union ähnliche Programme verabschieden. Kritiker halten diesen Zeitraum für viel zu groß und drängen auf ein schnelleres Absenken des CO_2-Ausstoßes.

Mögliche Maßnahmen:

- Bewußtes energiesparendes Verhalten aller Bürger, z. B. im Verkehr, im Haushalt
- Einführung einer CO_2-Steuer
- Erhöhung der Mineralölsteuer (der Umweltrat schlägt in seinem Gutachten von 1994 4,60 DM pro Liter im Jahre 2005 vor.)
- Förderung des Einsatzes erneuerbarer Energien durch staatliche Subventionen
- Verbesserung des Wirkungsgrades bei den Primärenergieträgern, z. B. bei Kohlekraftwerken
- Entwicklung energiesparender Haushaltsgeräte, z. B. Waschmaschinen, Kühlschränke
- Vorgaben von energiesparenden Standards bei der Herstellung von energiesparenden Produkten.

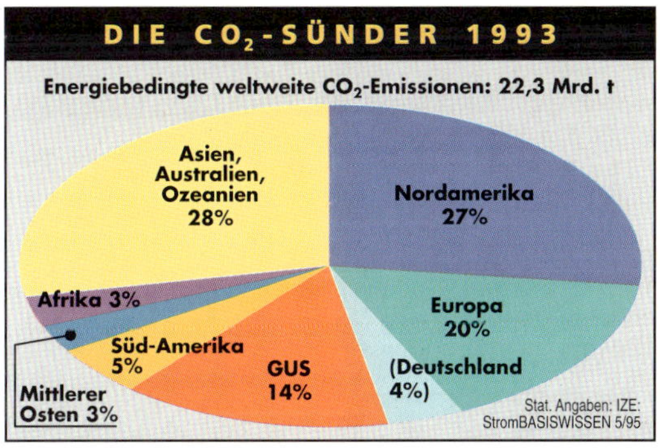

Aufgaben

1 Kennzeichnet den Einfluß des CO_2-Ausstoßes für das Klima auf der Erde. Nennt weitere Folgen.

2 Nehmt Stellung zu der Meinung, der CO_2-Ausstoß könne durch die verstärkte Nutzung von Kernenergie verringert werden.

3 Nennt Maßnahmen zur Verringerung des CO_2-Ausstoßes. Was könnt ihr selbst tun?

Die Erneuerbaren – Energien der Zukunft

... welche Einsatzmöglichkeiten erneuerbarer Energieträger es gibt.

... die Notwendigkeit des Einsatzes erneuerbarer Energieträger zu begründen.

Maßgeschneidert für das 100-Dächer-Programm, das von der Bundesregierung aufgelegt wurde; Photovoltaikanlage mit etwa 5 Kilowatt Leistung im Endausbau

Der verstärkte Einsatz erneuerbarer Energieträger hängt wesentlich davon ab, inwieweit die Erforschung und Erprobung gefördert wird. Die Bundesregierung stellt dazu Fördermittel bereit. Kritiker, z.B. der BUND (Bund für Umwelt und Naturschutz Deutschland) halten jedoch die öffentliche Förderung für sehr unzulänglich.

Sonnenkollektoren und Solarzellen

Zur Stromerzeugung durch Sonneneinstrahlung sind folgende Energieumwandler wichtig:

- **Solarkollektoren,** die Sonnenstrahlung in Form von Wärme auf ein Medium übertragen, das eine Turbine antreibt (solarthermische Nutzung),
- **Solarzellen,** die Licht direkt in elektrische Energie umwandeln (photovoltaische Nutzung). Dabei wird auch das diffuse Licht, die Helligkeit des bedeckten Himmels, genutzt.

Für sonnenarme Länder wie Deutschland ist die photovoltaische Nutzung sinnvoll.

Bei der Stromversorgung von Kleingeräten, z. B. Uhren, Taschenrechnern und Meßgeräten, dient der Einsatz von Solarzellen meist dazu, Batterien zu ersetzen oder Akkus zu laden. Ein wichtiger Einsatzbereich ist derzeit die autonome Stromversorgung netzferner Anlagen wie Sender, Wasserpumpen, Signaleinrichtungen.

Gefördert wird seit 1990 der Bau von Solarhäusern, bei denen das Warmwasser durch Solarenergie gewonnen wird. Die Photovoltaikanlage wird auf das Dach der Häuser montiert.

Beispiele für erneuerbare Energieträger

Sonne	–	Wärmepumpen, Solarzellen
Wind	–	Windkraftwerke
Wasser	–	Laufwasserkraftwerke, Speicherwasserkraftwerke
Erde	–	Erdwärmekraftwerke
Meer	–	Gezeitenkraftwerke
Pflanzen	–	Biogas, Biomasse

4 % der gesamten Energie in Deutschland wird damit abgedeckt.

Windkraft

Die Nutzung der Windenergie kann in Gebieten mit ausreichender Windgeschwindigkeit erfolgen. Sie muß mindestens 4 m/s betragen. Windkraftwerke können an der Nord- und Ostseeküste, den vorgelagerten Inseln und auf Bergkuppen betrieben werden. Kleinere Windkraftanlagen sind für eine teilweise Selbstversorgung, z. B. auf Bauernhöfen und in Gebieten ohne Anschluß an das öffentliche Netz interessant.

Wärmepumpe

Durch die Sonneneinstrahlung werden Luft, Boden und Grundwasser erwärmt. Die Wärmepumpe eröffnet die Möglichkeit, diese gespeicherte Sonnenenergie, die auch als Umgebungswärme bezeichnet wird, zu nutzen. Der Einsatz einer kWh elektrischer Energie reicht, um die ca. 3fache Menge in Form von Wärme zu gewinnen.

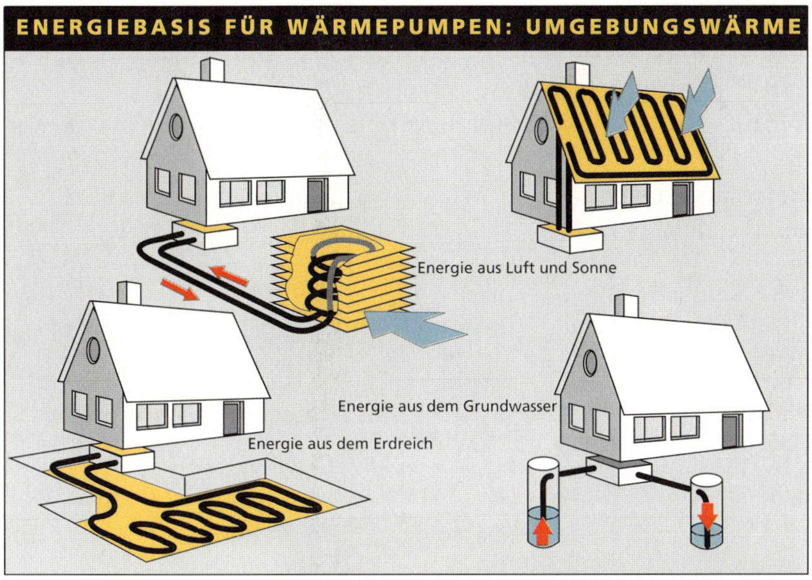

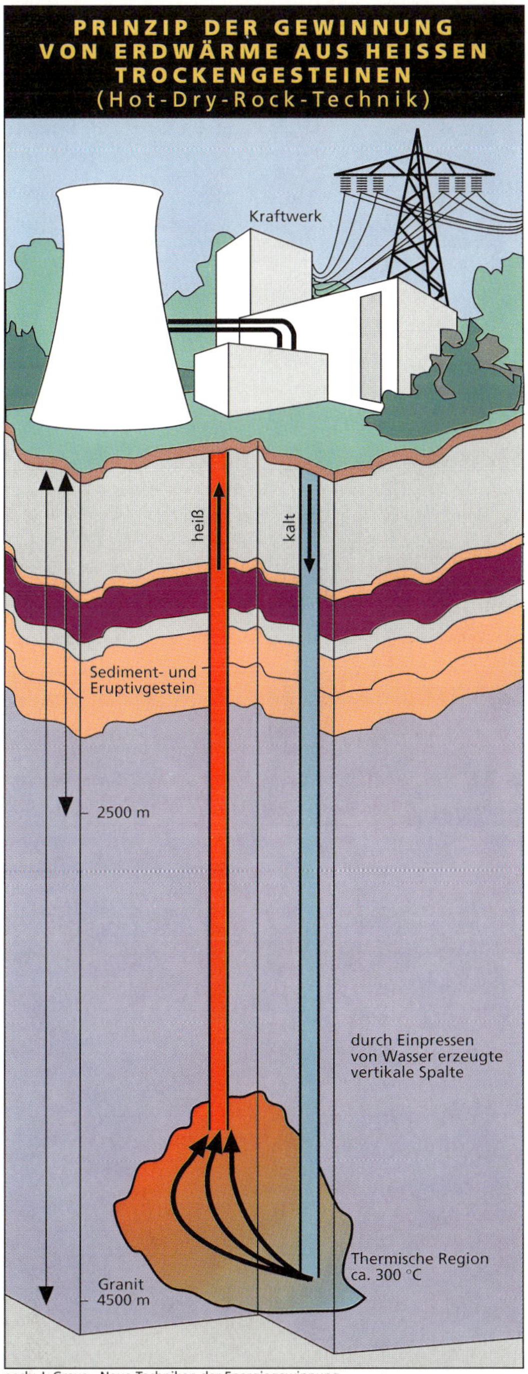

nach: J. Grave - Neue Techniken der Energiegewinnung

Erdwärme

Die Temperatur der Erde steigt mit zunehmender Tiefe um 25-30 °C pro Kilometer an. In vulkanischen Gebieten sind hohe Temperaturen bereits in geringer Tiefe anzutreffen. Gemessen am Energiebedarf der Menschheit ist diese Energiequelle als unerschöpflich anzusehen. Die Gründe für die bisher geringe Nutzung liegen oft in der ungünstigen Lage der Vorkommen und dem hohen Investitionsbedarf. Langfristig ist jedoch von einer zunehmenden Bedeutung auszugehen. Beim Hot-Dry-Rock-Verfahren wird tiefen Gesteinsschichten Wärme entzogen, indem man durch künstlich geschaffene Spalten Wasser pumpt. Das bis zu 300°C heiße Wasser wird zum Heizen oder über Dampf zur Stromerzeugung genutzt.

Wasserstoff und Sonne

Wasserstoff ist ein Element, das in der Natur sehr häufig vorkommt. Eine Photovoltaikanlage in Neuenburg setzt den aus der Sonne gewonnenen Strom zur Wasserproduktion ein. Dadurch wird der Strom speicherbar und transportabel. Wasserstoff könnte vergleichbar mit Erdgas in Pipelines transportiert werden. Konkret könnte das für die Zukunft heißen, daß in der Sahara gewonnene Solarenergie bei uns eingesetzt wird.

Woran der Einsatz von regenerativen Energiequellen heute oftmals scheitert, ist ihre Unwirtschaftlichkeit gegenüber den „klassischen" Energieträgern. Doch häufig sind es nicht die realen Kosten der regenerativen Energiequellen, sondern künstlich aufgebaute Hemmnisse, mit denen ihre Nutzung heute be- bzw. verhindert wird. Beispielsweise werden durch extrem niedrige Vergünstigungen für den in das öffentliche Netz eingespeisten Strom aus Wind- und Wasserkraftwerken diese Anlagen unwirtschaftlich gemacht. (...) Besonders negativ schlägt aber zu Buche, daß die Energieversorgungsunternehmen mit dem Umsatz von fossilen und nuklearen Energieträgern hohe volkswirtschaftliche Kosten verursachen, die sie nicht tragen. Bei der Nutzung von regenerativen Energiequellen treten hingegen keine oder nur geringe externe Kosten auf. Diese Wettbewerbsverzerrung muß mit einer Primär- oder Endenergiesteuer ausgeglichen werden."

BUND (Hg.): Konsens für eine neue Energiepolitik, Faltblatt S. 3

Aufgaben

1 Sprecht über die verschiedenen erneuerbaren Energien. Baut evtl. im Technikunterricht selbst eine Energiekraftanlage.

2 Informiert euch darüber, wo in eurer Nähe solche Energieträger eingesetzt werden.

3 Begründet den zunehmenden Einsatz von erneuerbaren Energien.

Energie sparen zu Hause

... wie jeder einzelne im Alltag Energie sparen kann.

... den eigenen Energieverbrauch oder -mißbrauch zu reflektieren.

Heizen und Lüften

Überheizte Räume sind ungesund und kosten Energie. Jeder Grad Raumtemperatur weniger spart 6 % Heizkosten.
Wer sein Fenster dauernd einen Spaltbreit zum Lüften öffnet, wirft sein Geld zum Fenster hinaus und vergeudet kostbare Energie. Kurzes und gründliches Lüften ist besser.

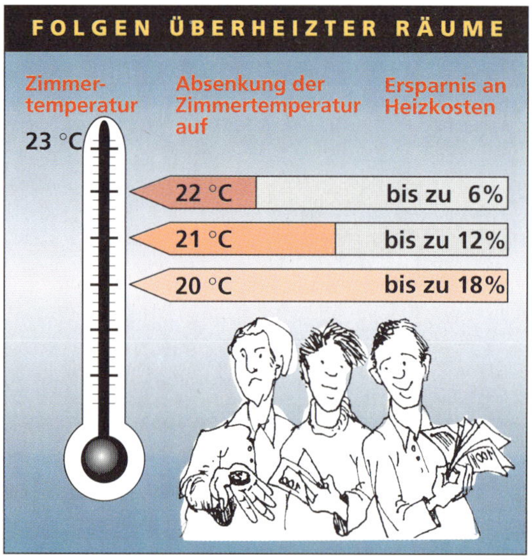

Auch kurze Vorhänge ermöglichen ungehinderte Wärmeabgabe in den Raum, da sie die Heizflächen nicht verdecken.

Baden und Waschen

Kurzes Duschen ist billiger als Baden.
Ein Vollbad kostet rund dreimal soviel Energie wie ein 6 Minuten langes Duschbad. Es gibt Sparduschköpfe, die nur eine begrenzte Menge Wasser durchlassen.
Ein tropfender Wasserhahn kann im Jahr bis zu 2000 Liter Wasser verschwenden. Wenn der Warmwasserhahn tropft, wird zusätzlich viel Energie benötigt.
Je näher der Warmwasserbereiter (Boiler oder Durchlauferhitzer) an der Wasserstelle ist, desto mehr wird Energie gespart.
Beispiel Händewaschen: Das Waschbecken ist 15 Meter vom zentralen Heizkessel entfernt. Zum Waschen mit warmem Wasser muß – sofern keine Zirkulationsleitung besteht – die gesamte Kaltwassermenge aus den Rohren zunächst abfließen, bis warmes Wasser aus dem Hahn fließt. Bei Abdrehen des Hahnes bleiben viele Liter des inzwischen erwärmten Wassers in der Leitung stehen und kühlen ungenutzt aus.
Energie sparen kann man auch beim Kauf von Wasch-, Gefrier- und Spülmaschinen. Da diese Geräte energieintensiv arbeiten, sollte man auf einen geringen Stromverbrauch achten. Sogenannte Produktinformationen, die am Gerät oder in entsprechenden Prospekten zu finden sind, ermöglichen einen Vergleich.

Fernseher und Stereoanlagen

Stand-by abschalten
Zu modernen Fernsehern und Stereoanlagen gehört die Fernbedienung. Die sogenannte Stand-by-Schaltung, die nach dem scheinbaren Ausschalten der Fernbedienung ein Wiedereinschalten des Gerätes mit der Fernbedienung ermöglicht, verbraucht viel Energie (Stand-by-Schaltung pro Jahr 70 kWh).

Beleuchtung

Energiesparlampen sparen Energie und Geld.

Vergleich zwischen konventioneller Glühlampe und Energiesparlampe

	Konventionelle 100 W-Glühlampe Lebensdauer 1000 Std.; für 8000 Std. braucht man 8 Glühlampen à 2,50 DM	**Energiesparlampe 20 W,** aber mit der Helligkeit einer konventionellen 100 W-Glühlampe, Lebensdauer 8000 Std.
Kaufpreis	20 DM	45 DM
Stromkosten	8000 Std. x 100 W à 0,25 DM/kWh 200 DM	8000 Std. x 20 W à 0,25 DM/kWh 40 DM
Gesamtpreis	220 DM	85 DM

Check-Liste für Leute, die Energie sparen wollen

Heizenergie zu Hause einsparen

- Kann die Raumtemperatur gesenkt werden?
- Sind die Heizkörperventile steuerbar?
- Sind Heizkörper zugestellt oder verhängt?
- Wird dauernd etwas gelüftet, statt kurz und intensiv?
- Sind Türen, Fenster, Decken und Wände gut wärmegedämmt?
- Ist die Heizung der Außentemperatur entsprechend eingestellt, und wird sie regelmäßig gewartet?
- Sind Dauer und Häufigkeit beim Duschen angemessen?
- Tropfen Wasserhähne?
- Wird die richtige Plattengröße beim Kochen gewählt?
- Sind Beladung und Programmwahl bei der Waschmaschine richtig?
- Wird bedarfsgerecht beleuchtet?
- Was noch?

Verkehr und Energie

- Vergleicht durch Fahrversuche den Treibstoffverbrauch beim Mofa bei maximaler Leistung und bei 3/4 Leistung.
- Prüft, ob im Fahrverhalten eurer Eltern oder Bekannten z.B. folgende „Sünden" eine Rolle spielen:
  - längeres Laufenlassen im Leerlauf
  - Kavalierstart
  - Fahren mit hoher Motordrehzahl
  - Überholen um jeden Preis
  - zu geringer Reifendruck
  - schlechte Wartung
  - bei kurzen Wegen motorisiert

  Sprecht über Gründe des Fahrverhaltens.
- Vergleicht bei PKW Treibstoffverbrauch von Konkurrenzprodukten.
- Errechnet den „Stundenlohn" des sparsameren PKW-Fahrers.

  Auf einer 300 km langen Strecke verbraucht ein PKW pro 100 km bei einer Geschwindigkeit von
  - 100 km/h 9 l Benzin
  - 130 km/h 13 l Benzin

  Auch der Verschleiß des schnelleren PKW ist höher. Die Zeitersparnis beträgt ca. 40 Minuten.
- Prüft folgende Vorschläge:
  - Festsetzung eines Höchstverbrauchs von Treibstoff pro 100 km/h bei PKW
  - Zeitweise Fahrverbote für PKW
- Was noch?

Wer spart am meisten Energie? Erkundungsbogen

Produkt	Hersteller Typenbezeichnung	Energieverbrauch in kWh	Wasserverbrauch in l
Waschmaschine : :			
Spülmaschine : :			
Kühlschrank : :			
Gefrierschrank			

Der Computer am Arbeitsplatz

... wie die Technologie Arbeitsplätze im Büro verändert.

... die Folgen des technologischen Wandels für Arbeitnehmerinnen und Unternehmensleitung zu beurteilen.

... Vor- und Nachteile der Heimbüroarbeit zu beurteilen.

... wie der Einsatz von Computern den Unterricht interessant machen kann.

1. Büroarbeit und technischer Wandel

Büroarbeit früher

Frau Landers, Sekretärin, berichtet:
„Ich arbeite seit 10 Jahren nur für einen Chef. Seine Vorlieben, Abneigungen und Launen kenne ich genau. Ich stelle mich darauf ein.
Neben der Schreibarbeit sind die Koordination von Terminen sowie die Kontaktpflege zu Kunden und anderen Abteilungen im Hause wichtig.
Meine Arbeit ist vielseitig. Ich habe Entscheidungsspielräume. Da meine Sprachkenntnisse gut sind, schreibe ich viele Texte selbst. Der Chef gibt nur ein paar Stichworte. Nur schwierige Texte formuliert er selbst. Ich habe Glück mit meinem Chef. Wenn einmal über längere Zeit stärker Termindruck war, sorgt er für Ausgleich. Man ist natürlich sehr abhängig von einem Mann. Manche nutzen ihre Sekretärinnen aus und belasten sie mit persönlichen Problemen. Viele erwarten allzeit bereite Bedienung mit Kaffee und Kuchen.
Die Anerkennung der Leistung einer Sekretärin hängt stark vom Ansehen des jeweiligen Chefs ab. Wenn er unfähig ist, hat sie es schwer, gute Leistung zu zeigen. Wenn ein Chef unbeliebt ist, so lassen das andere Beschäftigte oft an der Sekretärin aus.
Wenn der Chef geht, dann entsteht für eine Sekretärin eine kritische Situation. Wer wird sie nehmen? Kann sie sich schnell auf einen anderen einstellen?“

Frau Reiners, Bürogehilfin, berichtet:
„Wir arbeiten hier im Schreibbüro für 10 Chefs. Von denen habe ich 3 noch nie gesehen.
Die Chefs diktieren ihre Briefe in ein eigenes Diktiergerät. Das Band wird dann mit der Hauspost ins Schreibbüro geschickt. Die Leiterin des Schreibbüros verteilt die Bänder so, daß alle immer etwas zu tun haben. Ich habe es noch nie erlebt, daß eine mal Pause hatte, weil kein Band da war.
Das Band wird mit Kopfhörer abgehört. Gleichzeitig wird der Brief in die Maschine getippt. Das Band hat eine Fußbedienung. Die Hände können also beim Stop/Wiederanlaufen des Bandes auf der Tastatur bleiben.
Man hat uns gesagt, die Arbeit im zentralen Schreibdienst habe zu einer Produktivitätssteigerung von 75% bis 100% geführt. Die Arbeit ist sehr eintönig. Man braucht nur gute Rechtschreibkenntnisse, Fingerfertigkeit und ein Geschick für die Aufteilung der Seiten.“

Büroarbeit heute

Frau Reiser, Bürokauffrau
„Ich sitze mit 8 Kolleginnen in diesem Raum. Der Abteilungsleiter sitzt in einem eigenen Zimmer. Auf jedem Schreibtisch stehen ein

Wandel der Erwerbsarbeit im Büro zwischen 1985 und 2010

Zunahme (+)
Abnahme (–)
der Beschäftigten

Einfache Bürotätigkeiten	– 418 000
Sachbearbeiterfunktionen	– 557 000
Spezifische Sachbearbeiterfunktionen	+ 75 000
Sachbearbeitertätigkeiten mit Führungsaufgaben	+ 82 000

Es werden einfache Schreib-, Berechnungs- und Buchungstätigkeiten wegfallen. Zunehmen werden integrative Aufgaben und Hilfe neuer Informations- und Kommunikationstechniken.

Mitteilungen zur Arbeitsmarkt- und Berufsforschung 1/1994

Sicherheitsregeln für Bildschirmarbeitsplätze im Bürobereich

In den Sicherheitsregeln, die von der Verwaltungs-Berufsgenossenschaft herausgegeben wurden, gibt es eine Anzahl von Normen, die von den Unternehmen einzuhalten sind.

Beispiele:

DIN 4551: Büromöbel, Bürodrehstuhl mit verstellbarer Rückenlehne, höhenverstellbar

DIN 5034: Leitsätze für Innenraumbeleuchtung

DIN 5036: Strahlenphysikalische und lichttechnische Eigenschaften von Materialien.

Es liegen Richtlinien der EU vor, die über das bislang Vorgeschriebene hinausgehen, jedoch noch nicht in deutsches Recht umgesetzt sind.

Computer, ein Telefon und eine Aktenablage. Den Kopierer, Drucker und das Telefaxgerät nutzen alle gemeinsam.

Bei den Computerprogrammen gibt es ständig Neuentwicklungen – da ist immer neues Lernen gefordert.

Manchmal fühle ich mich richtig abgeschlafft, denn die Arbeit hat sich verdichtet. Die Arme und der Rücken schmerzen, wenn ich lange am Computer gesessen habe. Gut, daß ich nur 30 Stunden pro Woche arbeite – so wie mein Mann auch. Da bleibt Zeit für die Kinder und für Erholung."

Integrierte Sachbearbeiterinnentätigkeit – höhere Anforderungen und höhere Verantwortung

Der verstärkte Einsatz des PC im Büro sowie die immer differenzierteren Programme erfordern für viele Beschäftigte eine höhere Qualifikation und mehr Verantwortung.

Neben der **Textverarbeitung** ermöglicht die **Verwaltung von Dateien** eincn neuen Zuschnitt der Arbeitsaufgaben.

Die einzelne Sachbearbeiterin hat über ihren PC Zugriff auf verschiedene Daten. Für eine bestimmte Warengruppe kann sie z.B. sehr schnell feststellen, wie sich die Auftragslage entwickelt, ob die Lagerhaltung der Auftragslage entspricht oder ob ggf. neue Lieferanten von Vorprodukten angesprochen werden müssen, wie sich der Umsatz und die Stückkosten entwickeln.

Wenn rasch Aufträge für neue Lieferanten nötig werden, kann sie sofort die Lieferbedingungen und Preise aller in Frage kommenden Lieferanten vergleichen und im Rahmen bestimmter Vorgaben der Abteilungsleiterin selbständig Aufträge ordern.

Die **integrierte Sachbearbeiterinnenfunktion** ist für kleine und mittlere Betriebe, die nur eine kleine Anzahl von Beschäftigten im Büro einstellen können, sehr wichtig. Hier kann eine Sachbearbeiterin eine qualifizierte Expertin für mehrere Arbeitsbereiche sein.

Große Unternehmen richten zunehmend Arbeitsplätze für integrierte Sachbearbeiterinnenaufgaben ein, weil u. a. die Arbeitsbereitschaft und -zufriedenheit größer ist als bei eintöniger Arbeit. Aus der Tabelle wird deutlich, daß der Bedarf an einfachen Sachbearbeiterinnenarbeiten stark zurückgeht. Das betrifft vor allem den Bereich der Textverarbeitung. In den neuen Büroberufen gibt es seit 1991 die Bürogehilfin nicht mehr. Die Auszubildenden können wählen zwischen zwei dreijährigen Ausbildungsberufen.

Büroarbeit 2000 – Videokommunikation ist Standard?

„In vier Jahren wird Videokommunikation über Personalcomputer in den Büros eine Standardausrüstung gleich dem Telefax sein", meint Werner Kuhnert, Geschäftsführer der Picture Tel GmbH in München. Ausgerüstet mit Videokamera, Freisprecheinrichtung, Videografik- und Audio-Karte wird aus dem Personalcomputer ein multimedialer Arbeitsplatz. Diese computergestützte Videokommunikation – Desktop-Systeme genannt – ermöglicht über weite Entfernungen das Arbeiten von Angesicht zu Angesicht. Das Besondere daran: Man kann seinen Kollegen nicht nur sehen, mit ihm sprechen und Dateien untereinander austauschen, sondern auch gemeinsam in einer Anwendung arbeiten.

Auswirkungen neuer Videokommunikationstechnologien

Chancen

+ Produktionssteigerung
+ Veränderung der Unternehmensstruktur: mehr Kleinunternehmen, mehr Dienstleister
+ Entstehung neuer Berufsfelder: mehr kreative als repetitive Tätigkeit, mehr Heimarbeitsplätze
+ Reduzierung des Bedarfs an Geschäftsreisen

Risiken

– Wegfall von Berufsfeldern
– Isolierung am Arbeitsplatz

F.A.Z v. 16.1.95

Aufgaben

1 Stellt mit Hilfe der Fotos und Berichte die Arbeitsanforderungen an die drei Büroangestellten zusammen.

2 Begründet das Interesse von Unternehmensleitungen an einem verstärkten Einsatz neuer Technologien im Büro.

3 Sprecht über die Richtlinie für Bildschirmarbeitsplätze. Beschafft ggf. aktuelle Informationen und befragt Arbeitnehmerinnen über ihre Erfahrungen mit Bildschirmarbeit.

4 Begründet Chancen und Risiken von Videokonferenzsystemen.

2. Büroarbeit im Heimbüro

(...) In den Industrieländern entwickelt sich ein neuer Typ des Heimarbeiters: der hochqualifizierte Mitarbeiter, der am häuslichen PC (Home Office) seiner Firma mindestens so gute Dienste leistet wie im Büro. Für den Arbeitgeber ist es allemal günstiger, ihm einen PC samt ISDN-Anschluß ins Haus zu stellen, die Telephonrechnung und einen Anteil an der Miete zu bezahlen, als teure Büroräume zu unterhalten. Und wenn der Mitarbeiter motiviert ist – so das Kalkül des Arbeitgebers – leistet er zu Hause eher mehr als im kaffeetrinkenden Kreis seiner Kolleginnen und Kollegen (...)
Der Chef, Torsten Wegener, ist allein „zu Hause“ und kocht den Kaffee selbst. Empfangs- oder Vorzimmerdame gibt es keine. Von seinem Schreibtisch (...) aus lenkt der 28jährige zusammen mit seinem Kompagnon die Firma d. d. consulting, die hauptsächlich Computersysteme von Großfirmen betreut. Die Mitarbeiter sind entweder beim Kunden oder sitzen in Schulungsräumen, die ein paar Häuser weiter liegen – oder sie bearbeiten ihre Projekte am häuslichen Schreibtisch. Die Buchführung besorgt Wegeners Mutter im schleswig-holsteinischen Barsbüttel. (...)
Daß der Jungunternehmer trotzdem die Fäden in der Hand hält, ermöglicht moderne Kommunikationstechnik: Neben den üblichen Cityruf-Geräten und den standesgemäßen Handys verfügt Wegeners Firma über ein Desktop-Video-Konferenzsystem. Über die ISDN-Telephonleitung (...) kann er seinen Mitarbeitern jederzeit Aug' in Aug' begegnen – ob sie nun zu Hause sitzen oder bei einem Kunden in Wuppertal.
Es ist schon erstaunlich, wie wenig Bild nötig ist, um den Menschen eine Kommunikation von Angesicht zu Angesicht vorzugaukeln: (...)
Alle Benutzer berichten von einer ganz neuen Kommunikationserfahrung. Das Fenster zum Gegenüber erlaubt auch einen Blick in die Intimsphäre, selbst wenn nur die Postkarten an der Pinnwand sichtbar sind. Das Bild schafft automatisch Nähe. (...)

Zeit Magazin Nr. 10 v. 3.3.95

Damit der PC zum Multimedia-Video- und-Datenaustausch-Gerät wird, benötigt man eine Desktop-Videokamera, ein Mikrophon, Lautsprecher oder Ohrhörer, eine Videokarte, eine ISDN-Karte und die entsprechende Software.

Nie mehr ins Büro – wie schön!?
- Aufstehen, wann ich will
  aber: den Tagesrhythmus diszipliniert planen
- Zeiten für Familien- und Erwerbsarbeit besser aufteilen zwischen den Eltern
  oder: lieber mehr Erwerbsarbeit für den Mann und Familienarbeit für die Frau
- kein langer Weg ins Büro
  aber: keine Bewegung vor der Arbeit
- keine Chefin, die nervt
  aber: keine Chefin, die Anerkennung gibt
- keine Kolleginnen, die meckern, mobben, runterziehen
  aber: keine Kolleginnen, die lachen, helfen, Sorgen teilen
- ganz für mich allein arbeiten
  oder: anregende, die eigene Sicht ergänzende Teamarbeit

Mögliche Probleme bei Heimarbeit für gering Verdienende
Unternehmen vergeben Aufträge, die zu Hause am PC bearbeitet werden können. Es handelt sich vielfach um einfache, gering bezahlte Arbeiten. Sie sind für die Unternehmen vorteilhaft, weil keine Kosten für die Sozialversicherung entstehen.
Arbeitnehmerinnen haben in den Regel folgende Nachteile:
- fehlende soziale Sicherung (Krankheit, Erwerbsunfähigkeit, Alter)
- keinen Kündigungsschutz
- keinen bezahlten Urlaub
  keine planbare Arbeitszeit pro Tag und pro Woche
- Kosten für zusätzliches Arbeitszimmer oder Einschränkungen für die Haushaltsangehörigen.

Aufgaben

1 Beurteilt Vor- und Nachteile der Büroarbeit zu Hause.

2 Was würde sich ändern bei einer Heimarbeit bei euch zu Hause?

3 Für wen ist Heimarbeit vorteilhaft?

4 Informiert euch bei den Gewerkschaften, wie Heimarbeiterinnen gesichert sind. Für den Bereich Metall gibt es seit 1994 tarifvertragliche Regelungen.

3. E-Mail: Informationsaustausch rund um die Welt

Mittwoch, 8.05 Uhr: das „transatlantische Klassenzimmer" im Gymnasium Lohbrügge, Hamburg-Bergedorf, ist in Aktion.

Die Klasse 10 – 35 Jugendliche – freut sich auf die folgenden zwei Stunden. Sonja startet voll Spannung ihren Computer. Sind in der mailbox – dem elektronischen Briefkasten – neue Informationen aus Chicago gelandet? Hat Shirley geantwortet oder eine noch unbekannte Briefpartnerin über das Internet?
Beides wäre prima. Über das „schwarze Brett" erhofft sich Sonja Antwort zu einem Brief über Jugendclubs in Chicago.
„Über E-Mail kannst du mit Jugendlichen anderer Kulturen und Länder ganz schnell in Kontakt kommen", sagt Tanja.
„Schüler, die früher keine Lust hatten, auch nur zehn Zeilen Englisch auf Papier zu bringen, schreiben jetzt drei Seiten lange Briefe", sagt Lars.

Was denken die verantwortlichen Lehrer?
„Die bisherigen Erfahrungen – seit Januar 1995 – zeigen, daß Antworten oft schon am nächsten Tag vorliegen. Das erhöht die Motivation und das Interesse der Jugendlichen. Fast 50 Briefe werden pro Woche verschickt. Die Schüler erhalten fast nebenbei eine Grundeinführung in den Umgang mit modernen Informations- und Kommunikationstechnologien. Auch Schüler, die vorher noch nie am Computer gesessen haben, benötigen nur eine kleine Einweisungszeit.
Die Beschäftigung mit der englischen Sprache wird ebenfalls gefördert. Die Schüler können das Lerntempo und den Lerninhalt selbst bestimmen. Viele Schüler nutzen ihre Wörterbücher intensiver als jemals zuvor. In einer fremden Sprache schreiben – das macht jetzt Sinn.
Wer die Schüler einmal bei der Arbeit beobachtet hat, der sieht und spürt es: so macht Schule Spaß."

E-Mail (electronic mail) – wie funktioniert das?
Das Gymnasium Lohbrügge brauchte für seine E-Mail-Kontakte mindestens einige 386er PC, Telefonanschluß, Modem, Internet-Zugang und Software (z.B. Cross Point). Die Nachrichten können direkt zwischen 2 Teilnehmerinnen ausgetauscht werden – wie bei der herkömmlicher Post. Absender und Empfänger können aber auch beliebige Nutzerinnen und Empfängerinnen des Internet sein. Es muß nur die Adresse des Empfängers bekannt sein (siehe Text von Sonja).
Informationen können aber auch an ein „schwarzes Brett" geschickt werden. Jede Nutzerin des Internet kann die Informationen lesen und, wenn sie Lust hat, antworten. Der Absender muß seine Adresse angeben.

Empfänger : U56031@UICVM.bitnet (Shirley)
Absender : GyLoh@koerb11.schule.dkrz.d400.de (Gymnasium Lohbruegge)
Betreff : GyLoh-Mail for everybody
Datum : Mi 01.03.95, 10:18
Groesse :1824 Bytes

Hallo Shirley
Thanks for your letter.
Please tell me if I do a big mistake, so we can lern more!
I like at the moment the music from Vangelis 1492 "Coquest of Paradise" at most. I'm not shure if you have heared something of this music this is from the film Columbus, it is very soft music. Which CD form Bon Jovi do you like most? I like most "The best of Bon Jovi CrossRoad"! I am very interested in your live so it is ok if you write the truth about your way of live! And this is not boring to read for me. I have not read the letter from your friend but I do not thing that anybody can say how a tipical american life looks like the same can nobody say for the germans. Everybody has an other life with his own rituals. You can not say just because one person eat ever his lunch by Mc Donalds that this a typical american person or if he eat ever "Sauerkraut" that this is a typical german person!
What do you think about this?
At the moment we have nothing interesting in our politic but in the beginning of this year we had to vote for the "Bundestagswahlen" I can vote but this is very difficult to say who is the right Person for this job! First they say what they want to do an after this elections they do really nothing!
How are you in the USA? Can everybody vote?
Some places in germany are dangerous but I can not tell you so much about germany it is much easyer for me to tell you something about Hamburg. In Hamburg we have many dangerous places but this is more in the City an I live in Lohbruegge this is 20 minutes far from the city. My mum did not allow me to go allown in town becaus it is to dangerous especially for girls becaus you can hear much about sexual doin in Hamburg.
If I want to go out in the evening there must be other persons whom I know an then my mum say me a time when she picks me up or I must phone my mum because it is not dangerous to go in a disco or to friends but the dangerous is the way home where happens very much!
If you want drugs it is very easy in Hamburg to get some everybody knows where you can buy them! I thing it is to easy to get these if small kids want them they will have no problems to get them just for beeing cool!
I am very sad about this because every more young persons need drugs! Are you smoking ore drinking! I hate both! My brother smokes and I am very sad about this but he likes it!

bye bye
Sonja

Noch sieht Sonjas Klassenzimmer nicht so aus!

Bleistift und Computer
Technische Ausstattung eines Klassenzimmers der Zukunft

In Minuten von Hamburg nach Chicago

Sonjas Schule

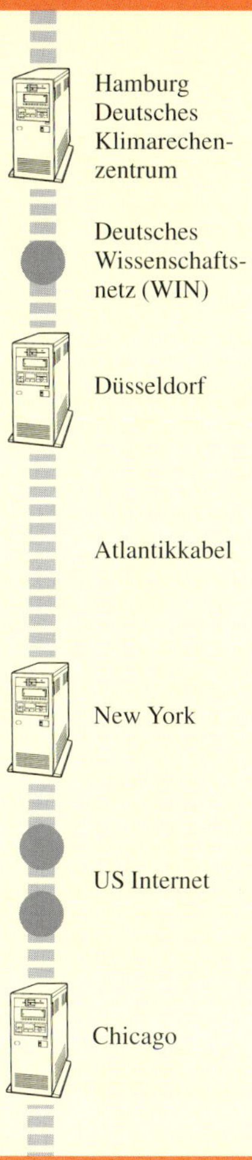

Shirleys Schule

Empfaenger: GyLoh@koerb11.schule.dkrz.d400.de (Gymnasium Lohbruegge)
Absender: U56031@UICVM.bitnet (Shirley)
Weiterleiter U56031@UICVM.CC.UIC.edu
Betreff: Re: GyLoh-Mail for Shirley
Datum: Sa 11.03.95, 06:17 (erhalten 17.03.95)
Groesse :4983 Bytes

Hallo Sonja
Ich hoffe, dass deine Ferien schoen waren. Du hast mir viele Fragen gestellt und ich versuche hier, alles zu beantworten, aber ich koennte eine oder mehr vergessen, wenn das die Wahrheit ist, tut es mir Leid und ich hoffe, dass du diese noch einmal stelle wuerde.
ich finde New Jersey am besten, da mir die Lieder „Wild is the Wind," „I'll Be There for You" und „Living in Sin" (not that I am) gut gefallen. Leider habe ich noch nicht CrossRoads, aber ich hatte die Gelegenheit diese CD zu kaufen, aber ich meinte: warum soll ich zwoelf Dollars ausgeben, wenn ich die meisten Lieder darauf schon habe?
Stereotypen: das ist eine schwierige Frage fuer mich. Vielleicht glauben die Amerikaner (nicht gewiss, nur was ich hoerte) das Deutschland bedeutet die folgenden Sachen: Autos, Autobahn, Distanz, Lederhosen, Dirndl, fleissige Menschen, Techno Land, zu viele Diskos, der dritte Weltkrieg und eine Jugendlichegesellschaft wie die von dem Film „Wir Kinder vom Bahnhof Zoo." Aus diesen Sachen finde ich vielleicht Techno Land und Autos wahr zu sein. Es tut mir Leid, wenn ich jemand beleidige.
Ich habe auch gehoert, dass Europa ist das Land der Cigaretten und auch dass die Deutschen zu viel Alkohol trinken. Diese Punkte finde ich wahr. Habe ich recht? Hoffentlich nicht! Ich rauche nicht, aber Alkohol trinke ich bei Partys (was meine Mutter hasst). Ich trinke nicht viel, weil ich nicht kann. Wenn ich weniger als zehn Unze Bier oder 4 Unze Sekt oder ein Wine Cooler (oder! nicht zusammen und gleichzeitig) trinke, bekomme ich hoellische Kopfschmerzen. Ich kaufe keinen Alkohol und trinke nur bei Geburtstagsparty im Buero oder beim Restaurant. Warum hast du so eine starke Meinung darueber?
Stereotypen ueber Amerikaner: ich finde, dass viele Amerikaner zu viel McDonalds essen. Auch sind meisten zu laut und ungebildet. Gewiss gibt es soziale Antworten dafuer. Aber ueber McDonalds, weder hasse ich noch liebe ich McDonalds. Es is schnell, heiss, und schmeckt nur o.k. Aber es ist auch teuer und ungesund. Man kann viele Sachen genau so vergleichen. Viele Amerikaner essen McDonalds, aber nicht regelmaessig (hoffentlich). Die laut und ungebildet sind vielleicht das Kleinbuergertum (heisst das „Lower Class"?). Diese Familien wohnen am Boden der Gesellschaft und warten immer auf Hilfe, die nicht existieren oder nicht genug ist. Die Eltern habe schon zu viele Sorgen und die Kinder wissen nicht, was „Good" ist.
Die Eltern haben Probleme von Alkohol oder Drogen und koennen sich nicht um seine Kinder kuemmern. Deswegen werden die Kinder schlecht und laut und ungebildet. Gibt es ein Ende von dieser Situation?
Jetzt kommt der schwierigste Teil. Echt! Moechtest du, dass ich die Briefe korrigieren? Ich kann das machen. Ich werde ein Paar Notizen machen und dann schicke ich noch einen Brief. Bitte mach dieselbe. Ein Vorschlag (auf Englisch bitte): Perhaps the best way to learn

Ich freue mich auf deine naechsten Brief.

Alles Gute Shirley

Schulen ohne Förderer müssen mit ca. 30 DM/Monat Telefonkosten und 30 DM/Monat Kosten für den Provider rechnen. In Zukunft ist mit Kostensenkungen zu rechnen.

Datennetz z.B.:	**Anzahl der Schulen online (weltweit)**	**Anschlußpreise**	**Verfahren**
Offenes Deutsches Schulnetz Deutschland	mehrere hundert	ca. 20 DM/Monat Telefongebühren	Private Initiative von Lehrern aus Deutschland. Ermöglicht E-Mail und Zugang zu Schwarzen Brettern im Internet, dem weltweit größten Computernetz. Kontakt über Ralph Ballier, c/o Landesbildstelle Berlin, Tel.: 030-39092258.
Das Transatlantische Klassenzimmer Deutschland (Hamburg und Umland)	30 (Hamburg) 30 (Chicago)	Kosten übernimmt die Körberstiftung	Im Aufbau befindliches Internet-Angebot für Schulen vor allem aus Deutschland und den USA. Kontakt über die Körber-Stiftung, Claudia Musekamp, Tel.: 040-72503867.

Aufgaben

1 Erörtert, welchen Sinn ein Informationsaustauch über E-Mail für euch haben kann.

2 Informiert euch über Möglichkeiten der Nutzung an eurer Schule.

Neue Informationstechnologien

... aus angebotenem Material eine Pro-Contra-These aufzustellen.

... eine Pro-Contra-Debatte zu führen.

1. Wohin können Datenautobahnen führen?

Teleshopping in Florida: 2000 Vermittler bewältigen die täglichen Anrufe der Kunden

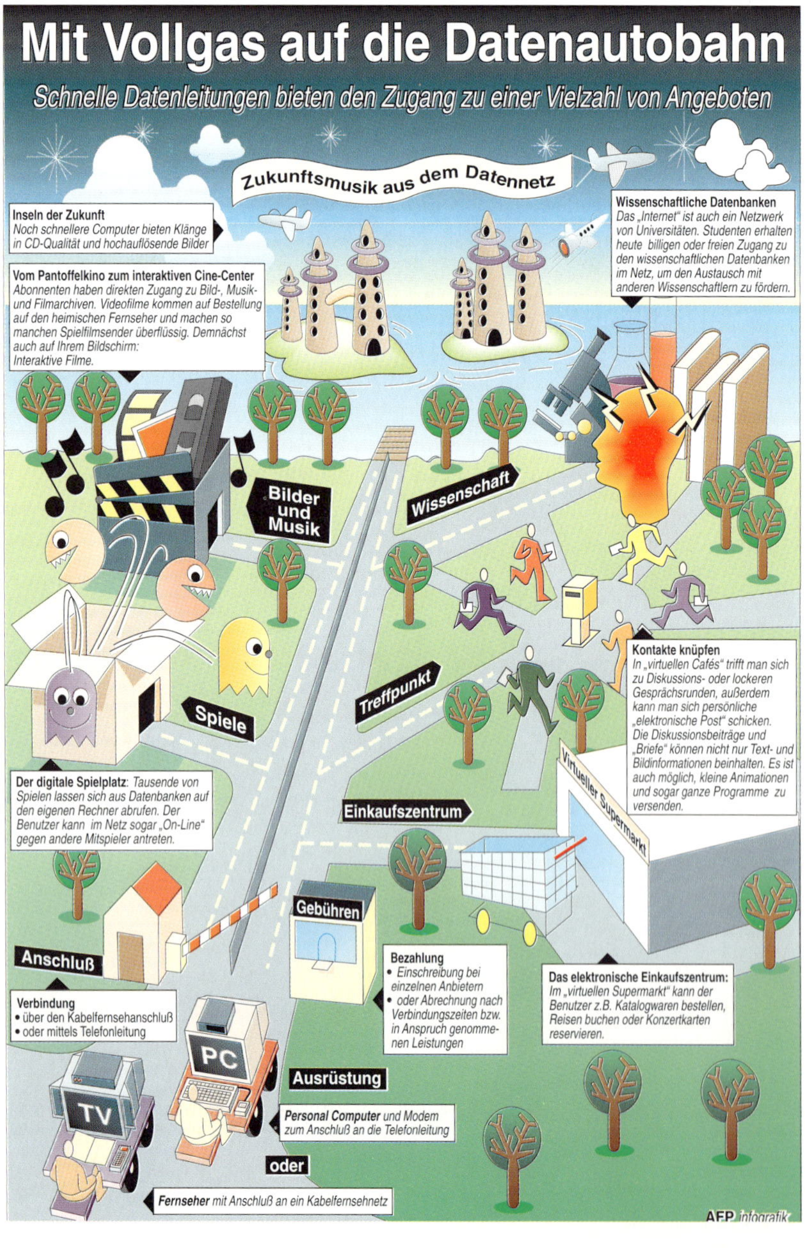

Interview mit Zukunftsforscher Toffler

„Die neuen Technologien verlagern die Arbeit aus Fabriken und Großraumbüros zurück in die Wohnung."

Toffler: Wie wir leben, arbeiten, spielen und denken – all das wird einem gigantischen Wandel unterworfen werden. Die Welt wird sich in drei Sphären aufteilen: Länder oder Regionen der Ersten Welle, wie wir sie nennen, die hauptsächlich agrarisch strukturiert sind; Länder der zweiten Welle, die billige Arbeitskräfte für die Massenproduktion von Konsumprodukten bereithalten; und an der Spitze die Länder der Dritten Welle, der dritten gesellschaftlichen Revolution – ihr Hauptprodukt sind Information, Ideen und immaterielle Dienstleistungen.

In der Wirtschaft der Dritten Welle wird Wissen zum wichtigsten Rohstoff, Kommunikation wird wichtiger als Warentransport. Mit Hilfe neuer Technologien, die sich noch im Kindheitsstadium befinden, wird sich abstumpfende körperliche Arbeit mit der Zeit durch befriedigende geistige Arbeit ersetzen lassen.

special: Wohl wie bei den Datatypistinnen, die auf den Philippinen oder in China für amerikanische Firmen massenweise Flugtickets und Versicherungsaufträge abtippen?

Toffler: Nein, diese Leute werden genauso behandelt wie die Fabrikarbeiter der Vergangenheit, als es noch keine Computer gab. Diese Form der abstumpfenden Computerarbeit ist von gestern und wird sich außerdem bald unprofitabel erweisen.

„Das größte Problem in der Informationsgesellschaft werden die Menschen haben, die unzureichend dafür ausgebildet sind ...

Als wachsendes Problem erweist sich die zunehmende Vereinzelung und Vereinsamung."

Heute treffen sich die Leute online auf CompuServe oder bei einem anderen Datendienst. Online-Kommunikation ist ideal zum Täuschen und Betrügen. So kann sich jeder zusätzliche Netzpersönlichkeiten zulegen, eine für Montag, eine für Dienstag, eine für's Wochenende.

special: Vielleicht könnten Videokonferenz-Systeme davor schützen.

Toffler: Sie verstärken diesen Effekt unter Umständen sogar noch. Videokonferenz-Geräte verfügen dann womöglich über eine spezielle Software, die mir jedesmal, wenn ich auf dem Bildschirm auftauche, die Falten wegbügelt und mich vertrauenswürdiger erscheinen läßt.

Es wird unmöglich, zwischen Wahrheit und Trugbild unterscheiden.

Spiegel special 3/95, S. 22, 59–61

Aufgaben

1 Formuliert aus diesen Informationen eine Pro-Contra-These.

2. Mit Hilfe der Hinweise auf der nächsten Seite könnt ihr diese These in einer Pro-Contra-Debatte erhärten.

2. Methode: Pro-Contra-Debatte

Ziele

Mit dieser Methode können gegensätzliche Positionen klarer herausgearbeitet werden. Neben der Erarbeitung von Wissen geht es vor allem darum, die Fähigkeit zu trainieren, andere Argumente anzuerkennen, eigene klar zu vertreten und die jeweiligen „wunden" Punkte verstehen zu lernen. Solch eine Klärung ermöglicht eher die Findung eines tragfähigen Kompromisses.

In der Pro-Contra-Debatte wird ein Kompromiß nicht angestrebt. Er könnte in einem Rollenspiel gefunden werden.

Voraussetzungen

- Erfahrungen mit Gruppenarbeit
- Formulierung eines Problems, das in der Öffentlichkeit umstritten und für die Schülerinnen interessant ist
- Suche und Bereitstellung von Material durch Lehrerinnen (und Schülerinnen)

Material für das Thema

- Interview Toffler, Seite 106
- Kapitel: Der Computer am Arbeitsplatz
- Ggf. weiteres Material von Gewerkschaften, Verbraucherverbänden, politischen Parteien, Bundeszentrale für politische Bildung

Formulierung einer Pro-Contra-These

Konfrontation mit der Ausgangslage

Lehrerin und/oder Schülerinnen der Vorbereitungsgruppe geben eine kurze Einführung in das Problem.

Einarbeitung aller Schülerinnen auf der Grundlage des ausgewählten Materials. Die Dauer der Einarbeitung richtet sich nach dem Umfang und der Komplexität des Problems.

Festlegung der Gruppen

- Gruppe Pro
- Gruppe Contra
- Beobachterinnengruppe

Auswahl der Spielerinnen

Die Zuordnung zu einer Gruppe sollte möglichst freiwillig erfolgen. Es kann reizvoll sein, sich einmal in die Position einzuarbeiten, die eher nicht mit den eigenen Vorstellungen in Einklang steht.
Die Pro- und Contra-Gruppen skizzieren ihre zentralen Gründe schriftlich.

Die Beobachterinnengruppe legt im Gruppengespräch schriftlich fest, ob sie mehrheitlich pro oder contra vertreten. Die Gründe sollten kurz skizziert werden; ggf. zwei Untergruppen bilden.

Abstimmung über den formalen Spielablauf

- Ort der Gruppenarbeit
- Zeitrahmen
- Wahl von 3 (oder mehr) Spielerinnen, die das Gespräch führen
- Szenenaufbau/Sitzordnung, Zeitrahmen für das Gespräch

Zusammenstellen der Beobachtungsaufgaben

(Beispiele)

1. Bringen die Expertinnen alle von der Gruppe zusammengestellten Argumente auf den Tisch?
   Welche fehlen?
   Gibt es neue?
2. Erscheint die Gruppe Pro oder die Gruppe Contra stärker?
3. Welche Argumente sind besonders schwer zu widerlegen?
4. Wurden Argumente genannt, die besonders wirksam waren?
5. Kooperation der Spielerinnen innerhalb einer Gruppe
6. Sprachliche Dominanz von einzelnen Spielerinnen
7. Art der Sprache? Gab es persönliche Abwertungen?

Die Beobachterinnengruppe bearbeitet vor allem die Aufgaben 2, 4 – 7. Sie betreffen eher die Verhaltensebene.

Die Mitglieder der Pro- und Contra-Gruppen bearbeiten eher die Aufgaben 1–3, 5.

Beobachtungen begründen und festhalten.

Durchführung des Spiels

Reflexionsphase

- Austausch der Beobachtungen
- Beobachtungen in der Ich-Form vortragen
- Vermeiden von Bewertungen einzelner Spielerinnen

Evtl. neue Spiel- und Reflexionsphase

- neue Materialien, Daten, Regeln
- neue „Expertinnen"

Evtl. Rollenspiel mit dem Ziel einer Konfliktlösung

Materialien zum Problemfeld: Wirtschaft – Technik – Ökologie

M13

Szenario-Methode – vernetztes Denken

Unser Handeln hat zunehmend weltweite Folgen. Wenn wir z.B. mehr Möbel aus tropischen Hölzern einführen, wird ein Stück mehr Urwald abgeholzt, was von einer gewissen Menge an zu einer Verschlechterung des Klimas, Trockenheit und Hungersnot führen kann. Diese Situation wirkt auf uns zurück (Rückkoppelung), da dann instabile gesellschaftspolitische Verhältnisse entstehen können, die auch andere Ländern beeinträchtigen.
Wir müssen immer mehr lernen, nicht nur uns, sondern die Lage auf der ganzen Welt zu berücksichtigen – im eigenen Interesse. Solch ein Lernen erfordert ein vernetztes Denken. Damit erst gar nicht große Schäden entstehen, ist es notwendig, vorab die Folgen unseres Handelns abzuschätzen und Zukunftsbilder zu entwerfen, die für alle Menschen auf der Welt verträgliche Lebensbedingungen schaffen. Die Szenario-Methode eröffnet solche Möglichkeiten.
Die Szenario-Methode verfolgt das Ziel, verschiedene (alternative) Zukunftsbilder – Ziele und Handlungsmöglichkeiten – zu entwerfen. Diese Zukunftsbilder sollen offen für verschiedene Entwicklungen bleiben. Sie sind komplex, d.h. sie zeigen die Folgen alternativer Ziele und Handlungen für verschiedene Bereiche, z.B. Produktion, Umweltschutz, Klima, Bevölkerungswachstum und Gesundheit auf. Wichtig ist es, nicht nur eingleisige (lineare) Folgen zu erfassen, sondern Rückkoppelungen zu berücksichtigen und Auswirkungen auf verschiedene Lebensbereiche.
Das Entwerfen von Szenarien erfordert die Fähigkeit zu kreativem und vernetztem Denken. Teamarbeit kann dazu beitragen, verschiedene Ideen zu entwickeln.

M14

Computersimulation mit Ökolopoly

In einem Schulbuch kann die Szenario-Methode nicht konkret vorgestellt werden, da es auf das eigene kreative Handeln der Schülerinnen ankommt. Darstellen können wir jedoch, wie mit einer geeigneten Software und dem Computer vernetztes Denken erleichtert werden kann. Im folgenden wird von uns die Software Ökolopoly als Beispiel beschrieben. Prüft, welche ihr nutzen wollt.

Ökolopoly – ein kybernetisches Umweltspiel
Ökolopoly will befähigen, komplexe Systeme zu steuern – Entscheidungen in Kenntnis möglicher Folgen und Wechselwirkungen zu treffen. Das Spiel ist für 5 verschiedene Entwicklungsstufen (Länder) simuliert: Urwaldvolk, Entwicklungsland, Schwellenland, Industriestaat, Kybernetien. ❶
Ökolopoly bezieht sich auf 8 Bereiche, die zusammenhängen: Produktion, Sanierung, Umweltbelastung, Lebensqualität, Bevölkerung, Vermehrungsrate, Aufklärung, Politik. ❷
Die Vernetzung der Bereiche wird über Tabellen, Kurven und Flußdiagramme verdeutlicht.
Zum Start einer jeden Spielrunde verteilt der Computer Aktionspunkte, die Eingriffe (Handlungen) auf die Bereiche Sanierung, Produktion, Aufklärung und Lebensqualität ermöglichen. Nach der Verteilung der Aktionspunkte wird die Wirkung der Aktionen auf den Säulen markiert – grün (in Ordnung), gelb (bedenklich) und rot (gefährlich). ❷
Anschließend werden die Wirkungsflüsse aufgezeigt. Sie können gestoppt und in Ruhe betrachtet werden. ❸

❶

❷

❸
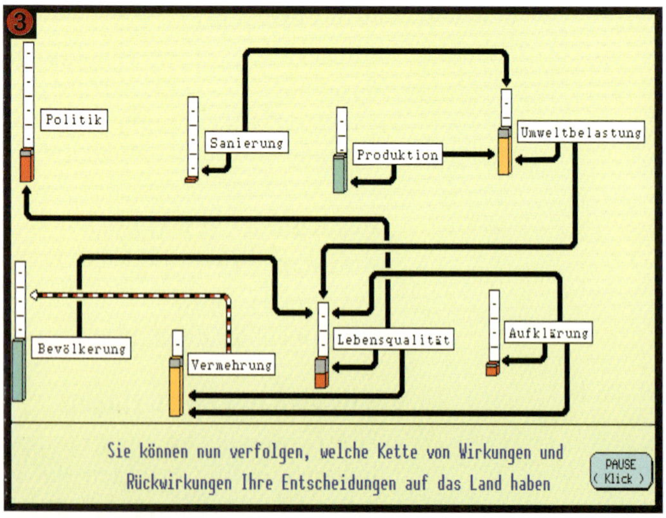

Zu jeder Spielrunde kann der Spielstand erfragt werden. ❹ Die Gesamtheit der Wirkungsgefüge und Einflußfaktoren – die unsichtbaren Fäden – können auf den Bildschirm geholt werden. Beim Land Kybernetien können die Wechselwirkungen selbst verändert werden. ❺❻
Der Spielverlauf kann in allen Phasen verfolgt, unterbrochen und diskutiert werden. Für die Bilanzzahl am Ende des Spiels gibt es einen Bewertungsschlüssel.

Wie kann gespielt werden?

– *Vernetztes Denken lernen*

In einem ersten Schritt können die Schülerinnen im Rahmen der programmierten Handlungsabläufe und verschiedenen „Länder“ spielen. Im Vordergrund steht das Ziel, vernetztes Denken in vorgegebenem Rahmen zu lernen. Die Diskussion wird evtl. ergeben, daß die „Länder“ einen anderen Zuschnitt erfordern und andere Rückkoppelungen wünschenswert sind. Dadurch werden die Schülerinnen angeregt, eigene Zukunftsphantasien zu entwickeln.

– *Zukunftsbilder selbst entwerfen – Neue Szenarien entwickeln*

Wenn die Schülerinnen die Software gut handhaben, können sie ihre volle Kreativität entfalten und ein Phantasieland mit ganz anderen Spielbedingungen simulieren. In der Gruppe kann ein großes Interesse am Austausch alternativer Ideen und Realisierungschancen entstehen. Hier ist der Ort, die Szenario-Methode einzuüben und konkrete Utopien einer besseren Welt zu entwerfen.
Die Ergebnisse der Spiel-Gruppen – dokumentiert über Wandtafeln – können die Vielschichtigkeit der Entscheidungen erneut verdeutlichen.

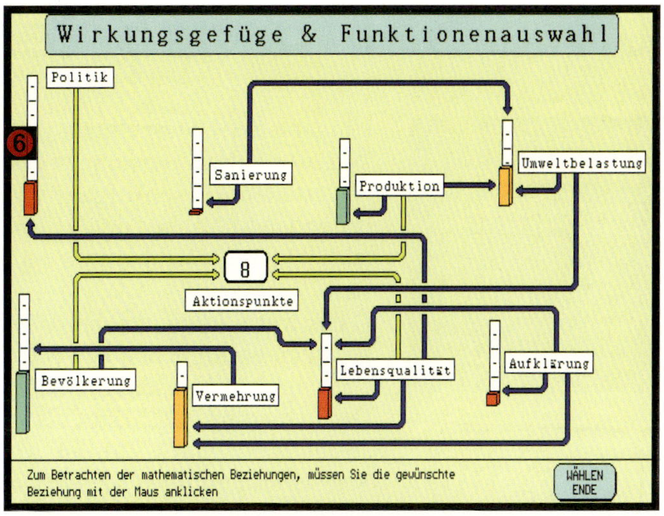

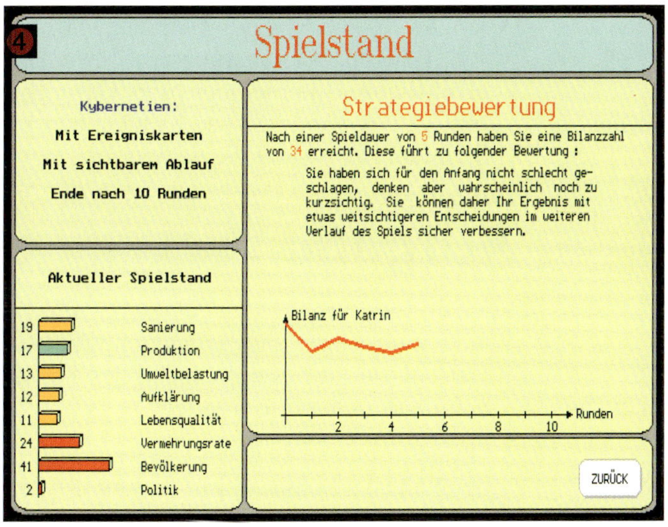

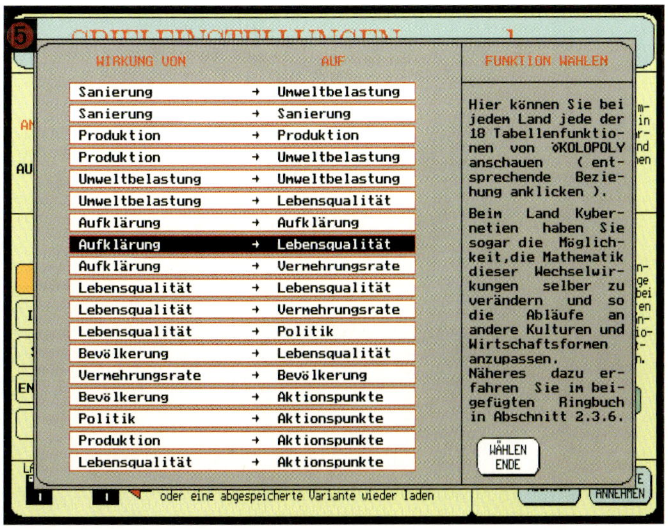

Unternehmensarten

... welche Aufgaben Betriebe im Wirtschaftsprozeß haben.

... Betriebe nach charakteristischen Merkmalen zu unterscheiden.

Aufgabe der Unternehmen (Betriebe) ist es, Waren und Dienstleistungen herzustellen und zu verteilen. Diese Aufgabe wird von den arbeitenden Menschen unter Einsatz von Kapital (Geld- und Sachkapital) und Boden geleistet.
Die Erwerbsarbeit und das dafür erzielte Einkommen ermöglichen den Menschen die Sicherung ihrer Existenz.
Die Erfahrung der Arbeit als sinnvolles und sozial anerkanntes Tun ist wichtig für das Selbstwertgefühl des Menschen.
Es ist notwendig, daß jeder das Recht auf Arbeit wahrnehmen kann.
Für die Beurteilung der **Wirtschaftsordnung** eines Landes ist es wichtig zu klären, ob die Unternehmen vorwiegend **private** oder **öffentliche** Güter anbieten.
Es gab 1995 in der Bundesrepublik Deutschland ca. 3,1 Mio. Unternehmen und Arbeitsstätten. In den Statistiken, z. B. des Statistischen Bundesamtes, werden die Unternehmen nach der **Art ihrer Aufgabe** folgenden **Wirtschaftsbereichen** zugeordnet:
- Land- und Forstwirtschaft und Fischerei
- warenproduzierendes Gewerbe (Industrie und Handwerk)
- Handel und Verkehr
- Dienstleistungen (private und öffentliche)

Land- und Forstwirtschaft und Fischerei
Dieser Wirtschaftsbereich wird vielfach auch als Urproduktion bzw. **Primärproduktion** bezeichnet.
Beispiele: Bauernhof, Gärtnerei

Warenproduzierendes Gewerbe
Dieser große Wirtschaftsbereich, auch **Sekundärbereich** genannt, umfaßt:
- Energie- und Wasserversorgung, Bergbau
- verarbeitendes Gewerbe, z. B. Maschinenbau, Holzverarbeitung, Textilgewerbe
- Baugewerbe

Dazu gehören sowohl das **Handwerk** als auch die **Industrie.**

Im Handwerk werden Rohstoffe zu Halb- und Fertigfabrikaten verarbeitet. Das Handwerk produziert überwiegend kleine Mengen, zum Teil auf Bestellung einzelner Kunden.
Die meisten Handwerksbetriebe erfüllen neben der Herstellung auch Dienstleistungsaufgaben, z. B. Reparaturen.
In der **Industrie** werden größere Mengen produziert, vielfach unter Einsatz voll- oder teilautomatisch gesteuerter Maschinen. Diese ermöglichen teilweise auch die Berücksichtigung spezieller Kundenwünsche.

Handel und Verkehr
Handel und Verkehr haben überwiegend die Aufgabe, die Waren und Dienstleistungen zu **verteilen**. Sie gehören zum **Tertiärbereich**.
Beispiele: Supermarkt, Buchhandlung, Großhandel, Spedition.

Dienstleistungen
Dieser Teil des Tertiärbereichs hat in den letzten Jahrzehnten zunehmend an Bedeutung gewonnen. Zu unterscheiden sind:
- **private** Dienstleistungsunternehmen, deren Zweck die Erzielung von Gewinn ist, z. B. Banken, Versicherungen, Gaststätten
- **öffentliche** Unternehmen und Organisationen, z. B. Kindergärten, Krankenhäuser, Schulen, Arbeitsamt, Sozialamt.

Aufgaben

1 Stellt fest, in welchen Wirtschaftsbereichen eure Eltern und Bekannten arbeiten. Befragt sie nach der Aufgabe des Unternehmens, in dem sie arbeiten.

2 Ordnet mindestens je ein Unternehmen in der Nähe der Schule (eurer Wohnung) dem entsprechenden Wirtschaftsbereich zu.

3 Erkundet bei der Gemeinde, welchem Wirtschaftsbereich die meisten Unternehmen eures Wohnortes zugeordnet sind.

Erwerbstätige 1992 nach Stellung im Beruf (in 1000)

Selbständige/ mithelfende Familienangehörige	3615
Abhängige	32201

Bundesministerium für Arbeit und Sozialordnung, Statistisches Taschenbuch 1995. Bonn 1995, Tab. 2.5

Holzverarbeitung im Handwerk und in der Industrie

Grundelemente marktwirtschaftlicher Planung

... wie ein Unternehmen in der Marktwirtschaft Entscheidungen trifft.

... wie Unternehmen am Markt im Wettbewerb handeln.

... das Zusammenwirken von Unternehmen, Haushalten und Staat zu verstehen.

... die Positionen der Parteien zur sozialen Marktwirtschaft zu vergleichen.

1. Wie Unternehmer Schubert über die Produktion entscheidet

Unsere Reporterin „Arbeitslehre" (RA) im Gespräch mit Hans Schubert (Sch.), Inhaber eines mittelständischen Unternehmens.

RA: „Herr Schubert, in Ihrer Konstruktionsabteilung wurde vor zwei Jahren ein neuartiger Fahrraddynamo in Verbindung mit einem Halogenscheinwerfer entwickelt. Welche Bedeutung hat diese Erfindung?"

Sch.: „Sie bringt 70 % mehr Licht und durch den Akku auch Standlicht. Das erhöht die Sicherheit der Radfahrer im Verkehr."

RA: „Wovon hing die Entscheidung ab, diese Entwicklungen in Ihr Produktionsprogramm aufzunehmen?"

ABWEICHUNGEN VOM DURCHSCHNITTSEINKOMMEN NACH DER HÖHE DES VERFÜGBAREN EINKOMMENS JE VERBRAUCHEREINHEIT[1]

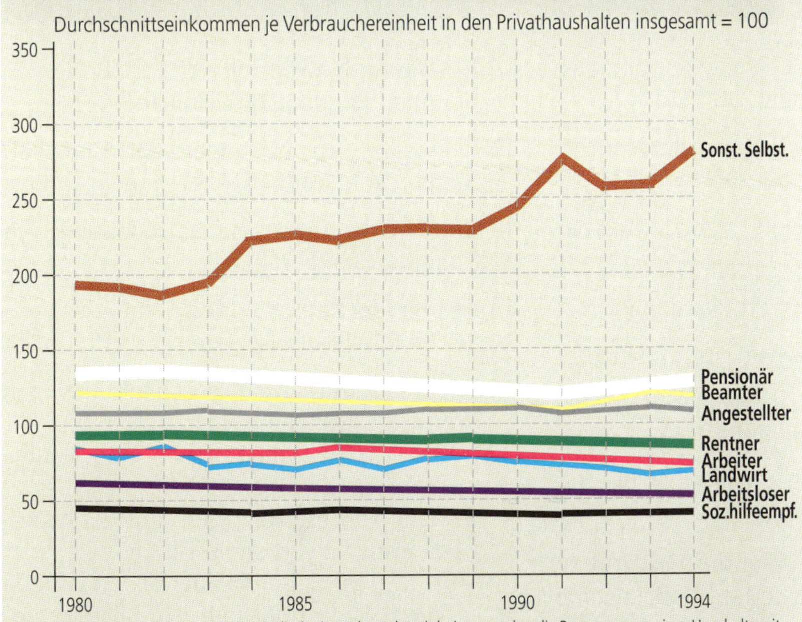

[1] Bei der Umrechnung der Haushaltsmitglieder in Verbrauchereinheiten werden die Bezugsperson eines Haushalts mit dem Faktor 1, jedes weitere Haushaltsmitglied ab 14 Jahren mit 0,7 und jedes Kind unter 14 Jahren mit 0,5 gewichtet, um den unterschiedlichen Bedarf der Haushaltsmitglieder zu berücksichtigen.

Stat. Angaben: DIW Wochenbericht 18/95, S. 359

Sch.: „Nun, das war eine Frage des Marktes. Der Kunde entscheidet. Wir haben die Akzeptanz bei Verbrauchern getestet. Dafür sind auch die **Kosten** bedeutsam. Die Produktionskosten waren unwesentlich höher als die der Konkurrenz für die Herstellung herkömmlicher Dynamos. Fahrradproduzenten für Sport- und Rennräder, aber auch der Handel, zeigten größtes Interesse. Ich konnte deshalb einen höheren Preis als zunächst geplant einsetzen. Die Produktion lohnt sich."

RA: „Was haben Sie noch unternommen?"

Sch.: „Zuerst einmal mußte ich den Betrieb für die Serienfertigung umrüsten. Weil die Geschäfte in den letzten Jahren zufriedenstellend waren, konnte ich einen Teil der **Investitionen** aus Betriebsrücklagen finanzieren, den Rest über Kredit. Vor Produktionsbeginn startete ich eine Werbekampagne."

RA: „Sind Sie zufrieden mit der **Marktentwicklung?**"

Sch.: „Der Absatz ist besser als erwartet."

RA: „Sie haben jüngst die Preise erhöht."

Sch.: „Nun, ich bin Unternehmer und muß die **Möglichkeiten des Marktes** ausschöpfen. Leider geht mehr als die Hälfte des Gewinns für Steuern drauf."

RA: „Sie haben den Betrieb erweitert."

Sch.: „Ja, bei der guten Absatzlage entschloß ich mich dazu. Natürlich möchte ich mein Unternehmen entwickeln. Trotz Rationalisierung konnte ich neue Arbeitsplätze und zusätzliche Ausbildungsplätze schaffen und dafür günstige Kredite der staatlichen **Mittelstandsförderung** beanspruchen."

RA: „Neueinstellungen – das hört man gern bei der heutigen Arbeitsmarktlage."

Sch.: „Sicher, doch Sie ahnen nicht, wie schwierig es war, in unserer Region qualifizierte Facharbeiter zu finden. Ich habe neueste Erkenntnisse der Arbeitsplatzgestaltung genutzt, übertarifliche Entlohnung und günstige Arbeitszeiten geboten. Einige Facharbeiter wechselten deshalb aus anderen Betrieben zu mir."

RA: „Ich gewann den Eindruck, daß Ihre Konkurrenz die Auswirkungen im **Wettbewerb** durchaus spürt. Man hört dort von starken Auftragsrückgängen, von Maßnahmen zur Kostensenkung und von verstärkten Anstrengungen zur Entwicklung von Neuerungen."

Anbieter, Nachfrager und Staat in der Marktwirtschaft

Das Beispiel des Unternehmers Schubert zeigt, daß in unserem **Wirtschaftssystem** die Entscheidungen der Nachfrager (Verbraucher) und Anbieter (Unternehmen) auf Gütermärkten weitgehend unabhängig voneinander erfolgen. Der **Staat** regelt den Handlungsspielraum der Wirtschaftenden durch gesetzliche Vorschriften.

Das Eigentum an den Produktionsmitteln ist größtenteils in privater Hand. Die **Wirtschaftspläne** der einzelnen Unternehmen und Haushalte sollen über den **Markt** abgestimmt werden. Der **Marktpreis** hat die Funktion, Angebot und Nachfrage aufeinander abzustimmen. Er soll den Unternehmen auch anzeigen, was sich zu produzieren lohnt.

Der Staat sichert für bestimmte Bereiche das Angebot **öffentlicher Güter.**

Das Abstimmen der Pläne geschieht nicht reibungslos. Es treten **Schwankungen** im **Wirtschaftsablauf**, z.B. Preissteigerungen und Arbeitslosigkeit, auf. Der Staat hat hier die Aufgabe, eine starke Abweichung, die Gruppen benachteiligt, zu beheben bzw. zu verhindern (s. Stichwort *Konjunkturpolitik*). Der Staat soll auch dafür sorgen, daß die wirtschaftliche Entwicklung in den Branchen und Regionen gleichmäßig verläuft (s. Stichwort *Strukturpolitik*). Über Art und Höhe der Steuern übt der Staat Einfluß auf die *Einkommens- und Vermögensverteilung* (s. Stichwörter), die Produktion und die Art des Güterkonsums aus (s. Stichwort *Steuerarten*).

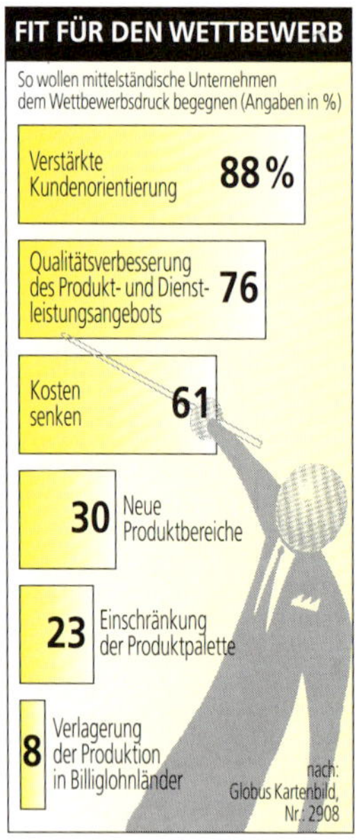

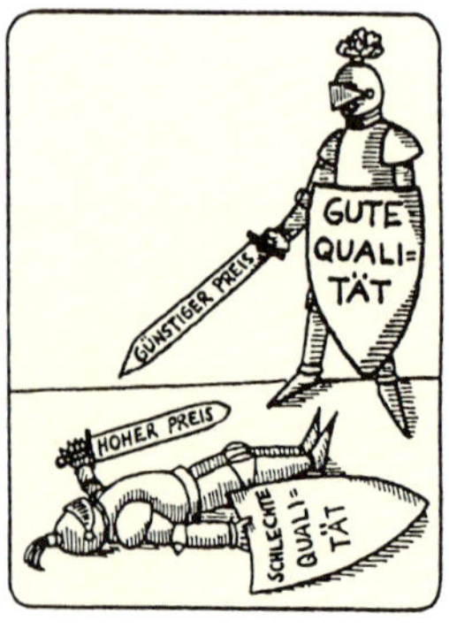

Sch.: „Sicher, damit müssen wir rechnen. In ein paar Jahren wird unsere Entwicklung überholt sein, deshalb arbeiten wir weiter an Neuerungen, beobachten den Markt und stellen uns auf Neues ein."

Aufgaben

1 Sprecht darüber, wer entscheidet, ob, was, wieviel und wann produziert wird.

2 Warum produziert Schubert die Neuentwicklungen sofort?

3 Erörtert die Planung und Finanzierung der Investitionen.

4 Begründet Schuberts Werbekampagne.

5 Begründet, wie der Preis bestimmt wird.

6 Erörtert, was Schubert bei der Betriebserweiterung bedenken mußte.

7 Sprecht über Schuberts Initiative bei der Suche nach Arbeitskräften.

8 Problematisiert die Eigentumsverhältnisse an Produktionsstätten und -mitteln (s. auch Stichwort *Vermögensverteilung*).

9 Nennt die Funktion des Wettbewerbs am Markt für Fahrradbeleuchtung.

10 Bestimmt den Einfluß der Erfindung von Schubert auf die Konkurrenzbetriebe.

11 Diskutiert Auswirkungen der Entscheidungen von Wettbewerbern auf Schubert.

12 Sprecht darüber, welche Bedeutung der Staat für Schubert hat.

13 Erörtert die Interessen von Schubert an seiner Unternehmertätigkeit.

14 Besprecht mit Hilfe des Schaubildes zum Wettbewerb am Gütermarkt folgendes:
- Wie Unternehmen planen, und welche Ziele sie verfolgen.
- Wie Verbraucher sich am Konsumgütermarkt verhalten sollten.
- In welchen Bereichen der Staat den Markt beeinflußt und warum und wodurch das geschieht?

2. Wirtschaftsablauf in der Marktwirtschaft

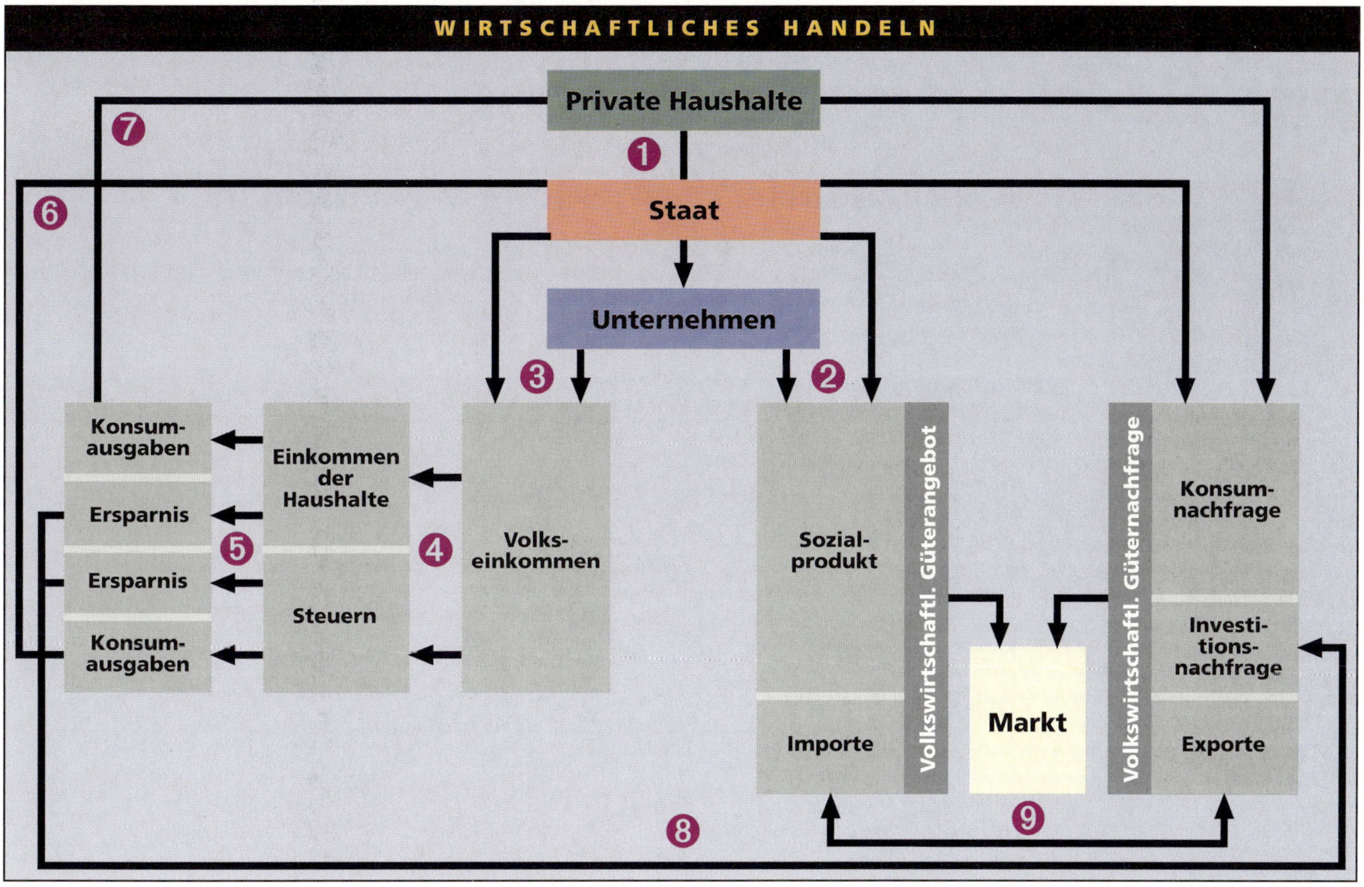

Wirtschaftliches Handeln erfolgt in bestimmten Zusammenhängen. Diese sollen in dem obigen Modell, das die Wirklichkeit vereinfacht darstellt, verdeutlicht werden.
Die Erläuterungen zu den einzelnen Punkten dienen dem leichteren Verständnis. Mit Hilfe des Schaubildes kann auch ein erster Einblick darin gewonnen werden, wie in der sozialen Marktwirtschaft staatliches Handeln die Wirtschaftstätigkeit beeinflußt.

Erläuterungen

❶: Die privaten Haushalte stellen den Unternehmen und dem Staat für die Produktion von Sachgütern und Dienstleistungen Arbeit und Kapital (Produktionsfaktoren) zur Verfügung.
❷: Die Summe der im Inland produzierten Sachgüter und Dienstleistungen ist das Sozialprodukt. Zusammen mit den aus dem Ausland erhaltenen Gütern (Importe) stellen sie das volkswirtschaftliche Güterangebot dar.
❸: Der Höhe des Sozialprodukts entspricht das Volkseinkommen, das die Haushalte als Entgelt für die bereitgestellten Produktionsfaktoren vom Staat und von den Unternehmen erhalten. Das Volkseinkommen setzt sich aus Löhnen, Gehältern, Zinsen, Mieten und Gewinnen zusammen. Es ist gerade so hoch, daß die Empfänger dieser Einkommen alle produzierten Sachgüter und Dienstleistungen kaufen können.
❹ bis ❽: Einen Teil des Volkseinkommens nimmt der Staat in Anspruch, in dem er Steuern erhebt ❹. Er fragt dafür Konsumgüter nach ❻ oder spart das Geld ❽. Der Rest steht als Einkommen den Haushalten zur Verfügung ❺ für Konsumausgaben ❼ oder Ersparnisse ❽.
❽ und ❾: In Höhe der Ersparnisse kann in einer Volkswirtschaft von den Unternehmen und vom Staat investiert werden ❽, ohne daß das volkswirtschaftliche Gleichgewicht gestört ist. Voraussetzung ist aber dabei, daß die Importe und Exporte gleich hoch sind ❾.

Aufgaben

1 Vollzieht mit Hilfe der Erläuterungen das Schaubild zum Wirtschaftsablauf nach.

2 Beschreibt am Schaubild, wie sich folgendes auf den Wirtschaftsablauf auswirkt:
- Die Exporte übersteigen die Importe.
- Die Importe übersteigen die Exporte.
- Die Haushalte erhöhen ihren Konsum zu Lasten der Ersparnisse.
- Der Staat erhöht die Steuern.
- Die Ersparnisse sind höher als die Investitionen.

Politische Maßnahmen zur Überwindung von Wirtschafts- und Beschäftigungskrisen

... wie die wirtschaftliche Entwicklung verlief.

... welchen Zielen die Wirtschaftspolitik verpflichtet ist.

... mit welchen Maßnahmen wirtschaftliche Entscheidungen beeinflußt werden.

... daß zwischen Regierung, Opposition sowie Unternehmen und Gewerkschaften die Politik zur Überwindung der Wirtschafts- und Beschäftigungskrisen umstritten ist.

1. Wirtschaftliche Entwicklung in Deutschland

Diese erfolgte zeitweise in Phasen guten Wachstums und Vollbeschäftigung bei geringen Preissteigerungen. Zu anderen Zeiten gab es Phasen mit geringem oder fehlendem Wachstum, hoher Arbeitslosigkeit und stärker steigenden Preisen.

ENTWICKLUNG DES BRUTTOSOZIALPRODUKTS GEGENÜBER DEM VORJAHR

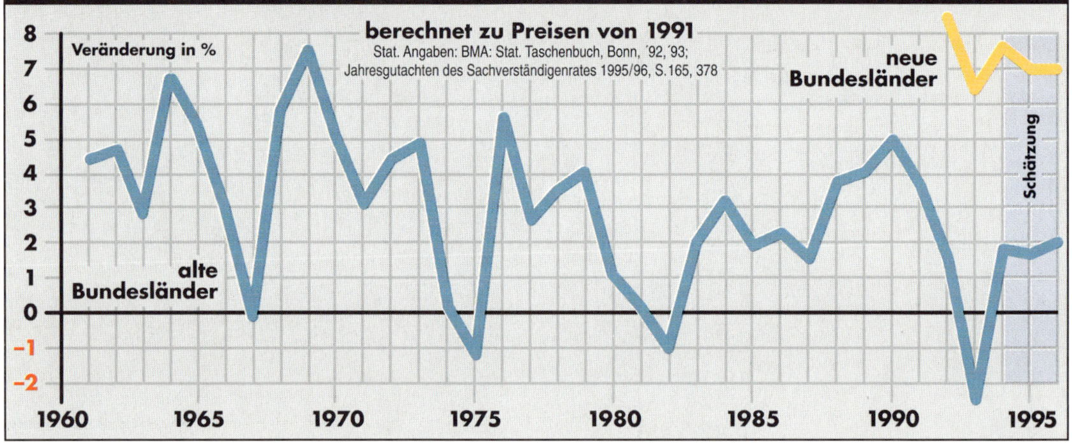

ANLAGE-INVESTITIONEN IN BAUTEN UND AUSRÜSTUNGEN

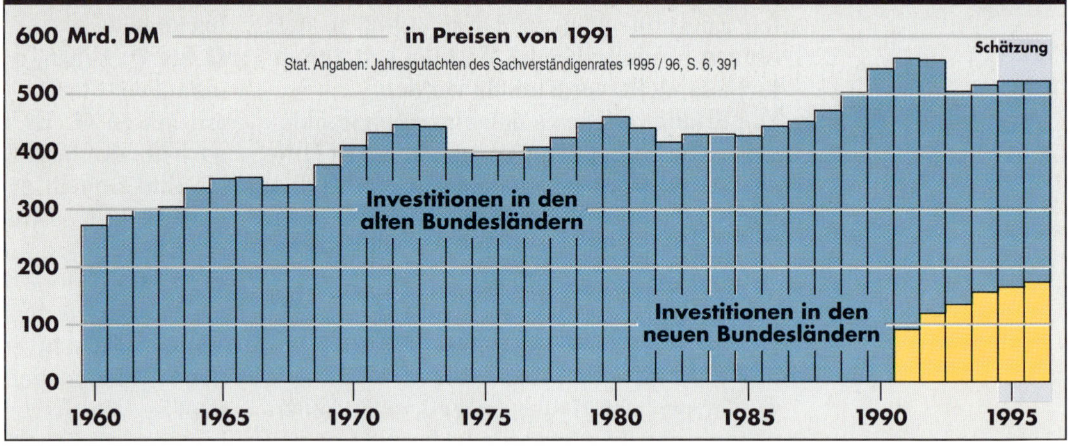

Zum **Preisindex** siehe auch das Stichwort *Preisindex für die Lebenshaltung*.

PREISVERÄNDERUNGEN FÜR DIE LEBENSHALTUNGSKOSTEN

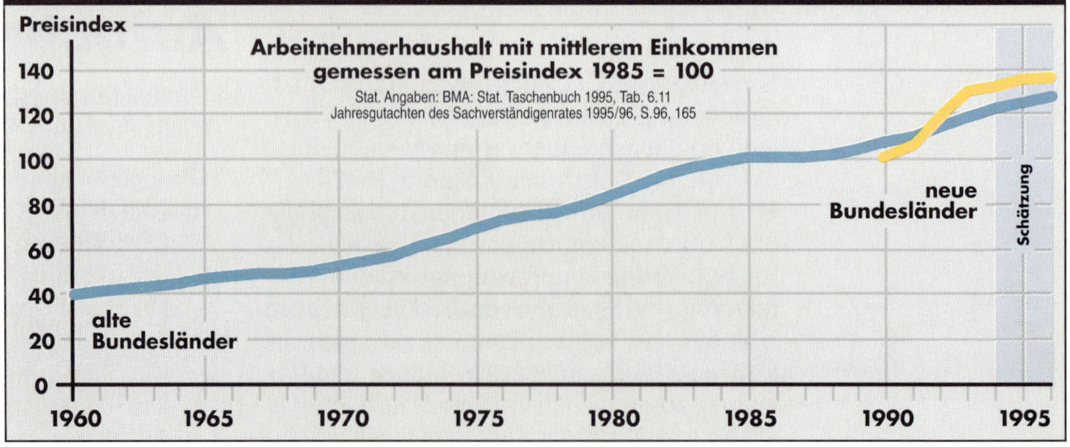

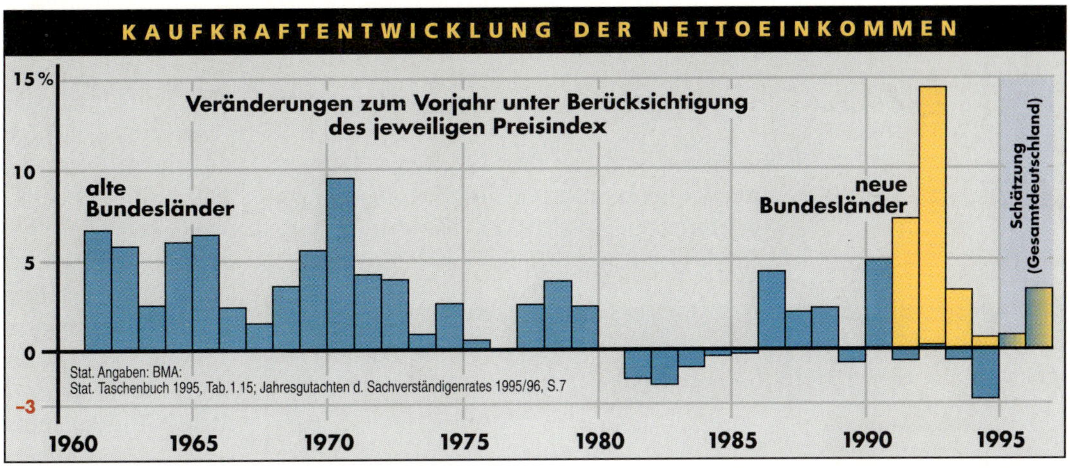

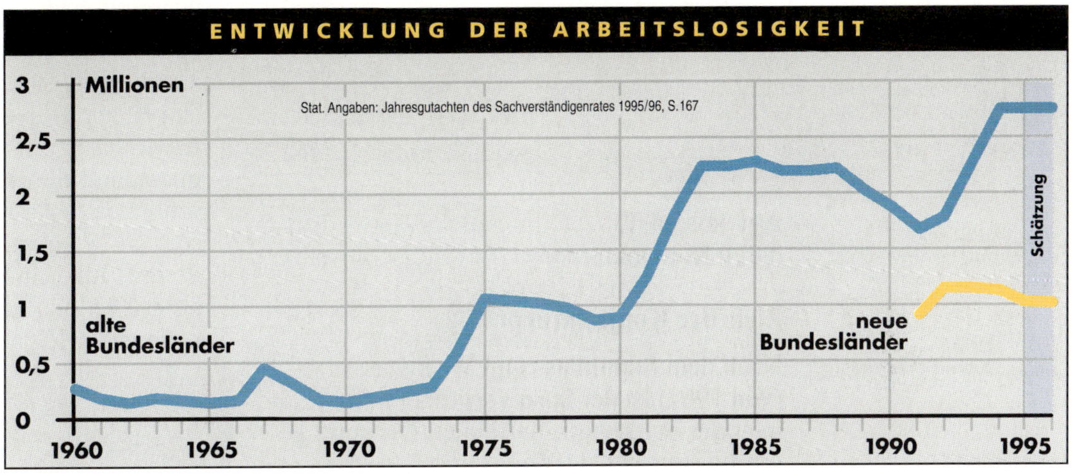

Verdeckte Arbeitslosigkeit[1]
1995 in 1000

West: 562
Ost: 1005

[1] Insbes. Teilnehmer an Qualifizierungsmaßnahmen, ABM, Empfänger von Vorruhestandsgeld

Jahresgutachten 1995/96, S. 167

Arbeitslosenquote
Anteil der Arbeitslosen an der Zahl der abhängigen Erwerbspersonen (Arbeitslose und Erwerbstätige).

„Beim Arbeitsamt brauche ich mich gar nicht zu melden, wo so viele arbeitslos sind. Ich suche zwar Erwerbsarbeit, nachdem die Kinder groß genug sind. Arbeitslos bin ich trotzdem nicht."

Aufgaben

1 Erörtert die Bedeutung der offenen und verdeckten Arbeitslosigkeit.

2 Vergleicht die Entwicklung der Arbeitslosigkeit mit dem Wirtschaftswachstum.

3 Vergleicht die Entwicklung der Anlageinvestitionen mit dem Wirtschaftswachstum.

4 Stellt Beziehungen her zwischen der Preis- und Kaufkraftentwicklung.

5 Erörtert die Aussagen unter dem Foto und in der Randspalte.

2. Ziele und Instrumente staatlicher Wirtschaftspolitik

Konjunkturentwicklung am Beispiel

Die wirtschaftliche Entwicklung läßt sich durch Konjunkturkurven, die Schwankungen verdeutlichen, ausdrücken. Beispielhaft erfolgt das für den Zeitraum von 1977–1984.

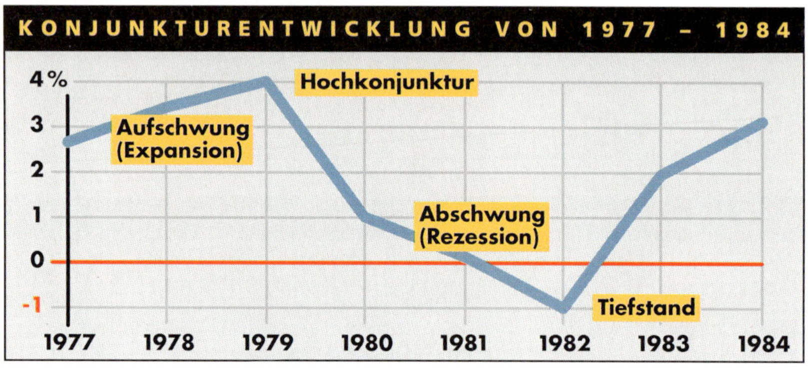

Auf solche Entwicklungen kann der Staat durch Konjunkturpolitik Einfluß nehmen.

Ziele der Konjunkturpolitik

Nach dem Stabilitäts- und Wachstumsgesetz (von 1967) ist der Staat verpflichtet, im Rahmen der marktwirtschaftlichen Ordnung gesamtwirtschaftliche Ziele (1)–(4) zu fördern. In der wirtschaftspolitischen Diskussion sind daneben die Ziele (5) und (6) von Bedeutung. Diese Ziele, auch **„Magisches Sechseck"** genannt, sollen gleichzeitig erreicht werden, um wirtschaftliche Stabilisierung zu fördern. Es wird noch deutlich, daß die Maßnahmen zur Erreichung der Ziele sich gegenseitig beeinflussen und zwischen ihnen Konflikte bestehen. Wie die Daten auf den Vorseiten zeigen, stieg die Arbeitslosigkeit Mitte der siebziger Jahre bei geringem bzw. fehlendem Wirtschaftswachstum stark an. Zwischen 1977 und 1979 wurde der Staat deshalb beschäftigungspolitisch aktiv mit einem Programm für Zukunftsinvestitionen. Weiterhin wurden Unternehmen und Haushalte steuerlich entlastet und Investitionen gefördert. Dadurch sollte die Nachfrage angeregt werden. Es kam zu einem Wirtschaftsaufschwung. Die Arbeitslosigkeit sank bis 1980, dann stieg sie wieder an.

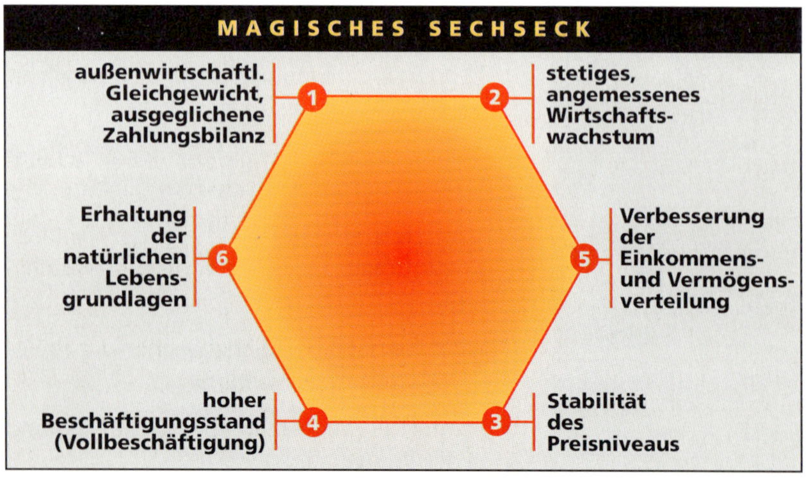

Politiker, Unternehmensverbände und Gewerkschaften führten eine heftige Diskussion um staatliche Maßnahmen. Insbesondere wegen der inzwischen hohen Staatsverschuldung wurde in Zweifel gezogen, ob weitere Beschäftigungsprogramme sinnvoll sind.

Wirtschaftliche Lage 1980

- zunehmende hohe Arbeitslosigkeit
- zunehmende hohe Preissteigerungen
- sinkende Nettoverdienste
- fehlendes bzw. geringes Wachstum
- mangelhafte Auftragslage und Betriebsschließungen, u. a. in der Bauwirtschaft, Eisen- und Stahlindustrie
- geringe Investitionsbereitschaft
- hohe Kreditaufnahme des Staates bei zunehmenden Zinslasten

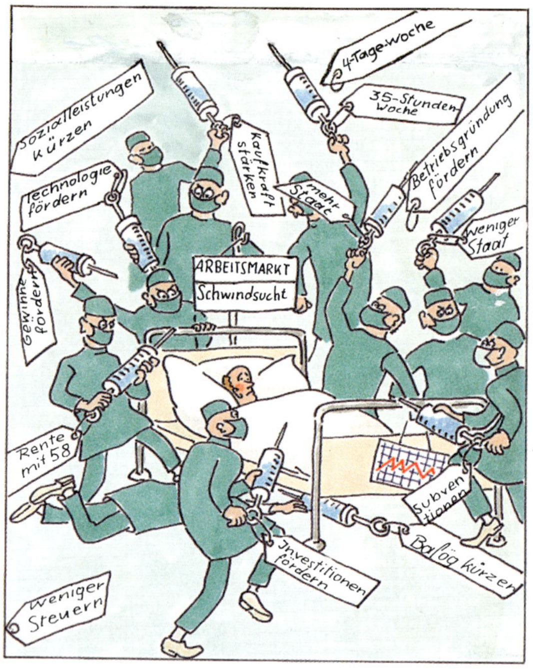

Nachfrage- und angebotsorientierte Wirtschaftspolitik

Die Maßnahmen zur Beeinflussung der wirtschaftlichen Entwicklung werden nach folgenden Ausrichtungen unterschieden:

– **Nachfrageorientierte** Wirtschaftspolitik soll die Nachfrage nach Konsum- und Investitionsgütern anregen und dadurch die Beschäftigung erhöhen.

– **Angebotsorientierte** Wirtschaftspolitik soll die Unternehmen veranlassen, mehr zu produzieren. Eine Erhöhung des Angebots soll die Beschäftigung verbessern.

Beispiel für die Folgen einer nachfrageorientierten Wirtschaftspolitik

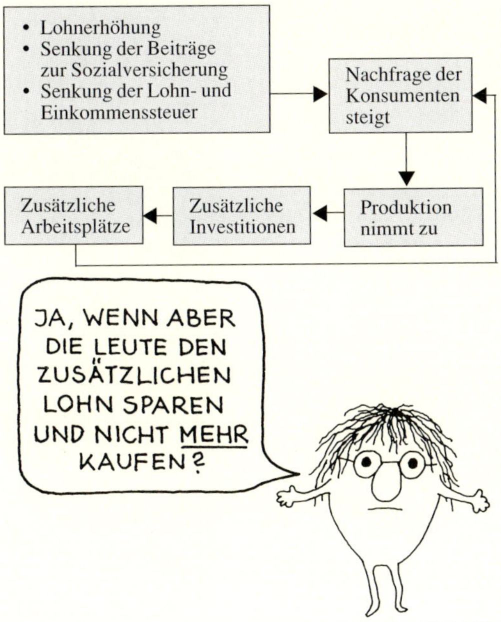

Beispiel für die Folgen einer angebotsorientierten Wirtschaftspolitik

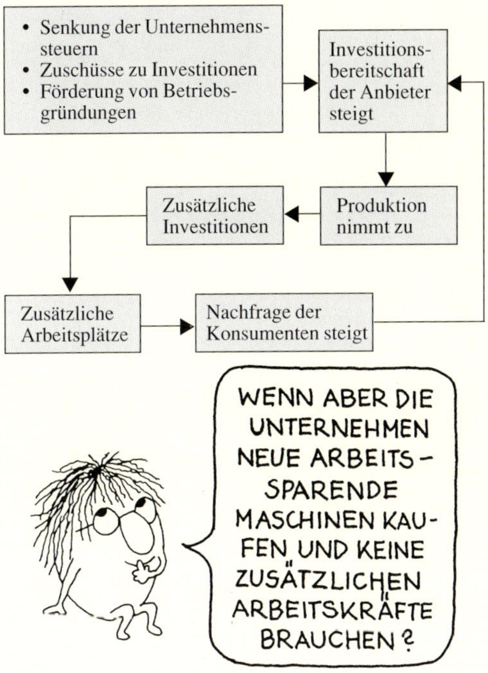

Stabilisierungspolitische Instrumente im Überblick

Bundesregierung

- Verbesserung der finanziellen Situation der öffentlichen Haushalte durch:
  - Geringe Gehaltssteigerung im öffentlichen Dienst
  - Einschränkungen von Sozialleistungen, z. B. für Arbeitslose, Sozialhilfeempfänger, Abbau von Schlechtwettergeld in der Bauwirtschaft
  - Erhöhung von Verbrauchssteuern, z. B. für Alkohol, Treibstoffe
  - Erhöhung der Mehrwertsteuer
  - Erhöhung der Sozialversicherungbeiträge
  - Finanzierung der neuen Pflegeversicherung durch Abbau von Feiertagen (s. Stichwort *Pflegeversicherung*)
  - Erhöhung der Einkommenssteuer durch eine Ergänzungsabgabe („Solidaritätszuschlag“)
- Verbesserung der Investitionsbedingungen:
  - Förderung der Investitionen, z. B. durch eine Zulage oder Sonderabschreibungen
  - Anreize zu Umweltschutzinvestitionen
  - Senkung der Steuer auf Gewinne
  - Senkung der Gewerbe- und Vermögenssteuern
- Veränderung des Arbeitsrechts und der Arbeitsförderung:
  - flexible Verteilung der Arbeitszeit und mehr zulässige Sonntagsarbeit (s. Stichwort *Arbeitszeit, Verteilung*)
  - Zulässigkeit befristeter Arbeitsverträge

Förderung von Umweltschutzinvestitionen

Existenzgründungshilfen

- Abbau von Arbeitsschutzvorschriften, u. a. des Jugendarbeitsschutzes
- ABM-Programme (s. Stichwort *Arbeitsförderungsgesetz*)
- Programme zur Förderung benachteiligter Personengruppen

• Förderung der Bauwirtschaft durch:
  - bessere Abschreibungsbedingungen
  - stärkere Förderung des Baus von Sozialwohnungen
  - Änderung des Mietrechts, um höhere Mieten zu ermöglichen, mit z. B. Anreizen zur Wohnungsmodernisierung

• Förderung des Strukturwandels und der Forschung durch:
  - Förderung neuer und Erhaltung alter Arbeitsplätze in Regionen und Wirtschaftszweigen mit hoher Arbeitslosigkeit (s. Stichwort *Strukturpolitik*)
  - Förderung der Forschung, der Entwicklung neuer Technologien und „Zukunftstechnologien", z.B. Transrapid, um international wettbewerbsfähig zu sein

• Förderung des Mittelstandes durch:
  - Hilfen zur Betriebsgründung
  - steuerliche Entlastung

• Erhöhung der Massenkaufkraft durch:
  - Senkung der Lohn- und Einkommenssteuer, insbesondere auch, um Inflationswirkungen auszugleichen

Bundesbank

Oberstes Ziel ist die Geldwertstabilität. Die unabhängige Bundesbank soll die Stabilisierungspolitik der Bundesregierung unterstützen. Wichtige Instrumente sind:

- Verteuerung und Verknappung (oder Verbilligung und Vermehrung) der Kredite an Banken sowie deren Möglichkeiten, Kredite für Konsum- und Investitionszwecke zu vergeben (insbesondere Diskontpolitik)
- Verminderung (oder Vermehrung) der umlaufenden Geldmenge durch Verkauf (oder Ankauf) von Wertpapieren

Europäische Union

Deutschland als Mitglied der EU ist in seiner wirtschaftlichen Entwicklung besonders von den anderen Mitgliedstaaten und der Weltwirtschaft abhängig (s. Stichwort *Außenhandel*). In der EU wurde die Gründung einer *Wirtschafts- und Währungsunion* (s. Stichwort) mit dem Ziel einer Vereinheitlichung der Wirtschaftspolitik beschlossen. Dazu soll auch eine unabhängige europäische Zentralbank errichtet werden mit Aufgaben u. a. der Bundesbank.
Bisher wird versucht, die Stabilisierungspolitik der EU-Staaten und der großen Welthandelsstaaten (G-7-Gruppe: Deutschland,

Befristete Arbeitsverträge

Frankreich, Großbritannien, Italien, Japan, Kanada, USA) abzustimmen. So kam es 1993 in der EU zur Abstimmung der Beschäftigungspolitik sowie zu Beschlüssen zur Währungspolitik mit weitgehender Freigabe der Wechselkurse.

Wechselkurs

Legt das Austauschverhältnis zwischen Währungen fest. Bei freien (flexiblen) Wechselkursen wird der Kurs insbesondere durch Angebot und Nachfrage der einzelnen Währung sowie Preissteigerungen beeinflußt. Bei einer Aufwertung, z. B. der DM, werden Exporte erschwert und Importe erleichtert, bei einer Abwertung Exporte erleichtert und Importe erschwert. Ein realistischer Wechselkurs ist auch für das **außenwirtschaftliche Gleichgewicht,** eine ausgeglichene **Zahlungsbilanz** (s. Stichwort *Zahlungsbilanz*) wichtig.

Zur Wirtschaftspolitik ab 1980

Es kam zu Steuer- und Beitragserhöhungen sowie dem Versuch, den Anstieg staatlicher Kreditaufnahme, u. a. durch geringere Steigerung der Beamtengehälter, zu verringern. Nach dem Regierungswechsel 1982, von einer SPD-FDP-Koalition zu einer aus CDU/CSU und FDP, gab es auch wieder beschäftigungspolitische Maßnahmen, u.a. mit Investitionshilfen und Förderung des Wohnungsbaus.

In der Folge wuchs ab 1983 bis 1991 die Wirtschaft bei hoher *Arbeitslosigkeit* (s. Stichwort).

1986/87 gab es eine Kurskorrektur. Der Einnahmeausfall durch vorherige Steuerreformen (ab 1986) wurde wieder durch eine höhere Staatsverschuldung finanziert. Die *Gesundheitsreform* ab 1989 und die *Rentenreform* ab 1992 bremsten den Anstieg der Sozialkosten (s. Stichwörter). Einzelne Sozialleistungen (z.B. BAföG) wurden verbessert. Für den Wohnungsbau gab es zusätzliche Abschreibungsanreize und Zinszuschüsse.

Ab 1989 waren vom Staat die Kosten der Vereinigung Deutschlands zu finanzieren. Dieses erfolgte durch Einsparungen (z. B. Verteidigung und Sozialleistungen), eine höhere *Staatsverschuldung*, Erhöhungen bei *Steuern* (s. Stichwörter) und Sozialversicherungsabgaben.

Insbesondere hohe Zinsen, eine Abschwächung der Entwicklung der Weltwirtschaft und nachlassende internationale Wettbewerbsfähigkeit führten bis 1994 und in den Folgejahren zu mehr als 4 Mio. Arbeitslosen (s. Stichwort *Arbeitslosigkeit*) bei fehlendem Wachstum und sinkendem Reallohn. Für die kommenden Jahre wird ein starker Strukturwandel (s. Stichwort *Strukturpolitik*) mit dem fortgesetzten Abbau vieler Arbeitsplätze erwartet. Die *Staatsverschuldung* nimmt zu (s. Stichwort). Die Bürger müssen weiterhin hohe Leistungen für die neuen Bundesländer erbringen (s. Stichwort *Transfer, Ostdeutschland*).

Wirtschaftspolitische Positionen 1995

Regierung:

Wir unterstützen den Aufwärtstrend der Konjunktur durch
- finanzielle Erleichterungen für Unternehmen
- gezielte Förderung des Arbeitsmarktes
- Einschränkung der Hilfe für Arbeitslose

Opposition

Die Maßnahmen der Regierung
- schaffen keinerlei Arbeitsplätze
- lenken von Unterlassungen und falschen Entscheidungen ab
- sind unsozial

Wir brauchen eine Innovationsoffensive und einen Beschäftigungspakt.

Aufgaben

1 Betrachtet die Konjunkturentwicklung. Zieht dazu die Daten zur Entwicklung des Arbeitsmarktes und der Anlageinvestitionen heran.

2 Sprecht über die Bedeutung der gesamtwirtschaftlichen Ziele.

3 Diskutiert für die wirtschaftliche Lage des Jahres 1980 Wirkungen
- nachfrageorientierter und
- angebotsorientierter Maßnahmen

der Wirtschaftspolitik. Deckt Zielkonflikte auf. Bezieht das „Magische Sechseck" ein.

4 Erörtert Auswirkungen von Maßnahmen
- der Bundesregierung,
- der Bundesbank und
- der Euro..ischen Union

auf die wirtschaftliche Entwicklung. Berücksichtigt besonders die Beschäftigungsentwicklung. Besprecht, wer betroffen ist, wer Vor- bzw. Nachteile hat. Orientiert euch an den Beispielen. Zieht die Daten zur wirtschaftlichen Entwicklung heran.

5 Verfolgt die wirtschaftliche Entwicklung in den Medien.

Staatliche Ausgaben und ihre Finanzierung

… staatliche Aufgaben zu benennen.

… Grundlagen der Finanzierung staatlicher Leistungen zu verstehen.

1. Einnahmen und Ausgaben des Bundes

Die Gemeinden, Länder und der Bund stellen jährlich einen **Haushaltsplan** auf, der vom Parlament beraten und beschlossen wird.
Am Beispiel der Ausgaben des Bundeshaushalts könnt ihr wichtige **Staatsaufgaben** ablesen.
Den Schaubildern ist weiterhin zu entnehmen, mit welchen **Einnahmen** die **Ausgaben** bezahlt werden.

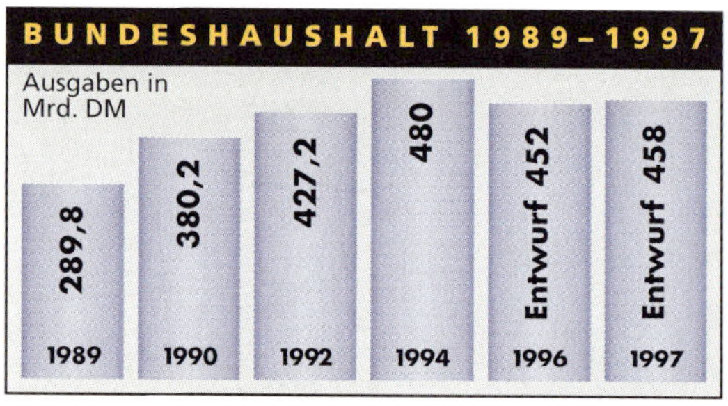

Einkommensteuer
wird auf die Einkommen der Bürger erhoben. Dazu muß ein bestimmter Prozentsatz von Einkommen abgeführt werden. Beim Arbeitseinkommen aus unselbständiger Tätigkeit wird die Einkommensteuer durch Abzug vom Lohn bzw. Gehalt erhoben. Man spricht dann von Lohnsteuer.

Verbrauchsteuern
werden auf den Verbrauch von Gütern erhoben, z.B. Kaffee, Alkohol, Benzin.

Bundessteuern
erhält der Bund ganz. Bei einem Teil der Steuern wird das Steueraufkommen zwischen Bund, Ländern und Gemeinden aufgeteilt (z.B. Umsatzsteuer).

Gewerbesteuer
Steuer für Unternehmen. Die Höhe hängt von Gewinn und Höhe des Kapitals ab. Zwischen Gemeinden gibt es unterschiedlich hohe Steuerhebesätze.

Nettokreditaufnahme
Zusätzliche Schulden.

Schuldendienst
Zinsen und Tilgung von Staatskrediten.

Körperschaftsteuer
wird auf Gewinne von Unternehmen, z.B. Aktiengesellschaften, erhoben.

Umsatzsteuer
auch Mehrwertsteuer genannt, wird als Prozentsatz vom Verkaufspreis eines Gutes erhoben. Auf jeder Handelsstufe wird dabei der Unterschied zwischen Einkaufs- und Verkaufspreis = Mehrwertsteuer besteuert.

BUNDESHAUSHALT 1996

(Angaben in %; Differenzen durch Runden der Zahlen)

Einnahmen insgesamt 492,05 Mrd. DM*

Einkommen- und Körperschaftssteuer (Bundesanteil)	**140,53**
Lohnsteuer und veranlagte Einkommensteuer	120,78
Umsatzsteuer (Bundesanteil)	**109,69**
Einfuhrumsatzsteuer	19,65
Gewerbesteuer-Umlage	**2,34**
Zinsabschlag	**5,69**
Bundessteuern	**133,69**
Mineralölsteuer	60,22
Tabaksteuer	20,70
Solidaritätszuschlag	29,00
Nettokreditaufnahme	**59,90**
Sonstige Einnahmen	**40,21**

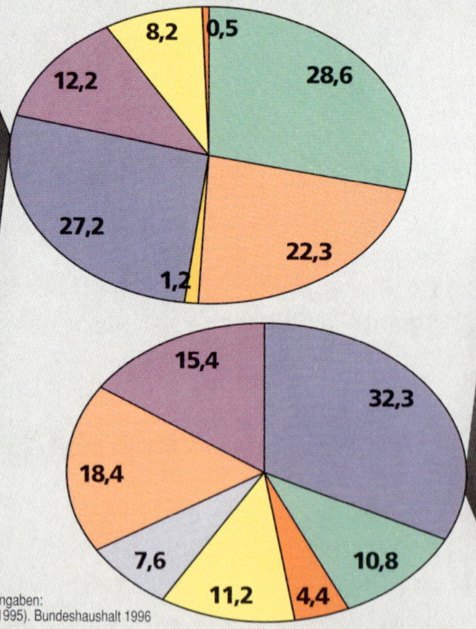

Stat. Angaben: BMF (1995), Bundeshaushalt 1996

Ausgaben insgesamt 452,00 Mrd. DM

Soziale Sicherung	**145,79**
Sozialversicherung	88,77
Kriegsopferversorgung u.a.	13,55
Erziehungsgeld, Mutterschutz	8,26
Verteidigung	**48,69**
Bildung, Wissenschaft, Forschung	**19,75**
Verkehrswesen	**50,57**
Bahn	29,06
Straßenbau	14,89
Wirtschaftsförderung (einschließlich Landwirtschaft)	**34,54**
Allgemeine Finanzwirtschaft	**82,96**
Versorgung	15,60
Zinsen u.a.	56,34
Fonds „Deutsche Einheit"	9,51
Sonstige Ausgaben	**69,74**
Wirtschaftliche Zusammenarbeit	8,09
Erblastentilgungsfonds (u.a. Zinshilfen, Altschulden, Wohnungswirtschaft Ost)	26,30

*Von den Einnahmen sind 40,05 Mrd. DM (8,14%) durchlaufende Zahlungen an die Bundesländer (25,05 Mrd. DM) und die EU (15,00 Mrd. DM), so daß für die Ausgaben nur 452 Mrd. DM zur Verfügung stehen.

Aufgaben

1 Betrachtet große Ausgabenposten. Nennt Leistungen, die der Staat dafür erbringt.

2 Nennt Haupteinnahmequellen. Überlegt, welche Gruppen dafür Zahlungen leisten.

3 Erörtert die Bedeutung einzelner Staatsausgaben für den Bürger.

4 Begründet die staatliche Planung der Einnahmen und Ausgaben in einem Haushalt.

2. Finanzierung der Staatsaufgaben

Staatsverschuldung

Seit vielen Jahren gibt der Staat mehr aus als er einnimmt. Nach dem Kriege galt es, z. B. Schulen wiederaufzubauen. Später mußten u. a. Verkehrswege finanziert werden als „Investition in die Zukunft“. In den 70er und 80er Jahren versuchte der Staat wenig erfolgreich, mit erhöhten Staatsausgaben die Arbeitslosigkeit zu bekämpfen (s. Stichwort *Konjunkturpolitik*). Ab 1989 sind von der Bundesrepublik die Vereinigung mit der DDR und die wirtschaftliche und soziale Entwicklung der neuen Bundesländer zu finanzieren.

Teilweise übersteigen die Ausgaben die Einnahmen, weil wegen ungünstiger Wirtschaftslage Steuern nicht in gewünschter Höhe anfallen und Einsparungen bei den Ausgaben nicht möglich bzw. politisch durchsetzbar sind. So ist z. B. für viele Arbeitslose ohne Anspruch auf Arbeitslosengeld und -hilfe Sozialhilfe zu zahlen. Wegen der noch geringen Steuereinnahmen der neuen Länder müssen deren Ausgaben teilweise vom Bund bezahlt werden. Auch die Subventionen und Nettobeiträge zum EU-Haushalt (1994: 28 Mrd. DM) steigen. Der Staat muß dann Einsparungen vornehmen, Steuern erhöhen oder zur Finanzierung Kredite aufnehmen (s. Stichwort *öffentl. Haushalte, finanzielle Verbesserung*). Der Zinsanteil machte 1995 schon 11,2 % an den Staatsausgaben aus und soll bis 1998 auf 12,5 % steigen. Zur Verbesserung der Einnahmen werden Steuern erhöht, z. B. für Alkohol und Tabak und seit 1995 der Solidaritätszuschlag auf die Einkommensteuer erhoben. Steuervergünstigungen werden abgebaut (s. Stichwort *Subventionen*). Beiträge zur Sozialversicherung werden erhöht.

Subventionen
Unterstützungen (direkte Zahlungen) oder Steuervergünstigungen.

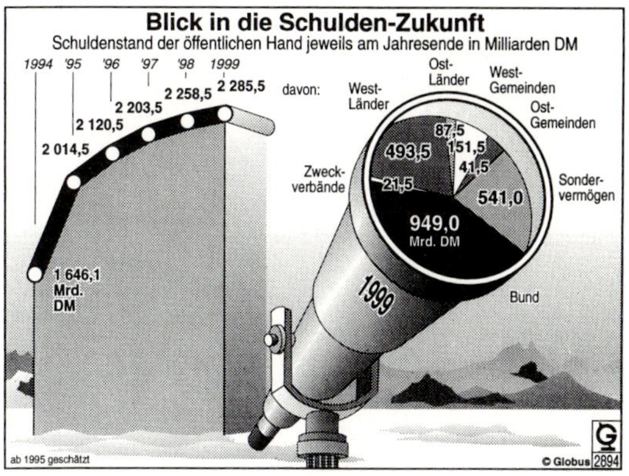

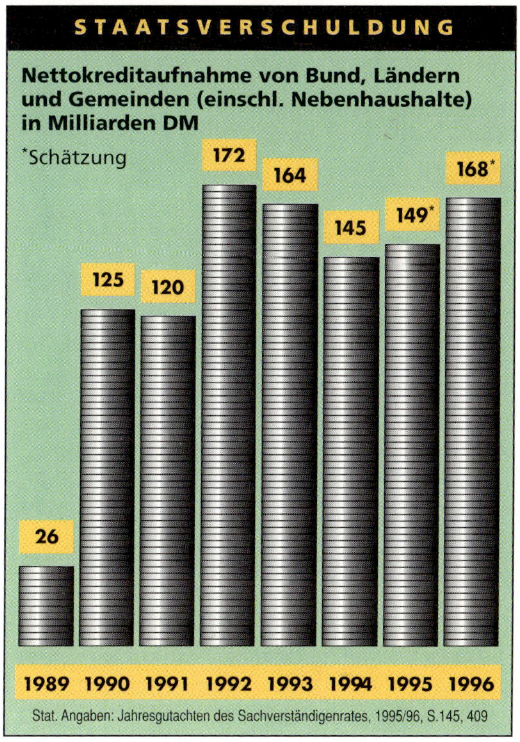

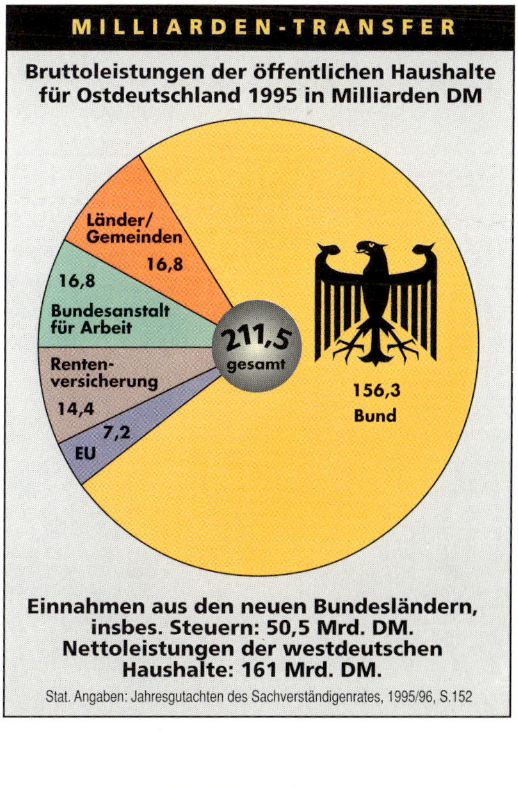

Sparen – aber bei wem?

„Los, tu mal was für mich!“

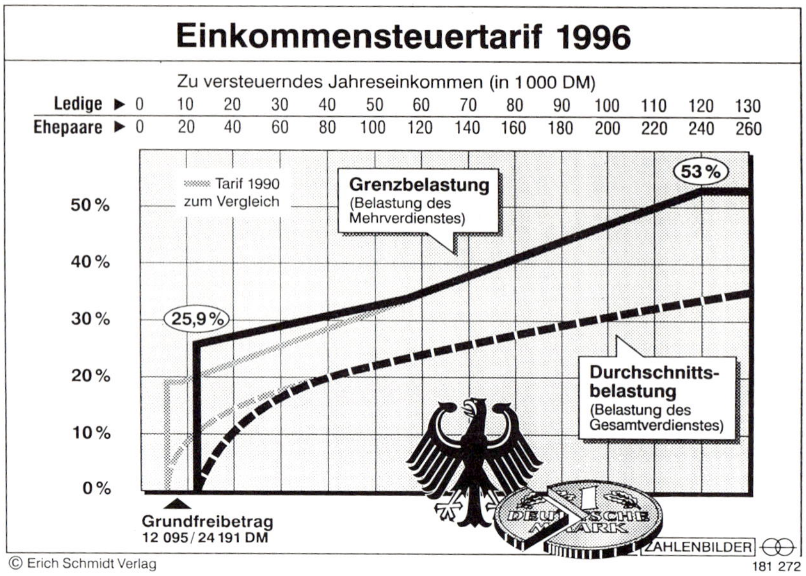

© Erich Schmidt Verlag 181 272

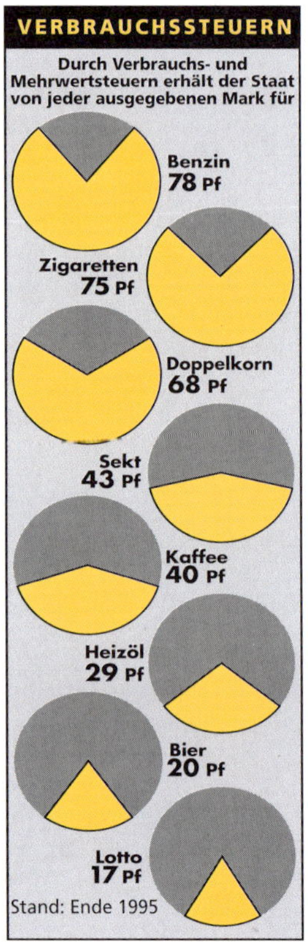

Der Grundfreibetrag hat eine Höhe, die etwa dem Existenzminimum im Sozialhilferecht entspricht: So bleibt das Jahreseinkommen 1996 bis zu einem Betrag von 12095 DM (für Ledige) bzw. 24191 DM (für Ehepaare) von der Einkommensteuer verschont. Der Grundfreibetrag steigt 1997/98 auf 12365/24731 DM und 1999 auf 13067/26135 DM und wird auch weiterhin der Entwicklung des Existenzminimums angepaßt. (...) Bei den Einkommensteilen, die über den Grundfreibetrag hinausgehen, (...) beginnt die Besteuerung (...) mit einem **Eingangssteuersatz** von 25,9 % (...) und klettert (...) progressiv. (...) In der **Progressionszone** wird der Mehrverdienst mit wachsendem Einkommen prozentual immer stärker belastet. Alle Einkommensteile, die über 120000 DM hinausgehen, sind (...) einem gleichbleibenden Steuersatz von 53 % unterworfen. (...)

In der Deutschland steigt der Prozentsatz der Steuer, welche auf Arbeitsentgelte und andere Einkommen (Gewinne) zu zahlen ist, mit der Höhe des Jahreseinkommens. Von Zeit zu Zeit wird der Lohn- und Einkommensteuertarif verändert. Besonders wichtig dafür ist, daß bei Lohnerhöhungen, die teilweise Preissteigerungen ausgleichen, sonst große Arbeitnehmergruppen steigende Anteile an Einkommensteuer abzuführen hätten.

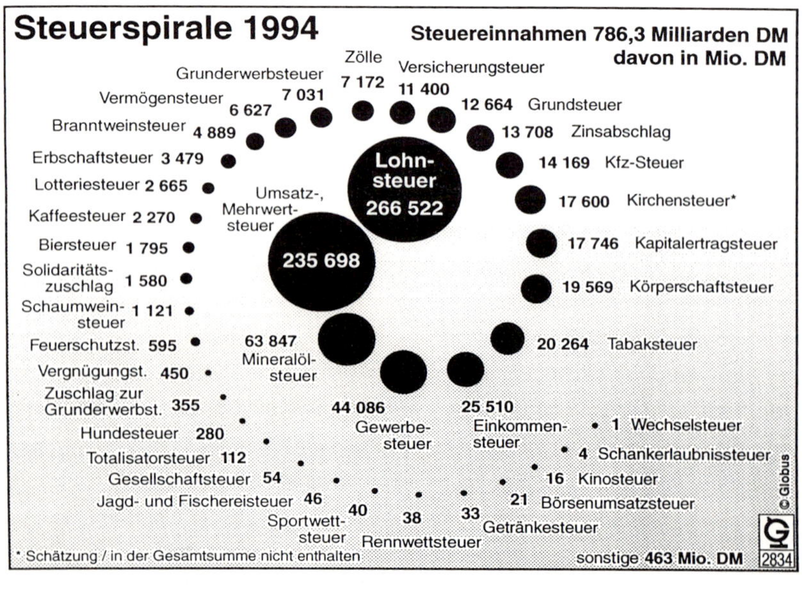

Aufgaben

1 Nennt Vor- und Nachteile der Kreditfinanzierung von Staatsaufgaben. Betrachtet die Entwicklung der Verschuldung, des Zinsanteils sowie die Karikaturen (Vorseite).

2 Diskutiert:
A: „Es ist unfair, künftigen Generationen unsere Staatsschulden zuzumuten."
B: „Die Finanzierung der deutschen Einheit rechtfertigt hohe Staatsschulden."
C: „Die Westdeutschen werden auf Dauer nicht bereit sein, mit hohen Steuern Ostdeutschland zu finanzieren."

3 Nennt wichtige Steuern. Stellt fest, wofür sie erhoben werden.

4 Steuern für Treibstoffe, Alkohol und Tabak wurden mehrfach erhöht. Diskutiert:
A: „Höhere Verbrauchssteuern treffen gerade Bezieher niedriger Einkommen."
B: „Aus gesundheitspolitischen Gründen sollten Genußmittel viel stärker besteuert werden."

5 Die Umsatzsteuer stieg auf 15 % ab 1993. Die Regierung forderte diese Anhebung wegen steigender Ausgaben. Die Opposition wollte statt dessen die Steuern auf höhere Einkommen erhöhen (Einkommensteuer). Nennt Auswirkungen der Alternativen auf Arbeitnehmer, Arbeitgeber, Verbraucher und Preise.

6 Ist es richtig, die Bezieher höherer Einkommen stärker zu belasten? Begründet!

7 Nehmt Stellung:
Unternehmer O: „Einkommensteuern von bis zu 53 % sind ungerecht. Es fehlt jeder Anreiz zur unternehmerischen Tätigkeit. Ich will nicht nur für den Staat arbeiten. Bei der hohen Steuerbelastung kann ich nicht genug investieren, um Arbeitsplätze zu erhalten bzw. zu schaffen."

8 Nehmt Stellung:
Herr A. ist ledig, kinderlos, 30 Jahre alt und verdient 4580 DM im Monat. Er zahlt 963 DM Lohnsteuer in Steuerklasse I.
Frau B. ist verheiratet, hat 2 Kinder und ist Alleinverdienerin. Sie verdient gleichviel, zahlt aber 701 DM in Steuerklasse III/2 (1996) und erhält 400 DM Kindergeld.
A. findet es ungerecht, mehr Steuern als B. zu zahlen, um damit z. B. Schulen und Kindergeld für Kinder anderer zu bezahlen. Er meint, daß Ehe und Familie nicht steuerlich begünstigt werden sollten.

9 Informiert euch über den Haushaltsplan der Gemeinde. Stellt fest, welche Aufgaben finanziert werden. Wieviel Geld erhält z. B. eure Schule? Wofür wird es verwendet?

Materialien zum Problemfeld: Wirtschaftsordnung

M15

Fabrik der Zukunft: Lean Production

Wir befinden uns heute in einer gesellschaftlichen Umbruchsituation, die Veränderungen in der Organisation von Unternehmen und des Bildungssystems verlangt.
Es geht um folgende Problembereiche:

1. Sinkende Wettbewerbsfähigkeit
Seit den 70er Jahren stehen die Unternehmen der Bundesrepublik Deutschland unter hohem Wettbewerbsdruck auf nationaler und internationaler Ebene. In vielen Bereichen ist der Markt – bezogen auf die zahlungsfähige Nachfrage – gesättigt. Im scharfen Verdrängungswettbewerb verlangen die Kunden Qualität zu kleinstmöglichen Preisen. In diesem Wettbewerb können nur die produktivsten und kreativsten Unternehmen bestehen. Kundenorientierung, Qualitäts- und Kostenbewußtsein sind die entscheidenden innerbetrieblichen Voraussetzungen.

2. Unzureichendes Rationalisierungspotential neuer Technologien
Mit der Entwicklung immer leistungsfähigerer Computer war zunächst die Illusion einer menschenleeren vollautomatischen Fabrik verbunden. Inzwischen steht fest, daß das Rationalisierungspotential elektronisch gesteuerter und vernetzter Maschinen unerheblich ist, solange die Technologie nicht in ein sinnvolles, d. h. produktives Konzept der Arbeitsorganisation eingebunden ist. Die Unternehmen haben erkannt, daß das eigentlich produktive Potential die Beschäftigten vor Ort sind: Sie kennen den Produktionsprozeß am besten, sie können Probleme, die mit dem Material, mit dem Werkzeug bzw. den Maschinen und mit der Organisation des Produktionsablaufs zusammenhängen, konkret benennen und oft auch einfache Abhilfe schaffen bzw. vorschlagen. Ihre Fähigkeit, Probleme zu analysieren, Prioritäten zu setzen und flexibel auf geänderte Bedingungen zu reagieren, ist durch keine Maschine zu ersetzen.

3. Der Wertewandel der Beschäftigten
Die analytischen und kreativen Fähigkeiten der Beschäftigten liegen in der stark arbeitsteilig organisierten Produktion oft brach: Statt die Beschäftigten vor Ort an der Verbesserung und Gestaltung des Produktionsablaufes zu beteiligen, herrscht in den meisten Betrieben noch eine hierarchische Organisationsstruktur vor, in der „oben" Produkte und Produktionspläne erdacht werden, die „unten", auf Werkerebene, ausgeführt werden müssen. Die Beschäftigten der unteren Ebene arbeiten auf Anweisung und nach Vorschrift, wie unsinnig sie im einzelnen auch sein mag. – Diese untergeordnete Position entspricht heute aber nicht mehr dem Selbstverständnis von Menschen, die mit einer hohen Allgemeinbildung und oft auch qualifizierten Berufsausbildung mehr und Besseres leisten könnten. In einer demokratischen Gesellschaft sind die Arbeitnehmerinnen und Arbeitnehmer mit allen staatsbürgerlichen Rechten und Pflichten ausgestattet. In den Fabriken dagegen werden sie einer vermeintlich notwendigen Bevormundung durch Vorgesetzte und Planungsabteilungen unterworfen. Viele Beschäftigte greifen zur „inneren Kündigung", wenn sie sich in ihren Fähigkeiten und in ihrer Leistungsbereitschaft nicht ernst genommen und anerkannt fühlen.

Lean Production – Eine Lösung für drei Probleme?
Von 1985 bis 1990 hat das Massachusetts Institute of Technology 90 Automontagewerke in 15 Ländern untersucht, um so die Qualitäts- und Produktivitätsunterschiede der verschiedenen Unternehmen zu verstehen.
Das Buch „Die zweite Revolution in der Autoindustrie" kommt zu dem Schluß, daß es die Art der Produktionsorganisation ist, die japanische Unternehmen zu den produktivsten und damit wettbewerbsstärksten Konkurrenten auf dem Weltmarkt macht. Daß die Produktivität japanischer Firmen nicht mit schlechter Bezahlung, schlechter sozialer Absicherung und überlangen Arbeitszeiten zu erklären ist, beweist die auch in europäischen Werken japanischer Unternehmer deutlich höhere Produktivität.
Seit dem Erscheinen dieser Analyse des Konzeptes der Lean Production nehmen immer mehr europäische und amerikanische Unternehmen bedeutende Veränderungen in den betrieblichen Strukturen und Abläufen vor. Diese haben Auswirkung auf die Arbeitsanforderungen an die Beschäftigten.
In einer 1992 erschienen Broschüre des Rationalisierungs-Kuratoriums der Deutschen Wirtschaft e. V. findet sich folgende, treffende Charakterisierung: „Lean Production bietet uns im Grunde keine neue Methode an. Das Geheimnis liegt erstens in der sinnvollen Verknüpfung bekannter Methoden zu einem System und zweitens in der radikalen Konsequenz bei der Anwendung an sich eher simpler Gesetzmäßigkeiten. Der Übergang verlangt eine Verhaltensänderung aller Beteiligten im Produktionsprozeß. Es geht darum, Einstellungs- und Verhaltensweisen zu ändern."

Prinzipien der Lean Production
Es ist ein völlig neuer Arbeitnehmertypus gefragt. Um das Ziel einer kundenorientierten, kosten- und qualitätsbewußten Produktion zu erreichen, wird vor allem die Organisation des Produktionsprozesses verändert: Statt einer strikt hierarchischen Trennung von Planungs-, Ausführungs- und Kontrollabteilungen, die zu hohen Reibungsverlusten an den Abteilungsgrenzen führt, setzt Lean Production auf eine Enthierarchisierung betrieblicher Kommunikationsprozesse. Verantwortung und Entscheidungskompetenzen werden so weit wie möglich an die ausführende Basis delegiert. Auf unterster Werkstattebene sollen Arbeitsgruppen ihr Aufgabengebiet selbständig gestalten und auch verwalten. Von der Materialbestellung über die Maschinenwartung und kleinere Reparaturen bis zur Arbeitseinsatz- und Urlaubsplanung werden möglichst viele Funktionen in die Verantwortung der Arbeitsgruppe vor Ort gelegt.
Die Radikalität der Veränderung kommt in der Forderung zum Ausdruck, Arbeitnehmer sollten sich in Zukunft ebenso umsichtig, kostenbewußt und ergebnisorientiert wie Unternehmer verhalten.
Mit der Aufwertung der Beschäftigten vor Ort ist eine ebenso große Veränderung der vorgesetzten Stellen verbunden: Statt planend und kontrollierend in den Produktionsprozeß einzugreifen, müssen sich Vorgesetzte nun als „Dienstleister" für die Beschäftigten der direkten Wertschöpfungsebene in der Produktion verstehen. Sie müssen die Anregungen und Problemstellungen der Werker aufgreifen und deren Umsetzung ermöglichen. Die für eine kundenorientierte Prozeßgestaltung erforderlichen Informationen müssen rasch und vollständig bereitgestellt werden. Während die Werkerebene aufgewertet wird, sehen sich viele Beschäftigte des mittleren Managements, aber auch die Mitarbeiter von Spezialabteilungen, wie der Instandhaltung, z. B. von Status- und Machtverlust bedroht. Blockaden auf dieser Ebene können nur aufgehoben werden, wenn die Führungskräfte und Spezialisten für das Projekt einer schrittweisen Veränderung der Organisation der Unternehmen mit dem Ziel produktiveren Arbeitens auf allen Ebenen gewonnen werden können.
Neue Aufgaben und Funktionen erfordern neue Qualifikationen. Zwar können auch die Beschäftigten der untersten Hierarchieebene umsichtig und kreativ handeln. Sie sind es aber nicht gewohnt, diese Fähigkeiten in Abstimmung mit den Arbeitskollegen systematisch und kontinuierlich im Arbeitsprozeß anzuwenden. Bislang wurden hier überwiegend Einzelleistungen, Anpassungsfähigkeit und Pflichtbewußtsein honoriert.
In der „Fabrik der Zukunft" wird Gehorsamkeit gegenüber Vorgesetzten durch die Pflicht zur Selbstverpflichtung und Verantwortungsübernahme ersetzt werden: Der einzelne wird der eigenen Arbeitsgruppe gegenüber Verantwortung tragen. Dies setzt ein neues Selbstverständnis und die Fähigkeit zur Kommunikation in der Gruppe voraus.

Konsequenzen für den berufsschulischen Unterricht
Es ist naheliegend, daß sich mit den veränderten Anforderungen in den Betrieben auch die Anforderungen an die berufliche Bildung wandeln.
In der Neuordnung vieler Ausbildungsberufe in den 80er und 90er Jahren ist bereits anerkannt worden, was in den Betrieben zunehmend zur Gewißheit wird: Die menschliche Handlungskompetenz stellt, richtig eingesetzt, den wesentlichen wertschöpfenden und produktivitätsentscheidenden Faktor im Produktionsprozeß dar. In der Neuordnung der Berufe wurde dementsprechend festgelegt, daß die Fähigkeit zu selbständigem fachbezogenem Handeln das übergreifende Ziel der Ausbildung sein soll. Dazu gehört selbständiges Planen, Durchführen und Auswerten der Handlung. In dieser Situation kann sich berufsschulischer Unterricht nicht mehr auf die bloße Vermittlung theoretischer Fakten beschränken. Auch und gerade im berufsbildenden Unterricht müssen methodische und kommunikative Fähigkeiten erprobt und eingeübt werden.

Lehmkuhl, Kirsten: in: Seifert, W.: Fabrik der Zukunft, Vorwort, S. 1–3 überarbeitete Fassung, Verlag B. Christmann, Ilsede 1994

M16

„Schlanke" Verwaltung am Beispiel

Von Bertelsmann angestiftet und zum Handeln gezwungen – der Versuch, auf die Verwaltung zu übertragen, was in der freien Wirtschaft gut funktioniert.

Die Vorstellung ließ den Bielefelder Stadtverordneten (…) erschrecken: Betriebswirte, Kaufleute, kühle Rechner, die nur auf den Profit schauen, durchleuchten das Kulturamt der Stadt, das Theater, die Bibliothek. „Soll eine Art Unternehmensberatung Anweisungen geben, wie man die Kultur in den Griff bekommen kann?" (…) „Wie will man einem Bereich, der von Ideenreichtum, Innovationen und Freiräumen lebt, mit Methoden des modernen Managements beikommen?" Dann kamen sie, die (…) Manager von McKinsey, einer der ganz großen und renommierten, weltweit tätigen Unternehmensberater-Firmen. Ein halbes Jahr wollten sie bleiben, um zu prüfen, wie Theater, Stadtbibliothek und Museen in Bielefeld effizienter, wirtschaftlicher und mit besserem Service für die Bürger der Stadt arbeiten können – und das alles nicht auf dem Rücken der Mitarbeiterinnen und Mitarbeiter, sondern so, daß sie motivierter und freudiger ans Werk gehen. Also so, wie sich Betriebswirte den Betrieb ihrer Träume vorstellen. Sie hatten nicht damit gerechnet, wie kompliziert der Kulturbetrieb einer gut 300.000 Einwohner zählenden Kommune ist. Aus den geplanten sechs Monaten wurden eineinhalb Jahre, bis die McKinsey-Manager im Sommer 1992 die Bielefelder Kultur voll durchleuchtet hatten. Das Ergebnis faßte Oberstadtdirektor (…) so zusammen: „Endlich weiß ich, was in unserem Stadtarchiv los ist."

Diese Einsicht verdankt der Verwaltungschef der Bertelsmann-Stiftung. Die hat ihren Sitz im benachbarten Gütersloh, finanzierte die Studie und hilft dabei, die Ergebnisse jetzt in der Stadtverwaltung zu verwirklichen. Für Reinhard Mohn, den Vorsitzenden der Stiftung und ehemaligen Chef des Medienriesen Bertelsmann steht fest: „Die Defizite im Staatshaushalt und die übermäßige Belastung der deutschen Wirtschaft durch die Ineffizienz des Staates werden uns zum Handeln zwingen." 1,7 Millionen Mark hat die Stiftung im vergangenen Jahr ausgegeben, um zu zeigen, wie in den Rathäusern schneller und besser gearbeitet werden kann. Mohn will das, was in der freien Wirtschaft gut funktioniert, auch auf die Verwaltung übertragen:

Die Städte sollen ihre Leistungen vergleichen und miteinander im Wettbewerb stehen. Welches Rathaus hat die besseren Öffnungszeiten? Wer bearbeitet Bauanträge schneller? Wo sind die Mitarbeiter im Einwohnermeldeamt freundlicher? Wo werde ich nicht ständig von einer Tür zur nächsten geschickt?

Wenn bei einem Handwerker die Leistung nicht stimmt, bleiben die Kunden weg. Das geht in der Verwaltung nicht. Ins Rathaus muß jeder – egal, ob dort gepfuscht wird oder nicht. Wenn aber in der Zeitung steht, daß im Ordnungsamt schlampig gearbeitet wird, ist das schlecht für den Amtschef und peinlich für die Politiker, die auf unangenehme Fragen antworten müssen. Kommen dann noch Bürgerproteste hinzu, ändert sich vielleicht doch etwas – der Bürger als König Kunde. Deshalb sollten die Journalisten kontrollieren können, ob die Arbeit im Rathaus klappt.

Nur Mitarbeiter, die Spaß an ihrer Arbeit haben, leisten gute Arbeit. Also müssen sie auch in der Verwaltung mitbestimmen können, wo es langgeht. Reinhard Mohn: „In der Verwaltung gibt es heute keine Untertanen mehr, sondern Mitarbeiter mit einer hohen Qualifikation und dem Anspruch auf Selbstverwirklichung."

Nur wenn sich Überstunden oder schnellere Arbeit auch beim Gehalt auszahlen, wird länger, schneller und mehr gearbeitet. „Leistungsanreize" nennen Betriebswirte das und fordern, daß befördert wird, wer am besten arbeitet, nicht, wer am meisten Dienstjahre gesammelt hat. (…)

Wenn am Jahresende Geld übrigbleibt...

Dort bestimmen die Leiter von Stadttheater, Bibliothek, Archiv und Museen seit Anfang 1993 selbst, wofür sie ihr Geld ausgeben. Bisher wurde alles zentral eingekauft und verteilt: Büromöbel und Schreibmaschinen genauso wie Klopapier und Scheuerpulver. Auch der Etat für Dienstreisen, für Porto und Telefongespräche war festgelegt, da gab es nichts zu rütteln. Jetzt ist das anders: Jedes Amt im Kulturbereich bekommt eine feste Summe pro Jahr. Die Mitarbeiter können damit machen, was sie wollen. Und wenn das Geld für Plakate im Sommer schon verbraucht ist, werden halt weniger Schreibtische gekauft. Das Beste aber: Wenn am Jahresende Geld übrig ist, geht es nicht wie bisher in den großen, leeren Stadtsäckel zurück, sondern kann für das nächste Jahr gespart und dann ausgegeben werden. Umgekehrt: Wenn schon im Herbst der Etat aufgebraucht ist, gibt es auch kein neues Geld. Selber schuld.

Ein Jahr lang testeten die Angestellten und Beamten der Bielefelder Kulturämter dieses Modell. Dann stand fest: Es klappt. Seit Januar 1994 gilt deshalb für die gesamte Bielefelder Stadtverwaltung: Jeder Amtschef plant selbst, kauft selbst ein, haushaltet selbst. (…)

Das Beispiel Castrop-Rauxel

Wie in Bielefeld brachten auch in der Kleinstadt im Ruhrgebiet Unternehmensberater Unruhe in die Ämter. Vor zweieinhalb Jahren begannen sie (…) mit ihrer Arbeit. Damals lernten 250 der 1 100 städtischen Angestellten und Beamten zwei neue Begriffe kennen, die sie nie mehr vergessen sollten: „Delegation von Verantwortung" und „Berichtswesen". „Das eine geht nicht ohne das andere. Die Idee ist ganz einfach. Wer jetzt als Stadtdirektor oder Amtschef die Verantwortung trägt, wird nur dann Untergebene selbständig entscheiden lassen, wenn er hinterher erfährt, wie sich deren Entscheidungen auswirken." In Castrop entscheiden die Mitarbeiter im Einwohnermeldeamt jetzt selbst über die Öffnungszeiten, bisher machte das der Stadtdirektor. Dafür bekommt der Verwaltungschef in Castrop-Rauxel einmal im Quartal einen dicken Bericht von seinen Angestellten darüber, wie es denn so läuft in ihrem Bereich. Der Report ist gespickt mit Zahlen und beantwortet vier Fragen:

Sind unsere Kunden zufrieden?

Pro Monat werden in Castrop-Rauxel hundert Bürger befragt, die mit dem Rathaus zu tun hatten, sei es, weil sie Sozialhilfe beantragt haben, einen neuen Reisepaß benötigen oder ein Knöllchen fürs Falschparken bezahlen mußten. Für die Öffnungszeiten der Ämter, die Freundlichkeit der Mitarbeiter hinter dem Schreibtisch und die Wartezeit vor der Amtstür gibt es Noten zwischen eins und vier. „Im Moment liegen wir etwa bei zwei", sagt Kuzniarek.

Sind unsere Mitarbeiter zufrieden?

Einmal pro Jahr befragt der Personalrat alle Rathausmitarbeiter. Anonym natürlich, damit jeder unbesorgt Dampf ablassen kann. Die zweite Fragestunde wird zur Zeit ausgewertet. Kuzniarek hofft, daß das Ergebnis positiver ausfällt als bei der Erhebung vor einem Jahr, muß aber zugeben: „Unser Krankenstand ist nach wie vor sehr hoch." Auch die Zahl der Krankentage wird als Kennziffer für die Zufriedenheit der Mitarbeiter genutzt.

Geht alles nach Recht und Gesetz?

Ein Beispiel aus dem Einwohnermeldeamt: Das Superwahljahr '94 bietet die Chance, zu messen, ob jeder, der sich in Castrop-Rauxel angemeldet hat, auch wirklich dort wohnt. Wahlbenachrichtigungen, die der Postbote nicht an den Mann oder die Frau bringen kann, gehen zurück ans Amt. Außendienst-Mitarbeiter schauen nach, wieso unter der gespeicherten Anschrift niemand wohnt. Verstorben? Verzogen? Verreist? Die Unterschiede von Stadt zu Stadt sind enorm: In Dresden lag die Fehlerquote bei 0,8 Prozent, zehnmal so hoch wie etwa in Ludwigsburg. Kuzniarek: „Irgendwo dazwischen sollten wir auch liegen."

Arbeiten wir wirtschaftlich?

Gemessen wird, wieviele „Fälle" ein Sachbearbeiter am Tag vom Tisch bekommt, was eine sogenannte „Leistungseinheit" kostet (inklusive Personalkosten und EDV).

Neben der Kontrolle der Mitarbeiter haben diese Berichte noch einen weiteren Sinn: Die Leistungen verschiedener Stadtverwaltungen können leicht verglichen werden. (…) Projektleiter bei der Bertelsmann-Stiftung: „Dieser Leistungsvergleich schafft Wettbewerb zwischen den Kommunen. Das löst Innovationen aus, verbessert die Qualität der Dienstleistungen und sichert die Leistungsfähigkeit der Stadtverwaltungen."

So schickt (…) den Quartalsbericht nicht nur an seinen Stadtdirektor, sondern auch an die anderen Städte, die beim Projekt „leistungsfähige Kommunalverwaltung" mitmachen. Die machen es genauso. Einen Monat später sitzt der Hauptamts-Mitarbeiter aus Castrop-Rauxel dann mit seinen Kollegen aus Gütersloh, Ludwigsburg, Pforzheim, Dessau und Potsdam an einem Tisch – und überlegt: „Was macht ihr besser als wir? Was habt ihr, was wir nicht haben?"

Städte können voneinander lernen.

In Castrop-Rauxel ist das Einwohnermeldeamt 28 Stunden in der Woche geöffnet, mittwochs seit neuestem gar nicht mehr, dafür aber donnerstags bis 18.30 Uhr. In Gütersloh lag die Öffnungsdauer nur bei 19 Stunden, jetzt sind es 33 Stunden – besser als in Castrop. Dafür liegt die Ruhrgebietsstadt bei den Kosten vorne: Eine Leistungseinheit kostet in Castrop-Rauxel 120 Mark. „Andere Städte brauchen bis zu hundert Mark mehr", hat Kuzniarek aus den Vergleichsberichten erfahren. So können die Städte voneinander lernen. „Das ist unser Vorteil gegenüber der freien Wirtschaft", sagt Kuzniarek. „Dort können sie ja nicht zu ihrem Konkurrenten gehen und fragen, wie der seinen Betrieb organisiert." Trotz aller Erfolge: Die Stimmung im Rathaus von Castrop-Rauxel ist auf dem Tiefpunkt. Das allerdings liegt nicht an den neuen Arbeitsmethoden, sondern an der Geldnot der Kommunen. Seit der Rat der Stadt beschlossen hat, 200 der 1 100 Stellen in der Stadtverwaltung zu streichen, ist die Motivation in Castrop-Rauxel nach Aussagen von Rathaus-Mitarbeitern dahin.

Kristov Hogel

in: Bundeszentrale für politische Bildung (Hg.): PZ Nr. 79, Bonn August 1994, S. 6–9

Sachwortverzeichnis

Akkordlohn: Zu unterscheiden ist der Stückgeldakkord und der Stückzeitakkord. Beim Stückgeldakkord wird für eine bestimmte Arbeitsmenge ein fester Geldbetrag gezahlt. Beim Stückzeitakkord wird für eine Arbeitsmenge eine Zeit vorgegeben. Diese Vorgabezeit wird mit einem vereinbarten Satz vergütet.

Anlageinvestition: → Investition.

Arbeit: umfaßt Erwerbsarbeit (Arbeit gegen Entgelt) und Hausarbeit, Eigenarbeit, ehrenamtliche Arbeit. In der offiziellen Statistik wird unter Arbeit in der Regel nur die Erwerbsarbeit verstanden.

Arbeitgeberverbände: Organisierte Interessenvertretung der Arbeitgeber.

Arbeitsbewertung: Ermittlung von Bewertungsmerkmalen für die Entlohnung von Arbeit.

Arbeitslosengeld: Versicherungsleistung, deren Höhe vom bisherigen Arbeitseinkommen und vom Familienstand abhängig ist und die für eine bestimmte Dauer der Arbeitslosigkeit gezahlt wird.

Arbeitslosenhilfe: Wird an bedürftige Arbeitslose gezahlt, die keinen Anspruch auf Arbeitslosengeld haben.

Arbeitslosenquote: Anteil der Arbeitslosen an der Zahl der abhängig Beschäftigten → Erwerbspersonen.

Arbeitsproduktivität: Verhältnis von eingesetzter Arbeitskraft zum erzielten Produktionsergebnis.

Arbeitsschutz: Maßnahmen, z. B. mittels Gesetze, zum Schutz vor Gesundheitsschäden durch Arbeit.

Arbeitsteilung: Zerlegung eines Arbeitsvorgangs in Teilaufgaben. Sie können von verschiedenen Personen, Maschinen oder Betrieben ausgeführt werden. Die Arbeitsteilung ist eine wesentliche Voraussetzung der → Rationalisierung.

Ausbildungsberuf: Beruf, für den in einem festgelegten Ausbildungsgang fachliche Kenntnisse, Fertigkeiten und Fähigkeiten vermittelt werden. Zunehmend wird die Entwicklung von → Schlüsselqualifikationen bedeutsam.

Außenwirtschaftliches Gleichgewicht: → Zahlungsbilanz.

Aussperrung: Ausschluß der Arbeitnehmer von der Arbeit durch die Arbeitgeber während eines Arbeitskampfes. Die Aussperrung ist das Mittel der Arbeitgeber, entweder ihre Forderungen durchzusetzen oder Forderungen der Arbeitnehmer abzuwehren.

Automation: Vollständige Technisierung der Produktion. Es wird keine menschliche Arbeitskraft mehr benötigt.

Berufsausbildung (Duales System): Mehrjährige Ausbildung mit entsprechenden Abschlüssen in einem → Ausbildungsberuf. Die Ausbildung erfolgt einerseits in der Berufsschule und andererseits im Betrieb (dual = zweigliedrig) sowie teilweise in überbetrieblichen Ausbildungsstätten.

Berufsausbildungsvertrag: Enthält Rechte und Pflichten des Ausbildenden und des Auszubildenden; Inhalt und Form müssen den im Berufsbildungsgesetz festgelegte Vorschriften entsprechen.

Beschäftigungspolitik: Maßnahmen, die auf eine Verringerung der Arbeitslosigkeit gerichtet sind.

Betriebsorganisation: Aufbauorganisation, die regelt, welche Abteilung mit welchen Aufgaben wie zusammenarbeiten und geleitet werden; Ablauforganisation, die festlegt, wie, wo und wann die einzelnen Aufgaben zu erledigen sind; Informationsorganisation, die regelt, wie innerbetrieblich und nach außen Informationen ausgetauscht werden.

Betriebsrat: Interessenvertretung der Arbeitnehmer im Betrieb. Er muß in Betrieben mit mindestens 5 Arbeitnehmern eingerichtet werden, sofern einer der Arbeitnehmer bereit ist, diese Aufgabe zu übernehmen. Rechte und Pflichten sind im → Betriebsverfassungsgesetz festgelegt.

Betriebsverfassungsgesetz: Es regelt die Rechte der Arbeitnehmer auf Mitbestimmung, Mitwirkung und Information im Betrieb beim Zusammenwirken mit der Betriebsleitung.

Branche: Unternehmen mit gleichartigem Güterangebot.

Bruttolohn oder -gehalt: Arbeitsentgelt in einem bestimmten Zeitraum, das alle Vergütungen, die der Betrieb zahlt (Arbeitsvergütung, Urlaubsgeld, Weihnachtsgeld usw.) enthält. nach Abzug der Lohn- bzw. Einkommensteuer und der Beiträge zur Sozialversicherung ergibt sich der → Nettolohn bzw. das Nettogehalt.

Bruttosozialprodukt (BSP): Wert aller Sachgüter und Dienstleistungen, die in einem bestimmten Zeitraum (meist ein Jahr) in einer Volkswirtschaft zur Verfügung stehen. Vermindert man diesen Wert um aus dem Ausland bezogene Einkommen und fügt an das Ausland gezahlte hinzu, erhält man das Bruttoinlandsprodukt.

Bundesbank: Zentralbank, die für Geldpolitik verantwortlich ist. Sie ist unabhängig, soll aber die Politik der Bundesregierung unterstützen.

Digitalisierung: Zerlegung von Daten in maschinell abrufbare Folgen aus Ja und Nein.

Ecklohn: Tariflich festgelegter Stunden- bzw. Wochenlohn für Facharbeiter über 21 Jahren. Die anderen Lohngruppen sind durch Zu- bzw. Abschläge zu diesem Lohn gebildet (Lohnschlüssel). Diese Lohnstruktur wird von den → Tarifvertragsparteien in → Lohnrahmenabkommen vereinbart.

Einkommensverteilung: primäre: Verteilung des Volkseinkommens, wie es sich unmittelbar aus dem Marktprozeß ergibt; sekundäre: Umverteilung des Primäreinkommens durch die staatliche Umverteilungspolitik mit dem Ziel einer gerechteren Einkommensverteilung; z. B. Einkommensübertragungen (Kindergeld, Sozialhilfe) und Steuern (progressiv steigende Einkommensteuer); personelle: Verteilung des Einkommens auf Personen oder Personengruppen; funktionelle: Verteilung aufgrund der im Produktionsprozeß ausgeübten Funktion (Löhne, Gewinne, Zinsen usw.).

Emissionen: Von Anlagen, Kraftfahrzeugen oder Produkten abgegebene Schadstoffe an die Umwelt.

Energiepolitik: Maßnahmen, die auf eine sichere, umweltverträgliche, störungsfreie, ausreichende Versorgung mit Energie zu angemessenen Preisen gerichtet sind.

Erwerbspersonen: Arbeitslose und → Erwerbstätige.

Erwerbstätige: Arbeiter, Angestellte, Beamte, Selbständige, mithelfende Familienangehörige.

Europäische Union: → Wirtschafts- und Währungsunion.

Fortbildung (berufliche): Anpassung der Qualifikationen eines Berufstätigen an veränderte Bedingungen oder Aufstieg in einem Berufsbereich.

Gewerkschaften: Organisierte Interessenvertretung der Arbeitnehmer.

Gewinn: Unterschied zwischen den Kosten, die einem Unternehmen bei der Herstellung oder Verteilung eines Gutes entstehen und dem Verkaufspreis (Erlös).

Handwerkskammern: → Kammern.

Immissionen: Einwirkungen der emittierten (abgegebenen) Schadstoffe auf Menschen, Tiere, Pflanzen und Sachen, nachdem die Schadstoffe sich ausgebreitet oder umgewandelt haben.

Inflation: Anstieg des → Preisniveaus.

Infrastruktur: In einer Volkswirtschaft für die Produktion und den Konsum zur Verfügung stehende Versorgungseinrichtungen, wie z. B. die Verkehrswege, Nachrichtenverbindungen, Energieversorgung, Sozialeinrichtungen.

Investition: Langfristige Anlage von Kapital zur Erhaltung, Verbesserung und Vermehrung von Produktionsmitteln, z. B. Maschinen (Anlageinvestition) sowie Lagerbeständen (Vorratsinvestition). Als Nettoinvestition wird der Zuwachs der Bestände, als Ersatzinvestition der Ersatz der verbrauchten Produktionsmittel bezeichnet. Nettoinvestition plus Ersatzinvestition = Bruttoinvestition.

Investitionshilfe (des Staates): Finanzieller Anreiz durch den Staat für Unternehmen, z. B. zur Ansiedlung und Bereitstellung neuer Arbeitsplätze für ein → strukturschwaches Gebiet.

Jugendarbeitsschutz: Gesetzliche Maßnahmen durch das Jugendarbeitsschutzgesetz zum Schutz Jugendlicher vor Gesundheitsschäden durch Arbeit.

Jugendvertretung: Interessenvertretung der jugendlichen Arbeitnehmer im Betrieb. Rechte und Aufgaben sind im → Betriebsverfassungsgesetz geregelt.

Kammern: Handwerkskammern (für Handwerksunternehmen) sowie Industrie- und Handelskammern (für Bereiche Industrie, Handel, Verkehrs-, Kredit- und Versicherungswesen u. a.). Die Unternehmen sind Pflichtmitglieder. Kammern sind Selbstverwaltungseinrichtungen der Wirtschaft. Sie nehmen Interessen der Wirtschaft und öffentliche Aufgaben wahr (= Selbstverwaltungskörperschaften des öffentlichen Rechts). In der Berufsbildung sind sie zuständig für die Berufsausbildung (u.a. Überwachung der Ausbildung, Durchführung von Prüfungen) sowie Aufgaben im Bereich der beruflichen Weiterbildung und Umschulung.

Kaufkraft: Gütermenge je Geldeinheit. Vergrößert (verringert) sich die Gütermenge im Zeitverlauf, spricht man von steigender (sinkender) Kaufkraft.

Kindergeld: Staatliche Leistung, die einen Teil der Familienlasten ausgleichen soll.

Konjunktur: Schwankungen im Ablauf der Wirtschaftstätigkeit, wie z. B. im Zeitverlauf unterschiedliche Arbeitslosenzahl, geringeres bzw. stärkeres Wachstum.

Konjunkturpolitik: Maßnahmen zur Beeinflussung der → Konjunktur mit dem Ziel der Stabilisierung (→ Stabilisierungspolitik).

Kurzarbeit: Vom Unternehmen angeordnete Senkung der normalen wöchentlichen Arbeitszeit. Der damit verbundene Lohnausfall wird größtenteils vom Arbeitsamt durch das Kurzarbeitergeld ersetzt.

Lean production: „Schlanke" Produktionsstrukturen, bei denen die Entscheidung und die Verantwortung für diese von Arbeitsgruppen soweit wie möglich an den Arbeitsplätzen getroffen werden. Diese gestalten umfassende Arbeitsbereiche unter Einsatz ihrer → Schlüsselqualifikationen weitgehend selbst und entwickeln die Produktionsbedingungen und Produkte weiter (lernendes Unternehmen). Betriebliche Hierarchien werden weitgehend abgebaut.

Lebensstandard: Art und Weise der Bedürfnisbefriedigung. Er ist abhängig vom Einkommen und von den Wünschen der Verbraucher. Veränderungen der Bedürfnisse sowie technische und wirtschaftliche Neuerungen beeinflussen den Lebensstandard.

Lohnsteuer: Steuerabzug vom Arbeitslohn; die Höhe ist abhängig von Arbeitslohn und Familienstand.

Lohn- und Gehaltsrahmenabkommen: Legt Grundsätze für die Eingruppierung in bestimmte Lohngruppen, die Beschreibung der einzelnen Lohngruppen sowie allgemeine Bestimmungen über Entlohnungsgrundsätze und Entlohnungsmethoden fest.

Lohn- und Gehaltstarifvertrag: Vertragliche Vereinbarung der → Tarifvertragsparteien über die Lohnhöhe; die Laufzeit beträgt in der Regel ca. ein Jahr.

MAK-Werte: Maximale Arbeitsplatzkonzentration – Werte für gefährliche Stoffe am Arbeitsplatz, die bei einer Arbeitszeit von 8 Std./Tag und 40 Std./Woche die Gesundheit nicht beeinträchtigen.

Markt: Zusammentreffen von Angebot und Nachfrage; kann abgegrenzt werden nach Güterart, z. B. Automarkt oder Wirtschaftsraum, z. B. Europäischer Markt.

Marktwirtschaft (soziale): Wirtschaftsordnung der Bundesrepublik Deutschland. In der sozialen Marktwirtschaft wird versucht, die marktwirtschaftliche Ordnung durch gesetzliche Regelungen (z.B. Gesetz gegen Wettbewerbsbeschränkungen) zu sichern und einen besonderen Schutz sozial Schwacher (z.B. Arbeitslosen-Versicherung) zu gewährleisten.

Mitbestimmung: Im → Betriebsverfassungsgesetz ist geregelt, bei welchen Fragen der → Betriebsrat im Betrieb mitbestimmt. Eine mitbestimmungspflichtige Maßnahme der Betriebsleitung wird nur dann rechtsgültig, wenn der Betriebsrat zustimmt bzw. die Einigungsstelle entscheidet.

Mittelständische Unternehmen: Kleine und mittlere Unternehmen des Handwerks, der Industrie, des Handels und der freien Berufe mit weniger als 500 Beschäftigten oder weniger als 50 Mio. DM Umsatz pro Jahr.

Mittelstandsförderung: Der Staat fördert → mittelständische Unternehmen, die vielfach Wettbewerbsnachteile gegenüber großen Unternehmen haben, um den für eine Marktwirtschaft notwendigen Wettbewerb zu erhalten bzw. herzustellen.

Mitwirkung: Im → Betriebsverfassungsgesetz ist die Mitwirkung der Arbeitnehmer im Betrieb geregelt. Mitwirkung bedeutet, daß der Betriebsrat bei bestimmten Fragen von der Betriebsleitung unterrichtet und angehört werden muß. Diese kann solche Maßnahmen auch durchführen, wenn der Betriebsrat widerspricht.

Nettolohn: Teil des vom → Bruttolohn ausgezahlten Arbeitsentgeltes nach Abzug von Steuern, gesetzlichen Beiträgen zur → Sozialversicherung u.a.

Neue Technologien: Technologien der elektronischen Datenverarbeitung und Steuerung, die im Haushalt als Kommunikationstechnologien und in Haushaltsgeräten, in Dienstleistungsunternehmen, z.B. PC und in der Produktion, z.B. computergesteuerte Maschinen genutzt werden.

Ökologie: Wechselseitige Beziehungen zwischen Organismen und ihrer Umwelt.

Patent: Schutzrecht für die Nutzung einer technischen Erfindung.

Preisindex für die Lebenshaltung: Maß für die Entwicklung der Verbraucherpreise. In diesem Index werden die Preisveränderungen der einzelnen Waren und Dienstleistungen entsprechend der Verbraucherstruktur berücksichtigt. Dem amtlichen Preisindex für die Lebenshaltung liegt ein konstanter Warenkorb des Basisjahres zugrunde. Im Abstand von einigen Jahren wird entsprechend den Veränderungen der Verbrauchsgewohnheiten ein neuer Index ermittelt.

Preisniveaustabilität: Der Preisindex hat sich insgesamt nicht verändert. Einzelne Güter können sich im Preis verändert haben.

Probezeit: Jedes Berufsausbildungsverhältnis beginnt mit einer Probezeit, die mindestens einen Monat und höchstens drei Monate beträgt.

Produktionsfaktoren: Arbeit, Boden, Kapital.

Produktivität: Verhältnis von Produktionsergebnis zur Menge der dafür notwendigen Produktionsfaktoren. Meist versteht man darunter die → Arbeitsproduktivität.

Qualitätssicherung: Maßnahmen, die eine gleichbleibende, an den Wünschen der Kunden orientierte Beschaffenheit der Waren und Dienstleistungen bewirken sollen, z.B. durch → Betriebsorganisation (u.a. → Lean production), Weiterbildung der Beschäftigten.

Rationalisierung: Maßnahmen zur Erhöhung der → Arbeitsproduktivität. Rationalisierung kann durch Mechanisierung und → Automation erreicht werden. Die Arbeitsteilung ist eine wesentliche Voraussetzung für Rationalisierung.

Reallohn: Entwicklung des Lohnes unter Berücksichtigung von Preissteigerungen und Abgaben (Steuern und Sozialversicherung).

Schlüsselqualifikationen: Überfachliche Bildung, die bei der raschen Veralterung des Wissens den einzelnen befähigt, technische und organisatorische Veränderungen der Arbeit zu bewältigen. Dazu gehören grundlegende berufsbezogene Techniken und Arbeitsmethoden, Informationstechniken, fachliche Zusammenhänge des Berufes zu angrenzenden Bereichen sowie persönlichkeitsbezogene Qualifikationen, wie Kooperations- und Kommunikationsfähigkeit.

Soziale Marktwirtschaft: → Marktwirtschaft.

Sozialleistungen: Leistungen, die Arbeitnehmern zum Lohn bzw. Gehalt gezahlt werden. Sie sind z.T. gesetzlich vorgeschrieben (z.B. Beiträge zur Krankenversicherung) oder werden vom Arbeitgeber freiwillig gezahlt. (z.B. Zuschuß zum Mittagessen, Urlaubsgeld). Sie können in Tarifverträgen vereinbart werden.

Sozialversicherung (gesetzliche): Dazu gehören die Kranken-, Unfall-, Renten-, Arbeitslosen- und Pflegeversicherung. Die Beiträge werden i.d.R. von Versicherten und Arbeitgebern geleistet.

Staat: Bund, Länder, Gemeinden, Sozialversicherung u.a.

Stabilisierungspolitik: Maßnahmen des Staates zum Ausgleich von Schwankungen im Wirtschaftsablauf (→ Konjunkturpolitik).

Steuern: Zwangsabgaben, die private Haushalte und Unternehmen an den Staat (Bund, Länder, Gemeinden) abführen müssen.

Streik: Arbeitsniederlegung der Arbeitnehmer während eines Arbeitskampfes. Er ist das letzte Mittel der Arbeitnehmer, um ihre Forderungen durchzusetzen.

Strukturpolitik (regionale): Staatliche Förderung → strukturschwacher Gebiete.

Strukturpolitik (sektorale): Staatliche Förderung schwacher Wirtschaftszweige.

Strukturschwaches Gebiet: Faktoren sind: das Einkommen der Bevölkerung liegt unter dem Durchschnitt des Gesamtgebietes, die → Infrastruktur ist mangelhaft und es fehlen Arbeitsplätze.

Strukturwandel: Veränderungen in Wirtschaftszweigen einer Volkswirtschaft, ausgelöst z.B. durch → technologische Neuerungen, weltwirtschaftliche Verflechtung, veränderte Verbrauchsgewohnheiten.

Subventionen: Finanzielle Unterstützungen durch den Staat (direkte Zahlung) oder Steuervergünstigungen.

Tarifautonomie: Die → Tarifvertragsparteien können frei (autonom) Verträge aushandeln.

Tarifverhandlungen: Aushandlung z.B. von Löhnen durch die Tarifparteien im Rahmen ihrer Tarifautonomie.

Tarifvertragsparteien: → Gewerkschaften, → Arbeitgeberverbände.

Technischer Fortschritt: Verbesserung bisheriger technischer Einrichtungen mit dem Ziel, z. B. von Maschinen eine höhere bzw. qualitativ bessere Leistung zu erreichen.

Technologische Neuerungen: Technische Entwicklungen, die ein Verfahren von Grund auf verändern, z.B. elektronische Rechner statt mechanische Rechenmaschinen.

Umschulung: Vorbereitung Erwerbstätiger, die ihre bisherige Tätigkeit aufgeben müssen oder wollen, auf eine neue berufliche Tätigkeit. Maßnahme der Bundesanstalt für Arbeit für Arbeitslose zur Bewältigung des → Strukturwandels auf dem Arbeitsmarkt.

Umweltpolitik: Maßnahmen zur Sicherung einer menschenwürdigen Lebensweise durch Auflagen (Gebote), Verbote, Abgaben, Steuern, Finanzierungshilfen, Umweltverträglichkeitsprüfungen u. a.

Umweltschutz: Verhalten des einzelnen zur Verminderung der Umweltbelastungen und Durchführung von Maßnahmen der → Umweltpolitik.

Ungeschützte Arbeitsverhältnisse: Es gelten keine soziale Sicherung und tarifvertraglichen Regelungen.

Unternehmen (private/öffentliche): Sie haben die Aufgabe, Sachgüter und Dienstleistungen anzubieten. Private Unternehmen erwirtschaften als Hauptziel Gewinn. Sie gehören einem oder mehreren Eigentümern. Öffentliche Unternehmen haben als Hauptaufgabe die Versorgung aller Bürger mit Gütern zu gleichen Bedingungen und zum günstigen Preis. Sie gehören oder unterstehen dem Bund, einem Land oder einer Gemeinde.

Unternehmerverbände: → Arbeitgeberverbände.

Vermögen: Die Sachwerte oder finanziellen Guthaben, die einer Person, einer Institution oder einer Volkswirtschaft gehören. Der Staat beeinflußt die → Vermögensverteilung u.a. durch Erhebung von Vermögens- und Erbschaftssteuern.

Vermögensverteilung: Aufteilung der Haus- und Grundvermögen, Geldvermögen, Wertpapierguthaben und Produktivvermögen auf Personen bzw. Gruppen der privaten Haushalte.

Volkseinkommen (im volkswirtschaftlichen Sinn): Summe aller Erwerbs- und Vermögenseinkommen, die Inländer erhalten.

Vollbeschäftigung: Bezogen auf den Produktionsfaktor Arbeit bedeutet Vollbeschäftigung, daß für jeden Arbeitssuchenden ein unbesetzter Arbeitsplatz vorhanden ist.

Weiterbildung: ergänzt, vertieft, erweitert Vorbildung, s. auch → Fortbildung und → Umschulung.

Wettbewerb: Wettstreit (Wettkampf) zwischen Unternehmen, er kann sich auf Preis, Qualität, Lieferbedingungen u.a. beziehen. Ziel des Wettbewerbs ist es, durch bessere Leistungen Absatz und Gewinn zu erhöhen; auf volkswirtschaftlicher Ebene soll durch die Sicherstellung eines befriedigenden Wettbewerbs eine möglichst gute Versorgung der Verbraucher mit Gütern und Dienstleistungen erreicht werden.

Wirtschaftspolitik: Gesamtheit staatlicher Maßnahmen zur Ordnung des Wirtschaftslebens auf bestimmte Ziele hin. Als wesentliche Ziele der Wirtschaftspolitik gelten: → Vollbeschäftigung, Stabilität des → Preisniveaus, stetiges angemessenes → Wirtschaftswachstum, ausgeglichene → Zahlungsbilanz und Verbesserung der → Einkommens- und → Vermögensverteilung.

Wirtschaftsstruktur: Zusammensetzung und erreichter Leistungsstand der Wirtschaftszweige einer Volkswirtschaft.

Wirtschafts- und Währungsunion: Die Mitgliedstaaten der Europäischen Union haben sich zusammengeschlossen mit dem Ziel, die Wirtschaftspolitik zu vereinheitlichen und eine gemeinsame Währung einzuführen. Ziel soll eine politische Union sein, ein Zusammenschluß der Staaten.

Wirtschaftswachstum: Zunahme des realen → Bruttosozialprodukts. Sie hängt vor allem von der Entwicklung der Bevölkerung, den Qualifikationen der Berufstätigen, den Investitionen und dem technischen Fortschritt sowie der → Konjunktur ab.

Wohngeld: Staatliche Leistung, die Bedürftigen eine angemessene Wohnung ermöglichen soll.

Zahlungsbilanz: Gegenüberstellung aller Geldströme mit dem Ausland innerhalb eines Jahres.

Zeitlohn: Die Höhe richtet sich unabhängig von der geleisteten Arbeitsmenge nach der Arbeitszeit, z.B. Stunde.

Stichwortverzeichnis

Anschriftenverzeichnis

Arbeitsgemeinschaft der Verbraucherverbände e.V.	Heilsbachstraße 20	53123 Bonn
Bündnis 90/Grüne	Friedrichstraße 165	10117 Berlin
Bundesanstalt für Arbeit	Regensburger Straße 104	90478 Nürnberg
Bundesministerium des Innern	Graurheindorfer Straße 108	53117 Bonn
Bundesministerium der Finanzen	Postfach 1308	53003 Bonn
Bundesministerium der Justiz	Postfach	53170 Bonn
Bundesministerium für Arbeit und Sozialordnung	Rochusstraße 1	53123 Bonn
Bundesministerium für Bildung, Wissenschaft, Forschung und Technologie	Heinemannstraße 2	53175 Bonn
Bundesministerium für Familie, Senioren, Frauen und Jugend	Rochusstraße 8–10	53123 Bonn
Bundesministerium für Gesundheit	Postfach 170208	53028 Bonn
Bundesministerium für Raumordnung, Bauwesen und Städtebau	Deichmanns Aue	53175 Bonn
Bundesumweltministerium	Kennedyallee 5	53175 Bonn
Bundesministerium für Verkehr	Postfach 200100	53170 Bonn
Bundesministerium für wirtschaftliche Zusammenarbeit und Entwicklung	Postfach 120322	53045 Bonn
Bundesministerium für Wirtschaft	Villemomblerstraße 76	53123 Bonn
Bundesvereinigung der Deutschen Arbeitgeberverbände (BDA)	Gustav-Heinemann-Ufer 72	50968 Köln
Bundesverband der Deutschen Industrie (BDI)	Gustav-Heinemann-Ufer 72	50968 Köln
Bundesverband des holz- und kunststoffverarbeitenden Handwerks	Lincolnstr. 32	65189 Wiesbaden
Bundeszentrale für gesundheitliche Aufklärung	Postfach 910152	51071 Bonn
Bundeszentrale für politische Bildung	Berliner Freiheit 7	53111 Bonn
Bund für Umwelt und Naturschutz Deutschland e.V. (BUND)	Im Rheingarten 7	53225 Bonn
Christlich Demokratische Union Deutschlands (CDU)	Friedrich-Ebert-Allee 73	53113 Bonn
Deutscher Gewerkschaftsbund (DGB)	Hans-Böckler-Straße 39	40476 Düsseldorf
Europäisches Parlament – Informationsbüro für Deutschland	Bonn-Center	53113 Bonn
Freie Demokratische Partei (F.D.P.)	Braunscheidtstraße 15	53113 Bonn
Gewerkschaft Erziehung und Wissenschaft (GEW)	Reitenberger Straße 21	60489 Frankfurt/Main
Gewerkschaft Holz und Kunststoff	Sonnenstr. 10	40227 Düsseldorf
Gewerkschaft Textil-Bekleidung	Roßstr. 94	40476 Düsseldorf
Industriegewerkschaft Bergbau und Energie	Alte Hattinger Str. 19	44789 Bochum
Industriegewerkschaft Metall (IGM)	Wilhelm-Leuschner-Straße 79–85	60329 Frankfurt/Main
Institut der Deutschen Wirtschaft	Gustav-Heinemann-Ufer 84–88	50968 Köln
Kommission der Europäischen Gemeinschaften, Vertretung in der Bundesrepublik Deutschland	Zitelmannstr. 22	53113 Bonn
Kommunalverband Ruhrgebiet	Kronprinzenstraße 35	45128 Essen
Landespresseamt NRW	Mannesmannufer 1a	40213 Düsseldorf
Landeszentrale für politische Bildung, NRW	Mannesmannufer 1a	40213 Düsseldorf
Ministerium für Arbeit, Gesundheit und Soziales des Landes Nordrhein-Westfalen	Horionplatz 1	40213 Düsseldorf
Ministerium für Wirtschaft, Mittelstand und Technologie des Landes Nordrhein-Westfalen	Haroldstraße 4	40190 Düsseldorf
Ministerium für Umwelt, Raumordnung und Landwirtschaft des Landes Nordrhein-Westfalen	Schwannstraße 3	40476 Düsseldorf
Partei des Demokratischen Sozialismus (PDS)	Welckerstraße 22	53113 Bonn
Stiftung Warentest	Lützowplatz 11–13	10785 Berlin
Stiftung Verbraucherinstitut	Reichpietschufer 74–76	10708 Berlin
Umweltbundesamt	Bismarckplatz 1	13585 Berlin
Verbraucherzentrale Berlin e.V.	Bayreutherstraße 40	10787 Berlin
Verbraucherzentrale Brandenburg e.V.	Hegelallee 6–8, Haus 9	14467 Potsdam
Verbraucherzentrale Bremen e.V.	Obernstr. 38–42	28195 Bremen
Verbraucherzentrale Hamburg e.V.	Große Bleichen 23	20354 Hamburg
Verbraucherzentrale Mecklenburg-Vorpommern e.V.	Strandstraße 98	18055 Rostock
Verbraucherzentrale Nordrhein-Westfalen e.V.	Mintropstraße 27	40215 Düsseldorf
Verbraucherzentrale Schleswig-Holstein e.V.	Bergstraße 24	24103 Kiel
Weißer Ring e.V.	Postfach 261355	55059 Mainz
Zentralausschuß der Werbewirtschaft (ZAW)	Vilichgasse 1	53177 Bonn